철학고전 32선

일러두기
각주 *은 옮긴이 주이며, 표시 없는 것은 저자의 주입니다.

철학고전 32선

Philosophy : the Classics

나이절 워버튼 지음
오희천 옮김

종문화사

서 문

이 책은 총 32장으로 구성되어 있으며, 각 장 별로 철학고전을 한 권씩 집중하여 다루고 있다. 이 책은 철학고전들을 소개하고 각 고전들의 가장 중요한 주제들을 밝히는 것을 목적으로 한다. 이 고전들은 오늘날에도 다룰 가치가 있는 철학적 문제들을 담고 있으며 계속해서 새로운 통찰들을 제공해주기 때문에 여전히 읽을 만한 가치가 있다. 물론 이러한 이유를 차치하고서라도 고전들은 그 자체로 위대한 문학작품들이다.

이상적으로 볼 때 이 책은 독자들로 하여금 여기서 다루는 고전들을 탐독하거나 재독하게 만드는 동기가 되어야 할 터이지만, 모든 사람이 그럴 만한 시간이나 에너지를 가진 것은 아니다. 그러나 나는 이 책이 최소한 32권의 철학고전 가운데 득자들이 가장 읽을 가치가 있다고 생각할 만한 책들에 대한 가이드를 제공하고, 그것들을 비판적으로 읽는 방법에 대해 조언을 줄 수 있기를 희망한다. 나는 필요 이상으로 난해한 책들은 가급적이면 추천하지 않으려고 노력했다. 따라서 나는 헤겔의『정신현상학』(The Phenomenolgy of Spirit)이나『법철학』(Philosophy of Right) 또는 하이데거의 『존재와 시간』(Being and Time)* 등 명실상부한 걸작들을 제외시켰지만, 이에 대해서는 사과하지 않겠다.

나의 책 선정에 대해서는 다소 논란이 있을 것이다. 특히 내가 선정한 것보다는 제외시킨 것들에 대해서 말이다. 나는 오늘날 공부하는 데에 도움이 되며 3000~4000자 내외로 다룰 수 있다고 생각되는 책들에 집중하였다. 이것은 다분히 개인적인 32선이며, 다른 철학자들은 비록 내가 선정한 책들과 겹칠 것이 분명하지만, 또 다른 32선을 선보일 것이다.

나는 짧게나마 연대를 포함시켰으나 역사적 배경에 대해선 자세히 다룰 수 없었다. 내 주된 목적은 책들을 소개하는 것이지 철학사상사(史)의 흐름을 설명하는 것은 아니기 때문이다. 그러나 이는 내가 이 고전들에 대해 역사와는 완전히 무관한 독법(讀法)을 주장한다는 것은 아니다. 그러나 나는 이 고전들을 접근하는 방식으로서 그것들의 주요 주제와 강조점들에 대해 개괄하는 것이 최선이라고 생각한다.

이 책을 순서를 벗어나서 읽는 것을 두려워하지 마라. 각 장마다 그 전의 작품들과 연결됨이 없이 독립적으로 구성될 수 있도록 서술하였다.

---

* 한국 독자의 요청으로 옮긴이는 존 롤스의『정의론』을 제외하고, 하이데거의『존재와 시간』을 추가하였기에 참고하기 바랍니다.

Contents

Plato(BC 427 ~ BC 347)

플라톤은 BC 427년에 아테네에서 태어났으며, 소크라테스의 제자로 수학하였고, 소크라테스가 처형당한 후 아테네를 떠났으나 다시 돌아와 아카데미아를 세웠다. 이후 대부분의 삶을 제자 양성과 학문 연구에 보내다가 BC 347년에 생을 마감했다. 주요 저서로는『소크라테스의 변명』,『파이돈』,『티마이오스』등이 있다.

의무적으로 하는 운동은 몸에 해가 되지 않는다. 그러나 강제로 습득한 지식은 마음에 남지 않는다.   『국가론』중에서

1. 플라톤의『국가론』(*The Republic*)

1) 동굴의 비유

"죄수들이 동굴 벽을 향해 쇠사슬에 묶여있는 장면을 생각해보라. 죄수들은 일생동안 그곳에 묶여 있었으며, 머리는 동굴 벽을 향

해 고정되어 벽 이외에는 어떤 것도 볼 수 없다. 그들 뒤에는 불이 있고, 불과 그들 사이에는 길이 있다. 그 길을 따라 수많은 사람들이 걸어 다니고, 그 사람들의 그림자가 동굴 벽에 드리워진다. 어떤 사람들은 동물 모양의 것들을 운반한다. 동굴 내부의 죄수들은 언제나 그림자들만 볼 뿐이다. 그들은 그림자가 실재하는 사물이라고 믿는다. 그들은 그 이상의 어떤 것도 알지 못하기 때문이다. 사실 그들은 결코 동굴 밖에 있는 사람들의 실제 모습을 보지 못한다.

그러던 어느 날 죄수들 중 하나가 사슬에서 풀려 실제의 불을 볼 수 있게 된다. 처음에 그는 눈이 부셔 불꽃을 전혀 볼 수 없지만 점차 익숙하게 되어 주변 세계를 보기 시작한다. 다음에 그는 동굴 밖으로 나가 햇빛을 보게 되지만 이번에도 밝은 빛에 눈이 부셔 당황한다. 이제 그는 서서히 전에 자신의 삶이 얼마나 가련한 것이었는지 자각하기 시작한다. 지금까지 그는 그림자의 세계에 만족하고 있었다. 그의 뒤에는 밝게 빛나는 충만한 실재세계가 놓여 있었음에도 불구하고 말이다. 이제 그는 밝은 빛에 적응함에 따라 동료 죄수들이 보지 못했던 것을 보며, 그들에 대해 안타까운 마음을 가지게 된다. 드디어 그 빛에 완전히 익숙하게 되자 이제 태양을 직접 볼 수 있게 된다.

다음에 그는 다시 동굴로 돌아간다. 그의 눈은 더 이상 이 그림자의 세계에 익숙하지 않게 되었다. 그는 동료 죄수들이 쉽게 발견하는 그림자를 더 이상 쉽게 식별하지 못한다. 동료들은 그가 동굴 밖으로 여행을 다녀온 후 눈이 멀었다고 생각한다. 그러나 그는 실재세계를 보았다. 동료들은 여전히 피상적인 현상세계에 만족하고 있다. 그들은 비록 밖으로 나갈 수 있다 할지라도 동굴을 떠나지 않을 것이다."

동굴에 갇힌 죄수들에 관한 이 비유는 플라톤의 대화편『국가론』 중반부에 나타난다. 이 책에는 플라톤의 이데아론, 즉 실재(實在)의 본질에 관한 이론이 인상적인 방식으로 제시되어 있다. 플라톤에 따르면 인류의 대다수는 동굴 안의 죄수들처럼 현상에 불과한 세계에 만족하고 있다. 오직 철학자들만이 동굴 밖으로 나가 실재세계의 일들을 경험할 줄 안다. 그들만이 진리를 인식할 수 있다. 일상적인 지각의 세계는 끊임없이 변하며 불완전하다. 그러나 철학자들이 추구하는 형상(이데아)의 세계는 변하지 않으며 완전한 세계이다.[1] 그 세계는 오감을 통해 지각될 수 없다. 이데아들은 오직 사유에 의해서만 경험될 수 있다.[2]

2) 플라톤과 소크라테스

---

1) * 여기서 "형상"은 감각의 눈에 보이는 형상(morphe)이 아니라 이성에 의해 보여진 형상을 말하는데, 이렇게 이성에 의해 보여진 형상을 '이데아'라 한다. 원래 '이데아'(ἰδέα)와 '에이도스'(εἶδος)는 모두 '호라오'(ὁράω: '내가 보다')라는 동사에서 유래한 개념들이다. '이데아'는 '호라오'의 제2단순과거 부정사인 '이데인'(ἰδεῖν)에서 유래한 것으로 '보여진 것'이란 뜻이고, '에이도스'는 '호라오'의 현재완료형인 '오이다'(οἶδα: 내가 보았다)에서 유래했다.
플라톤은 사물의 본질과 관련하여 그의 대화편『파이돈』초반부에서는 "to ho esti"(τὸ ὁ ἔστι, what-it-is)란 표현을 사용하고 후반부에서는 '이데아'란 표현을 사용하는데, 여기서 우리는 '이데아', 즉 '이성에 의해 보여진 것'은 바로 '어떤 것을 바로 그것이게 하는 것'(본질; what it is)임을 알 수 있다. 참조, 김영균,「플라톤 철학에서 지성(nous)과 인식」(박희영 외,『플라톤 철학과 그 영향』서광사, 2001), 17~18쪽.

2) * 플라톤은 혼의 작용을 '감각적 지각'(aisthesis), '추론적 이성'(dianoia 또는 logos) 그리고 '지성적 직관'(nous)의 세 부분으로 구분한다. 인간의 혼이 감각적인 것에 사로잡힐 때는 진리에 대한 인식(epistheme)이 아니라 의견(doxa)을 가지게 된다. 수학적 이데아들에 대한 인식은 디아렉티케를 통한 추론적 이성에 의해 이루어지며, 선의 이데아에 대한 인식은 지성적 직관에 의해 이루어진다. 디아렉티케를 통한 이데아의 인식은 현상학적 본질직관과 같다 할 수 있을 것이다.

소크라테스의 삶과 죽음은 플라톤의 철학에 지대한 영향을 끼쳤다. 소크라테스는 아테네의 많은 부자 청년들의 마음을 사로잡은 카리스마 넘치는 인물이었다. 그는 아무런 저작물도 남기지 않았지만 시장에서 많은 사람들과 대화를 통해 영향을 끼쳤다. 그는 어떤 학설이나 주의를 가르치고자 하지 않았으며, 오히려 일련의 예리한 질문들을 통해 그와 대화하는 사람들이 경건, 정의 또는 도덕의 본성과 같은 일들에 관해 얼마나 무지한지 깨우치고자 했다. 플라톤이 아직 젊었을 때 소크라테스는 아테네의 청년들을 타락시키고 아테네의 신들을 믿지 않는다는 이유로 사형 선고를 받았으며, 아테네 시민들이 처형될 때 사용된 전통적인 방식에 따라 독배를 마셨다.

플라톤은 대화편들에서 이미 죽은 소크라테스를 등장시켜 자신의 이론을 전개했다. 그렇지만 플라톤의 작품에 등장하는 소크라테스라는 인물은 그의 견해에 있어서 실제의 소크라테스와 상당히 다를 것이다. 플라톤은 마치 실제로 있었던 대화들을 기록하는 것처럼 썼다. 그러나 그가 『국가론』을 쓸 당시 소크라테스는 플라톤 자신의 견해들을 이야기하는 대변자의 역할을 했다.

『국가론』에는 플라톤의 독특한 글쓰기 방식들이 혼합되어 있다. 전반부에는 소크라테스와 몇몇 친구들 사이의 대화가 나타나는데, 이 대화는 연극으로 보면 1막에 해당한다. 여기서는 무대의 배경과 여러 인물들의 반응에 관해 기록되어 있다. 그러나 후반부에는 - 비록 플라톤이 여전히 대화 형식으로 글을 쓰고 있기는 하지만 - 소크라테스의 목소리에 신랄한 비판의 기운이 느껴지며, 다른 등장인물들은 단지 소크라테스의 단정적인 주장에 동의할 뿐이다.

3) 트라시마코스[3])와 글라우콘[4)]

『국가론』의 중반부는 트라시마코스와 글라우콘에 의해 제기된 반론들에 대한 대답이다. 트라시마코스의 반론에 의하면 '정의'라는 이름으로 일어나는 것은 그것이 무엇이든 단지 강자들의 이익에 봉사할 뿐이다. 옳음을 규정하는 결정적인 것은 힘이다. 정의의 가장 중요한 기준은 단지 강자들에 의해 설정된 이기적인 규범들에 복종하는 것이다. 개인의 행위 차원에서 보면 불의가 정의보다 훨씬 더 유익하다. 정당하게 가질 수 있는 것보다 더 많은 이익을 챙긴 사람들은 자기에게 적절한 몫을 받은 사람들보다 더 행복하다.

글라우콘은 한 걸음 더 나아가 정의롭게 행동하는 사람들은 단지 자기보존 수단으로 그렇게 할 뿐이라고 주장한다. 신화적 인물인 기게스(Gyges)처럼 자신을 보이지 않게 해주는 반지를 발견한 사람은 누구든지 정의롭게 행동할 동기를 모두 잃어버릴 것이다. 그들은 어떤 범죄를 저지르든 발각되지 않고 안전하게 도망칠 수 있을 것이기 때문이다. 글라우콘은 정의로운 사람이

---

3) * 트라시마코스(Thrasymachus; BC 459 ~ 400)는 고대 그리스의 소피스트였다. 트라시마코스에 의하면 "정의는 강자의 이익이며"(338c), "만일 불의가 지배적인 세력이 되면 정의보다 더 강하고, 더 자유로우며, 더 지배력을 가진다."(344c) 이에 대해 소크라테스는 강자의 이익을 넘어서는 정의의 기준이 있다고 비판한다.

4) * 글라우콘(Glaucon; BC 445 ~ 4세기)은 아리스톤의 아들이며 플라톤의 형이다. 그는 '동굴의 비유'에서 소크라테스의 대화 상대자로 나타난다.

다른 사람들에 의해 불의하다고 간주되는 상황을 가정한다. 그는 고문을 당하고 처형된다. 그의 삶은 그에게 유익하다고 말할 수 있는 아무것도 없는 것처럼 보인다. 완전히 부도덕한 삶을 살았음에도 불구하고 철저히 은폐하여 정의로운 것처럼 보이도록 관리하는 교활한 사람의 삶과 이 사람의 상황을 비교해 보라. 교활한 사람은 행복한 삶을 사는 것처럼 보인다. 그는 가면을 쓰고 말할 수 없이 악함에도 불구하고 존경의 표상으로 간주된다. 이것은 정의가 유익하지 못하거나 적어도 언제나 유익하지는 못함을 보여준다. 만일 소크라테스가 정의로운 삶을 옹호하길 원한다면 그는 글라우콘이 제시한 상황이 전부가 아니라는 것을 보여주어야 할 것이다. 실제로 책의 나머지 부분에서 소크라테스는 정의가 유익할 뿐만 아니라 본질적으로 가치가 있음을 논증함으로써 이야기를 마무리하고자 한다.

4) 개인과 국가

『국가론』은 일반적인 정치철학 작품이 아니다. 이 책의 대부분은 이상국가의 본질에 관한 물음에 초점이 맞춰져 있음에도 불구하고 국가에 관한 논의는 단지 개인의 도덕성을 점점 분명하게 알아가는 과정으로서 도입되어 있을 뿐이다. 플라톤의 주된 관심은 "정의란 무엇이며, 정의는 추구할 만한 가치가 있는가?"라는 물음이다. '정의'라는 개념은 여기서 사용하기에 다소 생소한 단어이다. 그러나 이 개념은 그리스어 '디카이오쉬네'(dikaiosune)에 가장 근접한 번역어이다. 이 단어는 대체로 옳은 일을 행하는 것을 의미한다. 플라톤의 주된 관심은 최선의 삶이 무엇이냐 하는 물음이다. 그가 국가의 조직에 관심을 가지는 것도 국가는 개인의 확장이라고 믿기 때문이다. 최선의 길은 국가에서 정의를 연구한 다음 우리가 발견한 사실들을 개인에게 적용하는 것이다. 근시안을 가진 사람은 큰 글자로 된 책을 읽기가 편하듯이, 개인의 소규모 삶에서보다는 국가에서 정의에 관심을 가지는 것이 더 용이하다.

5) 노동의 분류

인간은 혼자서는 잘 살 수 없다. 협동과 공동체적 삶에는 많은 장점들이 있다. 사람들이 집단을 이루고 살면 그들이 가진 기술에 따라 노동을 구분하는 것이 합리적이다. 농기구가 낡아서 못 쓰게 되었을 때, 새로운 농기구를 만들기 위해 농부가 농사일을 그만두는 것보다는 농기구 제작자가 농기구를 만들고 농부는 일을 하는 것이 더 좋다. 농기구 제작자는 도구를 만드는데 농부보다 더 숙련되어 있을 것이다. 다른 전문직들의 경우도 마찬가지이다. 기술은 숙련을 요하기 때문이다.

국가가 커지고 일이 보다 전문화되면 외적의 침입으로부터 국가를 방어하기 위해 전담 군인들이 필요하다. 플라톤에 따르면 '국가를 수호하는 사람들'(guardians)은 집을 잘 지키는 개와 마찬가지로 강하고 용감해야 한다. 그러나 그들은 또한 철학적 기질도 가지고 있어야 한다. 『국가론』의 상당 부분은 국가를 수호하는 사람들을 위해 플라톤이 수립한 훈련계획에 할애되어 있다.

6) 통치자들, 조력자들 그리고 노동자들

플라톤은 수호자들의 계급을 통치자들(rulers)과 그들을 돕는 조력자들(auxiliaries)로 구분한다. 통치자들은 정치권력을 가질 수 있는 사람들로 국가의 모든 중요한 일들을 결정한다. 조력자들은 통치자들을 도와 외부의 위협에 대한 방어임무를 수행한다. 세 번째 그룹인 노동자들은 그들의 명칭이 가리키듯이 노동을 수행하여 국민의 삶에 필요한 것들을 조달한다. 플라톤은 노동자들의 삶에는 큰 관심을 가지지 않는다.『국가론』의 대부분은 수호자에 초점을 맞추고 있다.

통치자로 선출된 사람들은 사회의 이익을 위해 최선이라고 판단되는 일을 헌신적으로 행할 수 있는 자질을 갖춘 사람들이다. 플라톤은 부적합한 지원자들을 가려내기 위해 교육과정에서 다양한 시험을 통해 잠재적 통치자들이 자신의 즐거움을 추구하기에 급급한 성향이 있는지 보아야 한다고 제안한다. 그는 시험에 대한 반응을 철저히 관찰하여 공동체의 안녕에 전적으로 헌신할 수 있어 보이는 사람들만 통치자로 선출되어야 한다고 주장한다. 이렇게 선출된 사람들은 극소수 일 것이다.

수호자들 중 어느 누구에게도 사유재산이 허용되지 않을 것이며, 심지어 그들의 자식도 공동으로 양육되어야 한다. 실제로 플라톤은 가정에 관해 급진적인 해결책을 제시한다. 그는 가정을 해체하고 어린이들이 부모가 누구인지 알지 못하는 상태에서 양육되는 공영탁아소를 운영해야 한다고 주장한다. 이렇게 하면 국가에 대한 충성심이 증가될 것이다. 이런 방식으로 양육된 아이들은 가족 때문에 국가에 대한 충성심이 약해지지 않을 것이기 때문이다.

심지어 성관계조차도 법으로 규정된다. 시민들은 오직 특별한 축제 때에만 성관계가 허용된다. 축제 때에는 시민들이 추첨을 통해 - 적어도 그렇게 하면 축제에 참여하는 사람들이 공정성을 믿게 되기 때문에 - 파트너를 찾게 되는데, 실제로 오직 좋은 가문의 사람들만 자식을 낳을 수 있도록 통치자들이 짝짓기의 추첨 결과를 조정한다. 따라서 플라톤이 제안하는 국가는 강하고 용기 있는 자식들을 낳기 위해 고안된 나름의 고유한 우생학(eugenics)을 가지고 있다. 아이들은 태어나자마자 어머니를 떠나 특별히 지명된 관리들에 의해 양육된다. 열등한 수호자들의 아이들과 노동자 계층의 아이들 중 '결함이 있는' 아이들은 버려진다.

7) 여자들의 역할

『국가론』에서 플라톤이 제안한 것들이 모두 '선택적 양육'과 '영아살해'와 같이 비인간적인 것은 아니다. 대다수의 동시대인들과 달리 플라톤은 여자에게도 남자와 동일한 교육혜택이 주어져야 하며, 남자들과 함께 전장에서 싸울 수 있게 허용되어야 하고, 자질이 있다면 수호자로 선발될 수도 있어야 한다고 생각했다. 물론 플라톤은 여전히 모든 활동에 있어서 남자가 여자보다 우월하다고 믿었다. 그렇지만 결혼한 중류층 여자들이 사실상 죄수처럼 가정에만 머물러야 했던 시기에 그의 제안은 파격적이었다.

8) 금속의 신화

국가의 성공은 나라에 대한 시민들의 충성도와 시민들 상호 간의 신뢰관계에 의존한다. 이런 충성심을 확보하기 위해 플라톤은 사회의 모든 계급들이 그들의 기원에 관한 신화를 믿도록 장려할 것을 제안한다. '장엄한 신화' 또는 '고상한 거짓말'로 번역될 수 있는 그 신화는 다음과 같다. 모든 사람들은 완전하게 조성된 이데아의 땅에서 기원되었다. 양육과 교육에 대한 추억은 꿈에 불과하다. 사실 모든 시민들은 형제와 자매들이다. 그들은 모두 대지의 자녀들이기 때문이다. 이 신화는 국가(어머니)에 충성하고 시민들 사이의 상호신뢰를 조성하기 위한 것이다.

이 신화는 또 다른 면을 가지고 있다. 신이 인간을 창조할 때 그들의 기질에 금속성분을 추가했다.[5] 신은 통치자의 기질에는 금을 추가했고, 통치자를 돕는 군인에게는 은을, 그리고 노동자에게는 청동과 철을 추가했다. 신은 통치자로 하여금 어린이들의 성품에 어떤 금속성분들이 섞여 있는지 관찰하도록 지시했다. 만일 청동 성분의 기질을 가지고 있는 어린이가 황금 성분의 부모에게서 태어난다면, 부모는 냉정한 마음으로 그 아이가 노동자의 삶을 살도록 해야 한다. 만일 노동자의 아이가 황금이나 은의 기질을 가지고 있다면, 아이는 통치자나 군인으로 적절하게 양육되어야 한다. 이 신화의 의도는 단지 충성심을 조성하는 것

---

5) * 여기서 '신'은 무(無)로부터 세상을 창조한 창조신이 아니라 태초의 근원물질인 무규정자(카오스)로부터 그의 이데아들에 따라 만물을 조성한 제작자인 데미우르고스(Demiurgos)이다.

만이 아니라 각자가 삶의 상황에 대해 만족감을 가지도록 유도하기 위한 것이기도 하다. 개인이 속한 계급은 임의로 통제할 수 없는 요인들에 의해 결정된다는 사실을 인식시킴으로써 말이다.

9) 정의로운 국가와 정의로운 개인

플라톤은 자신이 제안하는 이상적인 국가는 완전하기 때문에 지혜, 용기, 절제 그리고 정의의 덕을 갖추어야 한다고 믿는다. 이런 덕들은 완전한 국가라면 당연히 갖추어야 할 본질적인 덕이라는 것이다. 지혜는 통치자가 당연히 갖추어야 할 덕이다. 지혜는 통치자로 하여금 국가의 이익을 위해 현명한 결정을 하도록 해주기 때문이다. 용기는 국가를 방어할 때 용감하고 두려움이 없도록 훈련을 받는 군인의 대표적인 덕이다. 절제는 통치자의 지혜로운 결정에 의해 다수의 무절제한 욕망들이 통제되어 세 계급들이 조화를 이룸으로써 실현된다. 그리고 마지막으로 국가에서 정의가 가장 확실하게 실현될 때는 각 사람이 그의 고유한 일, 즉 그의 적성에 가장 잘 맞는 일을 할 때이다. 사회적으로 계층이동을 시도하는 사람은 누구나 국가의 안정을 위협하는 잠재적 위험인물이다.

이상적인 국가에서는 시민들의 계급이 세 계층으로 분류되고, 각 계급에 할당된 역할들 사이에는 조화로운 균형이 유지되기 때문에, 네 가지 본질적 덕이 실현된다. 마찬가지로 플라톤에 의하면 각 개인도 세 부분으로 구성되어 있다. 지혜, 용기, 절제 그리고 정의의 자질들은 모두 개인을 구성하는 이들 세 부분들 사이의 조화로운 상호작용에 의존한다.

10) 영혼의 세 부분

'영혼'이란 단어는 지나치게 영적인 어떤 것을 암시한다. 비록 플라톤이 영혼의 불멸성을 믿기는 하지만,『국가론』에서 그가 영혼의 세 부분들에 관해 말하는 것은 영혼이 육체와 분리될 수 있다거나 영혼이 육체와 다른 어떤 것이라는 의미가 아니다. 여기서 그의 관심사는 실제로는 동기부여에 있다. 그가 분류하는 영혼의 세 부분들은 이성, 기개(spirit) 그리고 욕망이다.

이성은 이상적인 국가에서 통치자가 행하는 역할에 해당된다. 통치자와 마찬가지로 이성은 공동체 전체의 선을 위해 계획을 세울 수 있으며, 영혼의 다른 부분들과 달리 이기적이지 않다. 이성은 어떤 목적을 가장 잘 성취할 수 있는 방법에 관해 계획을 세울 수 있는 능력을 가진다. 그러나 이성은 또한 진리를 사랑하기도 한다.

기개(spirit)는 개인의 성격에서 사적인 노여움이나 의분과 같은 형태의 행동을 하도록 동기를 유발시키는 정서적인 부분이다. 적절하게 훈련된 기개는 용감한 행위와 용기의 원천이다. 기개는 통치자를 돕는 군인의 역할에 해당된다.

욕망은 음식, 술 또는 섹스와 같은 특정한 일들에 대한 단순한 욕구이다. 욕망은 이성과 정반대 방향을 고집할 수 있다. 실제로 사람들이 원하는 것과 그들이 최선이라고 생각하는 것 사이에서 일어나는 갈등은 영혼을 세 부분으로 구분하는 것이 정당함을 입증하기 위해 플라톤이 제시하는 증거이다. 욕망은 노동자들의 역할에 해당된다.

지혜, 용기, 절제 그리고 정의는 국가에서는 물론 개인에게서도 발견되는 덕이다. 플라톤은 덕을 영혼의 각 부분들과 관련하여 설명한다. 지혜로운 사람은 이성의 주도 하에 결정한다. 용감한 사람은 위험에 처했을 때 이성과 협력하여 작용하는 기개로부터 행위의 동기를 가진다. 절제력이 있는 사람은 이성의 지시를 따라 욕망을 통제한다. 가장 중요한 것은 정의로운 사람은 영혼의 세 부분들이 모두 조화를 이룬 상태에서 행동한다는 것이다.[6] 영혼의 각 부분들은 이성의 명령에 따라 그에게 가장 적절한 역할을 한다. 그러므로 개인에게서 정의는 일종의 영적인(psychic) 조화이다. 정의를 본질적으로 가치 있는 조건이 되게 하는 것은 이런 심리적 조화이다.

11) 철학자 왕

비록 개인에 관한 물음을 조명하기 위해 국가에서의 정의를 논하기는 하지만, 플라톤은 분명 이상국가 건설에도 깊은 관심이 있었다. 플라톤은 그런 정치체제가 도대체 어떻게 구현될 수 있는지에 관해 물음을 제기하고, 유일한 희망은 철학자들의 손

---

6) * 플라톤이 정의를 최고의 덕이라고 생각하는 것과 아리스토텔레스가 중용(mesotes; 적절한 비율)을 덕의 본질이라 생각하는 것은 이런 이유 때문이다.

에 권력을 맡기는 것이라고 결론짓는다. 그는 또 다른 비유를 통해 이런 파격적인 제안을 옹호한다. 시력은 근시이고, 약간 귀가 멀었으며, 항해술에 무지한 선장이 운행하는 배를 상상해 보라. 승무원들은 누가 배의 키를 잡아야 할 것인가에 관해 논쟁을 벌이고 있다. 그들 중 어느 누구도 항해술을 공부한 적이 없다. 사실 그들은 항해술이 교육될 수 있다고 믿지도 않는다. 파벌들은 서로 배의 통제권을 놓고 경쟁하며, 통제권을 쥐는 순간 배에 실은 물자들을 마음대로 취한다. 결국 배는 술 취한 자들의 유람선으로 전락하고 만다. 그들 중 어느 누구도 날씨와 별자리를 관측하는 항해사가 필요하다는 것을 깨닫지 못한다. 그들은 항해에 필요한 기술을 가지고 있는 사람을 쓸데없이 별이나 쳐다보는 사람이라고 생각한다.

기존의 정치체제에 기초하여 운영되는 국가는 무능한 선원들이 방향키를 잡고 표류하는 배와 같다. 숙련된 항해사가 방향키를 조정할 때에만 그 배는 안정을 되찾을 것이다. 철학자는 - 비록 그가 무시당할 수도 있긴 하지만 - 국가를 이끌어 나가는데 요구되는 지식을 가진 유일한 사람이다. 플라톤의 이데아론은 왜 철학자들이 국가를 통치하기에 적합한 능력을 가지고 있는지 설명하고 있다.

12) 이데아론

앞에서 제시된 동굴의 비유에서 플라톤은 인간의 현사실적 모습을 인상적인 방법으로 묘사하고 있다. 대다수의 인간은 동굴 벽에 어른거리는 그림자와 같은 단순한 현상에 만족하고 있다. 하지만 철학자들은 실체를 알고자 한다. 그들은 진리를 사랑하기 때문이다. 그들은 동굴 밖으로 나가 이데아들을 직접 보고 인식한다.

비록 『국가론』에서 이데아론은 소크라테스에 의해 제시되긴 하지만, 일반적으로 플라톤 자신의 이론으로 간주된다. 우리가 '플라톤주의'라고 말할 때 그것은 일반적으로 플라톤의 이데아론을 의미한다. '이데아'란 개념이 무엇을 의미하는지 이해하기 위해 그가 제시한 예들 중 하나를 생각해 보자.

많은 침대들이 있다. 어떤 침대는 더블침대이고, 어떤 침대는 싱글이며, 어떤 침대는 다리가 넷이다. 그렇지만 그 침대들은 모두 그것들을 바로 침대이게 하는 어떤 것을 공유하고 있다. 침대들이 모두 공유하는 것은 이상적인 침대, 즉 침대의 이데아에 대한 관계이다. 침대의 이데아는 실제로 존재한다. 그것만이 실재하는 침대이다. 다른 침대들은 모두 이데아로서의 침대를 모사한 불완전한 침대들이다. 그것들은 실재세계가 아니라 현상세계에 있는 것들이다. 따라서 우리는 침대의 이데아에 관해서만 '참된 인식'(epistheme)을 가질 수 있다. 현실의 침대들에 관한 모든 정보는 참된 인식이 아니라 '의견'(doxa)에 불과하다. 우리에게 익숙한 일상의 세계는 끊임없이 변하는데 반해, 이데아의 세계는 무시간적이고 불변적이다. 지혜를 사랑하는 철학자들은 '사유'[7]

---

7) * 여기서 '사유'는 '로고스'(logos) 또는 '디아노이아'(dianoia; 추론적 이성)와 '누스'(nous; 지성적 직관)의 작용을 말한다. '로고스' 또는 '디아노이아'는 분석하고(dihairesis) 종합하는(synthesis) '디아렉티케'(dialektike)의 작용을 통해 추리하는 능력이고, '누스'는 그런 추리를 바탕으로 이데아들을 직관하는 지성적 직관능력이다. 후설의 현상학에서 "형상적 환원" 또는 "본질적 환원"(Eidetik Reduktion)을 통한 "본질직관"(Wesensanschauung)이 이

에 의해 이데아의 세계에 접근하고, 따라서 참된 인식을 할 수 있다. 감각적 지각은 우리를 끊임없이 변하는 현상의 세계에 제한한다.

비록 현상계의 모든 사물들이 그것들에 상응하는 이데아들을 가진다고 명시적으로 표현하지는 않지만, 플라톤은 선의 이데아가 있다고 주장한다. 참된 인식을 추구하는 철학자가 궁극적으로 목표하는 것은 선이다. 플라톤은 태양의 비유를 통해 선의 이데아를 설명한다. 태양은 사물을 볼 수 있게 해줄 뿐만 아니라 식물들을 성장하게 해준다. 마찬가지로 선의 이데아는 마음의 눈이 볼 수 있게 해주며, 실재의 본질을 이해할 수 있게 해준다. 선의 이데아에 의해 제공된 조명이 없으면 우리는 현상과 의견의 희미한 세계에 사는 운명을 벗어날 수 없다. 선의 밝은 빛에서 우리는 어떻게 살아야 하는가에 관해 참된 인식을 가질 수 있다.

13) 부정의의 예들

정의로운 국가는 서로 다른 계급들이 그들의 고유한 역할을 성실하게 이행하는 국가이며, 정의로운 개인은 서로 다른 동기들이 조화를 이룬 사람임을 보여준 다음, 플라톤은 국가와 개인에게 있어서 정의롭지 못한 예들을 몇 가지 제시한다. 그는 정의롭지 못한 국가의 정치체제들과 그런 체제들에 상응하는 인격유형을 네 가지로 제시한다. 플라톤이 제시하는 정치체제들은 금권

런 사유에 해당된다고 할 수 있겠다.

정치 또는 명예지상주의정치(timocracy), 과두정치(oligarchy), 민주
정치(democracy) 그리고 전제정치(tyranny)이다. 금권정치는 스파르
타처럼 군사적 명예에 의해 지배되는 국가의 정치체제이며, 과두
정치는 부를 최고의 가치로 생각하며, 민주정치는 국민 전체에
의해 통치되는 나라의 정치체제이며, 전제정치 체제에서는 통치
자가 절대 권력을 가진다.

한편 플라톤은 국가와 개인 사이의 균형을 강조한다. 예를 들
어 그는 민주주의에 관한 논의에서 민주주의는 그가 정의로운
국가의 본질이라고 제시한 통치자 양성원리를 무시한다고 말한
다. 민주주의 체제에서 통치자가 갖추어야 할 유일한 전제조건
은 자신이 민중의 친구임을 공언하는 것이다. 민주주의 국가와
마찬가지로 민주적 개인도 선한 의지에 기초한 즐거움과 악에서
유래한 즐거움을 구분하지 않고 다양한 쾌락을 무차별적으로 즐
기며, 그 결과 심리적 부조화가 발생한다. 민주적 개인은 이성이
부적절한 욕망을 통제하도록 허락하지 않는다. 일시적 기분이
그를 지배하며, 결국 부정의가 발생한다.

14) 예술에 대한 거부감

국가를 수호하는 사람들의 교육에 관해 설명할 때, 플라톤은
다양한 종류의 시(詩)들을 검열해야 한다고 주장한다. 신들이나
영웅들에 관해 잘못된 인상을 가지게 하는 작품들이나 학생들이
소리 내어 읽을 때 불의한 인물들과 지나친 동질감을 갖도록 하
는 작품들은 금지될 수 있다.『국가론』 10권에서 플라톤은 이상

적인 사회에서의 예술과 예술의 위치를 주제로 다룬다. 그는 모방예술, 즉 현상세계를 표현하기 위해 의도된 예술을 집중적으로 비판한다. 그는 두 가지 중요한 이유 때문에 그런 예술은 그의 국가에 존재해서는 안 된다고 단적으로 주장한다. 첫째, 그런 예술은 단지 하나의 현상을 모사할 수 있을 뿐이며, 따라서 우리를 이데아의 세계로부터 멀어지게 하는 경향이 있다. 둘째, 그런 예술은 우리 영혼의 비합리적인 부분에 의존하며, 따라서 정의를 위해 필요한 영적 조화를 깨뜨리는 경향이 있다.

첫 번째 유형의 비판을 설명하기 위해 플라톤은 침대를 그리는 화가의 예를 든다. 신은 침대의 이데아를 만들었고, 목수는 그 이데아를 모방하여 침대를 만든다. 예술가는 목수가 모방한 것을 다시 모방하여 그림을 그린다. 이것은 침대의 이데아를 모방하여 만든 불완전한 현실의 침대를 그대로 다시 거울에 비추어 보는 것과 마찬가지이다. 결과적으로 예술가는 실체에 대한 인식을 돕기보다는 오히려 방해한다. 예술가는 침대의 참된 본성을 알지 못하며, 특정한 침대의 현상을 모방하는데 만족한다. 플라톤은 시인도 화가와 대동소이하다고 생각하기 때문에, 예술에 대한 그의 거부감이 시에게까지 확장된다.

그럼에도 불구하고 플라톤은 모방하는 예술가들의 작품이 매력적임을 인정한다. 예술작품은 이성에 호소하는 것이 아니라 영혼의 저급한 부분들에 호소한다. 이것은 선한 영향력보다는 악한 영향력을 표현하려는 예술가들의 성향에 의해 악화된 결과이다. 모방적 예술가들은 경솔한 사람들을 인식의 길에서 멀어지게 할 수 있다. 그렇다면 그런 예술가들이 이상적인 국가에 존재해서는 안 된다.

15) 『국가론』에 대한 비판

a. 국가와 개인의 유비관계에 관한 비판

『국가론』에서 플라톤의 전체 기획은 국가에서의 정의와 개인의 정의 사이에 강한 유비관계가 있다는 전제에 의존한다. 만일 그런 유비관계가 취약점을 가지고 있다면 정의로운 국가에 관한 결론들로부터 도출된 개인적 정의에 관한 모든 결론들도 마찬가지로 취약할 것이다. 플라톤은 국가에서의 정의를 논한 다음 개인의 정의를 논하는 것은 정당한 순서임을 분명히 한다. 하지만 적어도 이런 순서가 정당한지에 관해 물음을 제기할 수는 있다.

b. 통치자들만이 정의로울 수 있다는 견해

더 나아가 플라톤의 이론에 따르면 오직 통치자들만 정의로울 수 있다는 결론에 도달하게 된다. 정의가 심리적 조화의 관점에서 정의되었고 각 계급들은 그들의 현저한 동기원천의 관점에서 정의되었기 때문에, 이성의 절대적 명령에 따르는 사람들만이 정의롭게 행동할 수 있음이 분명해진다. 통치자들은 이렇게 행동할 수 있는 유일한 계급이다. 따라서 통치자들만이 정의로울 수 있다는 결론에 도달하게 된다. 플라톤은 이런 결론이 그의 이론에 대한 중대한 반론이 아니라 오히려 계몽적인 결과라고 보았을 수도 있다. 하지만 그런 결론은 오늘날의 대다수 지도자들이 플라톤 사상에 내재하는 강한 엘리트주의를 표방하도록 조장해 준다.

c. '정의' 개념의 애매성

플라톤에 의하면 정의는 단순히 영혼의 세 부분들이 조화를 이루는 정신적 건강상태이다. 그의 이런 주장은 '정의' 개념이 가지는 통상적인 의미를 인정하지 않는 것처럼 보인다. 그는 정의란 개념을 그의 목적에 맞도록 마음대로 정의했거나, 최소한 두 가지 서로 다른 의미로 사용한 것처럼 보인다. 왜 어떤 사람이 '정의'에 관해 이런 방식으로 말하고 싶어 했겠는가?(어떤 사람이 '정의'에 관해 이런 식으로 말했다면 무슨 이유가 있지 않았겠는가?)

플라톤은 이런 비판에 대해 정의에 관한 그의 견해는 우리가 통상적으로 생각하는 의미의 정의와 동일하다고 대답할 것이 분명하다. 플라톤이 생각하는 정의로운 개인은 남의 물건을 훔치거나 자신이 당연히 받아야 할 몫보다 더 많은 것을 취하지 않을 것이다.[8] 남의 물건을 훔치거나 부당하게 많이 취하는 것은 이성이 저급한 욕망에 굴복하는 것이기 때문이다. 하지만 이는 우리가 '정의로운 사람'이라고 부를 만하다고 생각하는 자들도 플라톤의 기준을 통과하지 못할 수도 있다는 의미다. 왜냐하면 그들의 행위는 조화로운 심적 기능이 아닌 저급한 동기에서 유발된 것일 수도 있기 때문이다. 그들은 단순히 정의롭게 행동하려는 욕구를 지니면서도 이성 능력은 매우 저급할 수도 있다.

d. 고상한 거짓말

---

8) 플라톤이 말하는 정의 개념을 '영혼의 세 부분들이 적절한 비율로 조화를 이룬 상태'에 국한시키지 말고 '적절한 비율(중용)에 따른 분배'란 의미에까지 확장한다면 말이다.

플라톤은 여러 가지 중요한 주장들에서 국가에 대한 충성과 동료 시민들에 대한 신의를 지키기 위해 거짓말하는 것을 옹호한다. 예를 들어 금속의 신화는 '고상한 거짓말'이다. 또한 축제 때 추첨을 통해 파트너를 찾는 것도 거짓말이다. 많은 사람들은 이것을 받아들일 수 없다고 생각한다. 이상적인 국가는 거짓에 기초해 건설되어서는 안 된다. 하지만 플라톤은 개의치 않는다. 그의 관심은 최종 결과와 그 결과를 성취할 수 있는 최선의 길이 무엇이냐에 있지 이 결과가 어떤 방식으로 성취되느냐에 관한 도덕적 물음에 있지 않기 때문이다.

e. 이데아론의 문제점

플라톤의 이데아론은 이상국가에 관한 그의 주장에 중요한 근거를 제공한다. 그렇지만 오늘날 대다수의 철학자들 중에 그의 이론이 타당하다고 생각하는 사람은 거의 없다. 아마도 가장 받아들일 수 없는 것은 이데아들이 실제로 존재하며, 현상의 세계는 단지 이데아들의 그림자에 불과하다는 주장일 것이다.

만일 우리가 이데아론을 포기한다면 플라톤의 많은 주장들을 지지해 주는 형이상학적 토대가 무너질 것이다. 예를 들면 철학자들이 실재에 대한 참다운 인식을 얻는데 특별히 우월하다는 생각이 없다면, 그들에게 국가를 맡겨야 한다는 주장의 정당성을 지지해 줄 이론적 근거가 희박해질 것이다. 국가에서 모방예술들을 금지해야 할 명백한 이유도 없을 것이다.

f. 전체주의를 정당화함

　하지만 플라톤의 『국가론』에 대한 가장 핵심적인 비판은 이 책이 전체주의에 이론적 근거를 제공한다는 것이다. 국가는 이 책이 주장하는 우생학과 '고상한 거짓말'을 통해 가정의 법적 지위를 박탈하고 예술을 검열함으로써 삶의 모든 영역에 간섭한다. 플라톤의 국가에서 개인은 국가의 요구들에 복종해야 하며, 이를 위해서는 개인의 자유와 관련된 모든 요소들을 희생해야 한다. 개인적 자유와 선택의 자유를 중요하게 생각하는 사람들은 플라톤의 주장에 결코 찬성할 수 없을 것이다.

Aristotle(BC 384 ~ BC 322)

아리스토텔레스는 BC 384년에 마케도니아의 스타게이라에서 태어났으며, 아테네에서 플라톤의 제자로 수학하였다. 플라톤이 죽은 후 알렉산더 대왕의 가정교사를 하였고, 알렉산더가 죽은 다음 해인 BC 322년에 칼키스에서 죽었다. 주요 저서로는『정치학』, 『시학』,『수사학』 등이 있다.

어떤 생각에 동의하지 않고도 그 생각을 해볼 수 있는 것이 교육 받은 사람의 특징 이다.

『니코마코스 윤리학』 중에서

2. 아리스토텔레스의 『니코마코스 윤리학』(*Nicomachean Ethics*)

    아리스토텔레스는 현실적인 사람이었다. 그는 플라톤의 제자 였지만, 실체가 일상세계 저편의 이데아의 세계에 있다는 스승의 생각을 거부했다. 그는 플라톤의 동굴의 비유를 믿지 않았다. 라파엘의 그림 「아테네 학당」(1511)에서 보면 플라톤은 손가락으로 하늘을 향해 이데아를 가리키고, 아리스토텔레스는 세상을 향해 손을 내민다. 그의 연구는 오늘날 우리가 철학이라고 생각하는 범위를 훨씬 넘어선다. 철학에서 그의 관심은 형이상학, 윤리학, 정치학 그리고 미학에 이르기까지 광범위하다.

『니코마코스 윤리학』은 단지 강의 자료들을 수집한 것이고, 문체가 일관적이지 못하며, 여러 부분에서 내용이 모호하고, 공개를 목적으로 쓰지 않았음이 분명하긴 하지만 윤리학 역사에서 가장 중요한 저서들 중 하나이다. 이 책에서 아리스토텔레스는 모든 인간에게 근본적인 물음들 중 하나인 "어떻게 살아야 할 것인가?"라는 질문을 제기한다. 이 물음은 고대의 윤리학 논의에서 핵심적인 것이었지만, 유감스럽게도 20세기 철학자들은 이 물음을 중요하게 다루지 않았다. 이 물음에 대한 아리스토텔레스의 대답은 복잡하고 여러 부분들에서 납득하기 어려운 점들이 있긴 하지만 문명사에서 지표가 되는 사상으로서 뿐만 아니라 현대의 철학적 논의에 끼친 중요한 영향 면에서도 중요하다.

『니코마코스 윤리학』은 난해하고 복잡한 작품이다. 학자들은 이 책의 정확한 해석에 관해 논쟁을 벌인다. 그럼에도 불구하고 이 책의 핵심 주제들은 어렵지 않게 이해될 수 있다. 아리스토텔레스가 사용한 몇몇 중요한 용어들은 번역하기가 쉽지 않다. 사실 아리스토텔레스를 연구하는 대다수의 철학자들은 영어로 번역된 불명확한 표현들에 의지하기보다는 그리스어 단어들을 그대로 사용하는 것이 더 낫다고 생각했다. 그런 용어들 중 하나가 "유다이모니아"(eudaimonia)이다.

1) 유다이모니아 : 행복한 삶

　'유다이모니아'는 종종 '행복'으로 번역되지만, 이런 번역은 그 단어가 가지는 본래의 의미를 퇴색시킬 수 있다. 그 단어는 '번영'(flourishing)으로 번역되기도 하는데, 이런 번역이 다소 어색하기는 하지만 원래의 의미에 더 적합하다. 예를 들어 그 단어는 번성하여 우거진 식물과 인간의 번영 사이의 유비관계를 연상시킨다. 아리스토텔레스에 의하면 우리는 모두 '유다이모니아'를 원하는데, 이때 '유다이모니아'는 우리의 삶이 번성하기를 바란다는 의미이다. '행복한 또는 번성한'(eudaimon) 삶은 성공적인 삶이다. 그런 삶은 우리가 성취할 수만 있다면 모두가 선택하는 유형의 삶이다. 그런 삶은 우리가 사랑하는 사람들도 그렇게 살기를 바라는 유형의 삶이다. '유다이모니아'는 언제나 하나의 목적으로서 추구된다. 우리는 돈이 비싼 옷을 살 수 있게 해주기 때문에 돈을 추구할 수도 있고, 비싼 옷이 우리를 더욱 매력적으로 보이게 해주기 때문에 그런 옷을 살 수도 있다. 우리가 사람들의 호감을 사고 싶어 하는 것은 그들이 우리를 잘 살게 해줄 수 있다고 믿기 때문이다. 그러나 왜 우리가 잘 살기를 원하느냐고 묻는 것은 어리석은 질문이다. '유다이모니아'는 어떤 다른 목적보다도 우선되는 목적이기 때문이다. '유다이모니아'는 이런 종류의 연쇄적 물음이 끝나는 곳이다. '왜 유다이모니아를 추구하느냐?'라고 묻는 것은 어리석은 질문이다. 왜냐하면 아리스토텔레스에게 있어 모든 인간이 행복을 추구한다는 사실은 개념적 진리로서 분석명제와 같은 것이기 때문이다.[1] '유다이모니아'가 목적 자체로서 추구되는 유일한 것은 아니다. 예를 들어 우리는 음악을 듣거나 아이들과 함께 시간을 보낼 수도 있다. 이것은 우리가 이런 일들로부터 어떤 다른 것을 기대하기 때문이 아니라, 이런 일들이 우리가 한가하게 시간을 보내는 방법들이기 때문이다. 하지만 그런 경우들에도 우리가 그런 일들을 추구하는 이유는 그런 일들이 '행복한'(eudaimon) 삶에 필요하다고 믿기 때문이다.

『니코마코스 윤리학』의 목표들 중 하나는 '유다이모니아'를 추구하도록 계몽하는 것이다. 만일 우리가 무엇을 찾고 있으며 어떻게 하면 그것을 제대로 성취할 수 있는지에 관해 더 많은 것을 안다면, 우리는 그것을 스스로 성취하기 쉬울 것이다. 비록 아리스토텔레스가 믿었듯이 우리가 과거에 받은 교육과 현재의 외적 환경이 올바른 길을 따를 수 있는 우리의 능력을 결정하는 데 커다란 역할을 하지만 말이다. 아리스토텔레스는 후대의 많은 윤리학자들과 달리 우리가 임의로 통제할 수 없는 사건들이 성공적인 삶에 끼치는 영향력을 인식한 현실주의자였다. 그는 어느 정도의 돈을 소유하는 것, 준수한 외모, 훌륭한 조상과 착한 자녀들은 행복한(eudaimon) 삶의 선결조건들이라고 생각했다. 그런 조건들이 갖추어져 있지 않다면, 우리는 최상의 유다이모니아를 성취할 수 없을 수도 있다. 그렇다면 우리는 우리가 처한 특수한 상황에 맞추어 행동해야 할 것이다. 아리스토텔레스에게 있어서 잘 사는 것은 일반적인 규범들을 특별한 경우들에 적용하

---

1) * 개념적 진리는 모든 시대의 모든 사람들이 경험을 통해 참이라고 인정할 수 있는 진리와 같이 순수한 지각적 경험을 통해 자명한 사실로 입증된 진리이다. 예를 들면 "모든 등변삼각형은 등각삼각형이다"라는 명제와 같은 분석명제가 이에 해당된다고 볼 수 있다.

는 것이라기보다는 오히려 우리의 행동을 삶의 특수한 상황에 맞추는 것이다.

아리스토텔레스에 의하면 지성의 특징은 우리가 일하고 있는 현장에 적합한 종류의 정확성을 추구하는 것이다. 어떻게 살 것인가에 관한 판단은 대략적으로만 참이다. 그런 판단은 모든 상황에서 모든 사람들에게 타당하지는 않다. 그러므로 어디에서나 타당한 절대적 규범들은 없다. 윤리학은 수학과 같이 정확한 학문분야가 아니다. 직각에 대한 목수의 실용적 관심은 기하학자의 관심과는 아주 다르다. 그렇다고 해서 윤리학이 일반적 원칙에 관해 자신만의 기준을 가지는 실천적 학문분야가 아니라고 생각하는 것은 잘못일 것이다. 그리고 실천적 학문으로서 윤리학의 목표는 단지 어느 정도까지 도달해야 좋은 삶인지에 관해 더 나은 이론을 마련해 주는 것이 아니라 어떻게 좋은 사람이 될 것인지 보여주는 것이다.

우리 모두가 유다이모니아를 추구하고 또 추구해야 한다고 믿었음에도 불구하고, 아리스토텔레스는 관능적 즐거움을 옹호하는 쾌락주의자는 결코 아니었다. 그에 의하면 성적 쾌락, 먹고 마시는 쾌락만을 추구하는 사람들은 동물에 불과하다. '유다이모니아'는 기쁨으로 가득 찬 마음상태가 아니다. 오히려 '유다이모니아'는 개별적인 행위들에서 평가될 수 없는 활동이며 삶의 방식이다. 그런 삶의 방식이 주는 고유한 행복감이 있기는 하지만 말이다. 우리가 한 개인에 관해 그 사람이 유다이모니아를 성취했다고 확실하게 말하려면 그의 총체적 삶을 고려해야 한다. 아리스토텔레스가 인상적으로 표현했듯이 제비 한 마리가 여름을 만들지 않으며, 행복한 하루가 행복한 인생을 보증하지도 않는다. 인생 말년의 비극은 인생 전체가 행복했었는지에 관한 물음에 대해 전혀 다른 견해를 가지게 할 수 있다. 그렇다면 우리는 어떤 사람이 죽을 때까지는 그 사람의 삶이 행복하다고 말할 수 없을 것이다. 아리스토텔레스는 심지어 당신의 죽음 이후에 일어나는 사건들이 당신의 삶이 행복했는지에 관한 평가에 영향을 줄 수 있는 경우들도 생각한다. 당신이 죽은 후 후손들의 운명이 당신의 '유다이모니아'에 어느 정도 영향을 준다는 것이다.

2) 인간의 기능

아리스토텔레스에 의하면 인간은 고유한 '기능' 또는 '활동'(ergon)을 가진다. 다시 말해 목수들이 나무로 물건을 만드는 고유한 활동에 의해 목수임을 알 수 있듯이, 인간에게도 인간을 인간이게 만드는 고유한 활동이 있다. '기능'이란 단어는 인간이 특별한 목적을 위해 디자인되었음을 암시하지만, 이것은 아리스토텔레스가 의도하는 의미는 아니다. 그는 어떤 지혜로운 신이 인간을 만들었다고 주장하지 않으며, 오히려 우리가 가지고 있는 고유한 능력이 우리를 다른 어떤 것이 아닌 바로 우리로 만든다는 사실에 주목하도록 한다. 인간이 가진 이런 '에르곤'(ergon; 일, 기능)은 신체의 성장일 수 없다. 그런 '에르곤'은 식물들에게도 있다. 신체의 성장은 인간과 식물이 다르지 않다. 인간의 고유한 '에르곤'은 지각능력일 수도 없다. 그런 능력은 다른 동물들도 가지고 있기 때문이다. 인간의 '에르곤'은 이성적 행위이다. 이성적 행위야말로 인간으로의 삶에 가장 핵심적이다.

훌륭한 사람은 이런 이성적 행위에 있어서 탁월한 사람이다. 인간성에서의 탁월함은 덕에 따르는 행동을 포함한다. 인간에게서 선한 삶이란 이성에 따라 덕을 행하는 삶이다. 덕을 행할 수 있는 잠재력을 가지고 있는 것만으로는 충분하지 못하다. 올림픽의 승자들은 경기에 참여했더라면 더 빨리 달릴 수 있었을 사람들이 아니라, 경기에 실제로 참여한 사람들 가운데서 결정된다. 마찬가지로 실제로 행동하는 사람만이 인생에서 보상을 받는다. 그리고 인생에서의 보상은 참된 행복이다. 장미는 잘 조성된 비옥한 땅에서 번성하게 자라 강하게 성장하고 화려한 꽃을 피운다. 인간은 이성에 따라 덕을 행할 때 번영한다. 『니코마코스 윤리학』의 대부분은 그런 삶이 어떤 삶이며 좋은 삶을 살기 위해서는 어떤 종류의 성품을 가져야 하는지 상세하게 설명하고 있다. 이 책은 덕을 분석하고, 덕이 어떻게 획득되느냐 하는 것을 중점적으로 다룬다.

3) 덕이란?

덕은 인간의 성품이 가지는 특성, 즉 당면한 상황에서 특정한 방식으로 행동하는 기질이다. 오늘날 '덕'이란 개념은 도덕적 의미를 함축한다. 즉 어떤 사람을 덕스럽다고 부르는 것은 그의 성품을 긍정적으로 평가하는 것이다. 그러나 아리스토텔레스에게 있어서 '덕'이라고 번역된 "에티카이 아레타이"(ethikai aretai)는 단순히 '기질의 탁월함'(excellence of character)을 의미할 뿐, 오늘날 우리가 '도덕적'이라고 말할 때처럼 도덕적인 의미들을 함축하지는 않았다. 아리스토텔레스의 관점에서 덕이 있다는 것은 단순히 탁월한 성품을 소유하고 그에 따라 행동하는 것인데, 그 성품들 중에는 우리의 도덕적 가치판단에서 볼 때 전혀 도덕적이지 않을 수 있는 것들도 있다. 실제로 어떤 주석가들은『니코마코스 윤리학』이 어느 정도까지 오늘날 우리가 '도덕적'이라고 이해하는 의미에서의 도덕철학적 작품인지 물음을 제기했다. 도덕성에는 일반적으로 최소한 다른 사람들의 이익에 대한 배려가 포함된다. 오늘의 관점에서 '도덕성'을 이해하는 사람은 "나는 전적으로 이기적인 나 자신의 도덕성을 함양해 왔다"고 말하는 것을 도저히 납득할 수 없을 것이다. 하지만 아리스토텔레스의 주된 관심은 다른 사람들에 대한 배려가 아니라, 우리 자신의 삶을 성공적으로 살기 위해 무엇이 중요하냐 하는 것이었다. 여러 면에서『니코마코스 윤리학』은 오늘의 기업 경영자들이 선호하는 자기계발과 더 큰 개인적 역량을 위한 실천적 매뉴얼들 중 하나와 같다.

아리스토텔레스는 여러 가지 중요한 덕들에 관해 설명한다. 예를 들어 용감한 사람은 결코 두려움에 압도되어 올바른 행동을 할 수 없어서는 안 된다. 용감한 군인은 전우를 구하기 위해 자신의 목숨을 아끼지 않을 것이며, 두려움 때문에 위축되지 않을 것이다. 용감한 반체제 인사는 정부에 맞서 일어설 것이며, 그의 신념을 당당히 주장할 것이다. 비록 그렇게 하면 감옥에 수감될 수도 있고, 고문을 당하거나 죽을 수 있다고 할지라도 말이다. 후덕한 사람은 필요한 사람들에게 돈과 시간을 기꺼이 내줄 것이다.

아리스토텔레스는 덕을 "도덕적 덕"과 "지성적 덕"의 두 유형으로 분류한다. 절제와 같은 도덕적인 덕들은 조기훈련을 통해 획득된다. 그리고 이런 덕들은 더욱 강화되어 의식적 결정이 아닌 습관으로 발전한다. 오히려 습관의 문제가 된다. 한편 지성적 덕은 교육을 통해 형성된다. 도덕적 덕들은 개인의 비합리적 요인들에 의해 형성되며, 지성적 덕들은 이성에 의해 형성된다. 아리스토텔레스에 의하면 모든 덕들에 공통되는 하나의 구조가 있다. 모든 덕들은 두 극단 사이에 있다는 것이다. 그의 중용 이론은 여기에 기초한다.

4) 중용(mesotes)

'중용'이란 개념을 가장 쉽게 이해하기 위해 몇 가지 예들을 생각해 보자. 용기라는 덕은 두 종류의 부도덕 사이에 있다. 비겁함은 용기의 부족이며, 만용은 용기의 지나침이다. 재치는 천박함과 익살 사이에 있다. 겸손은 소심함과 뻔뻔함 사이에 있다. 재치와 겸손은 용기와는 달리 일반적으로 도덕적인 덕으로 간주되지는 않는다.

일반적으로 중용이론은 온건함을 권장하는 이론이라고 해석하는 경향이 있는데, 이것은 중용을 잘못 이해하기 때문이다. 중용은 언제나 양 극단 사이에 있기 때문에 아리스토텔레스가 모든 일에 있어서 온건함을 옹호하는 것처럼 보인다. 그렇지만 중용이 과잉반응과 소극적 반응 사이이기 때문에 덕스러운 사람은 언제나 온건하게 행동한다고 단정해서는 안 된다. 예를 들어 만일 어떤 사람이 아이를 때리는 것을 보았다면, 온건하게 반응하는 것은 분명 부적절한 처신이다. 아리스토텔레스의 이론은 아마도 그런 상황에 적극적으로 개입할 것을 권장할 것이다. 그렇게 공격적으로 반응하는 것이야말로 무관심과 보복적 폭력이라는 양 극단 사이의 중용일 것이기 때문이다.

덕스러운 행동은 언제나 "프로니모스"(pronimos), 즉 실천적 지혜를 가진 사람에 의해 선택될 그런 종류의 중용이다. '프로니모스'는 특정한 상황의 특수성을 정확하게 파악하며, 그런 상황에서 어떻게 행동할 것인가에 대해 탁월한 판단을 내린다.

5) 행위와 과오

아리스토텔레스는 특히 '습관적 행동'(behaviour)보다는 '자율적 행위'(action)를 강조한다. 인간은 단순히 습관에 따라 행동한다기보다는 오히려 자율적 판단에 따라 행동한다고 할 수 있다. 삶의 많은 영역에서 우리는 선택할 수 있는 능력을 가지기 때문이다. 반대로 개미는 단순히 자연적 습성에 따라 행동한다.(behave) 개미는 그가 무엇을 해도 좋을지 또는 해서는 안 되는지 생각할 수 있는 능력이 없기 때문이다. 우리는 일반적으로 개인들이 그들의 행위에 대해 책임이 있다고 생각한다. 만일 그들이 어쩔 수 없는 상황에서 그런 일을 했다면 그들을 비난할 수 없을 것이다. 아리스토텔레스는 의도적 행위와 두 종류의 비자발적 행동, 즉 '본의가 아닌'(involuntary) 행동과 '피할 수 없는 상황에서 선택한'(non-voluntary) 행동을 구분한다.

'본의가 아닌' 행동은 강요나 무지의 결과로 행해진 행동이다.

예를 들어 만일 어떤 사람이 창문을 향해 당신을 밀어 유리가 부서졌다면 당신은 유리를 깬 책임이 없을 것이다. 특히 당신이 그럴 의도가 없었다면 말이다. 만일 당신이 무지하여 우발적으로 독버섯을 식용버섯으로 착각하여 먹었다면 이것도 비자발적인 행동이다. 두 경우에 있어서 모두 당신은 그 결과를 유감스럽게 생각할 수도 있지만, 어느 경우에도 일어난 사건을 직접 통제하지는 못한다. 이런 일들은 당신의 의지와 무관하게 일어난다. 만일 당신이 그렇게 하지 않을 수만 있었다면 그런 일들을 하지 않았을 것이다. 그러나 강요된 행위들 중에서도 어떤 행위들은 비록 강요되긴 했어도 당신에게 선택할 수 있는 여지를 준다는 점에서 다른 행위들과 다르다. 예를 들어 배를 난파에서 구할 수 있는 유일한 길은 화물을 버리는 것이라면, 선장이 화물을 버리라고 명령할 때 그는 선택할 수 있는 상황에서 그렇게 했기 때문에 그의 행위는 자발적이다. 하지만 그의 행위는 또 다른 의미에서 극한 상황에 의해 강요된 어쩔 수 없는 행위이다. 다른 상황이라면 당신의 화물을 배 밖으로 버리는 행위는 비난받아야 하지만, 특수한 상황에서는 어쩔 수 없는 사건들에 의해 강요된 행위인 것이다.

아리스토텔레스는 쾌락을 추구하는 욕망에 의해 강요되어 특정한 방식으로 행동할 수 있다는 생각을 면밀히 검토한 후 그런 견해를 거부한다. 예를 들어 욕망이 당신을 강요하여 문란한 성생활을 즐기게 하고, 당신의 행위에 대해 책임감을 느끼지 못하게 할 수도 있다는 생각을 거부한다. 만일 당신이 이런 식으로 주장한다면, 아리스토텔레스가 지적하듯이 논리적 일관성에 따라 당신의 선한 행위들에 대해서도 칭찬받아서는 안 된다. 만일 당신이 선한 일을 하려는 욕망에 의해 그렇게 했다면, 그런 행위들도 마찬가지로 선한 욕망에 의해 강요되어 당신이 통제할 수 없었기 때문이다.

'피할 수 없는 상황에서 선택한'(non-voluntary 또는 non-intentional) 행동은 당신이 그런 행위를 유감스럽게 생각하지 않는다는 점에서 비자발적인(involuntary or unintentional) 행위와 다르다. 비자발적 행위의 결과에 대해 유감스럽게 생각하는 이유는, 만일 당신이 완전히 통제할 수만 있었다면 당신이 행한 행위를 하지 않았을 것이기 때문이다. 당신이 통제할 수 있었다면 창문을 향해 밀쳐지도록 허락하지 않았을 것이다. 아니면 만일 당신이 충분한 지식을 가지고 있었다면 결코 독버섯을 먹지 않았을 것이다. 당신이 그런 일을 행한 것은 철저히 외적인 요인들 때문이다. 만일 내가 아무런 의도가 없이 당신의 발을 밟고 나의 행위에 대해 유감스럽게 생각하지 않는다면, 그것은 나의 행위가 '피할 수 없는 상황에서 선택한' 행위이기 때문이다.

6) 아크라시아(Akrasia) : 무절제(의지박약)

'아크라시아'는 일반적으로 '방종'(incontinence)으로 번역되는데, 오늘날 대다수의 독자들은 이 용어가 특별한 상황에서 당황하여 신체적 자제력을 상실하는 것을 의미한다고 생각한다. 그러나 아리스토텔레스는 이 단어를 보다 일반적인 의미로 사용한다. 방종은 당신이 무엇을 해야 하는지 알면서도, 무엇이 당신의 삶을 보다 성공적이게 할지 알면서도 고집스럽게 최악의 선택이라고 생각되는 것을 선택할 때와 유사한 상황이다. 요실금이나 야뇨증처럼 의학적 의미의 부절제와는 달리 그것은 자발적인 행위이다. 예를 들어 당신은 간통이 당신의 유다이모니아를 훼손시킬 것이란 사실을 알 수도 있다. 그렇지만 매력적이고 자발적인 어떤 상대를 만나면 당신은 순간적인 욕망 때문에 자제력을 잃을 수도 있으며, 간통이 당신의 유다이모니아를 해칠 것임을 잘 알면서도, 그리고 모든 사람들과 마찬가지로 유다이모니아를 추구하면서도 유혹에 빠질 수도 있다. 당신은 최악의 것임을 알면서도 그것을 선택한다. 플라톤의 영향을 받은 아리스토텔레스는 어떤 행위가 최선인지 참으로 알면서도 그것을 선택하지 않을 수도 있다는 생각에 문제점이 있다고 보았다. 플라톤에 의하면 만일 당신이 선을 참으로 안다면, 즉 선의 이데아를 인식한다면, 당신은 자동적으로 그 인식에 일치하게 행동하게 된다. 플라톤에 따르면 순수한 아크라시아는 존재할 수 없다. 아크라시아라고 생각되는 것도 사실은 선에 대한 무지 때문에 발생함이 분명하다. 반대로 아리스토텔레스는 아크라시아가 현실에서 실제로 발생한다고 주장한다. 아크라시아에 사로잡힌 사람들은 대체로 그런 행위들이 본인들에게 좋지 않으며 그들을 잘 살도록 하지 못할 것임을 안다. 심지어 그들은 특정 상황에서 그들이 행하고 있는 것이 나쁘다는 생각에 말로는 동의한다. 그러나 그들은 이렇게 입으로는 동의하면서도 실제로는 그것이 나쁘다고 느끼지 않으며 단지 배운 지식을 암송할 뿐이다. 그들은 장기적인 관점에서 융성한 삶으로 인도하는 방식으로 행동하기보다는 오히려 그들의 욕구에 따라 목전의 쾌락의 유혹에 빠진다. 비록 어떤 것이 그들에게 좋은지 어느 정도 안다 할지라도 그들은 그것을 선택하지 않는다. 그들은 일반적인 원칙에 근거하여 특수한 상황을 추론하지 않기 때문이다.

7) 관조하는 삶(The contemplative life)

아리스토텔레스는 『니코마코스 윤리학』 마지막 부분에서 훌륭한 삶에서 가장 중요한 요소라고 생각하는 유형의 행동, 즉 이론적 또는 관조적 활동에 관해 기술한다. 이 책의 대부분이 행복한 삶을 야기하는 행동양식들을 강조하면서 실천적 덕의 문제들을 다루었음에도 불구하고, 아리스토텔레스는 당신이 알고 있는 것에 관해 반성하는 것은 인간이 할 수 있는 최고의 활동임을 보여준다. 그 이유는 다음과 같다. 인간의 독특한 활동은 이성적 활동이기 때문에, 그리고 모든 것의 탁월성은 어쨌든 그것이 가지는 고유한 기능을 성취하는 것이기 때문에, 인간의 탁월성은 이성적 활동에서 성취되어야 한다. 하지만 오직 신들만이 철학적 관조의 삶을 지속적으로 유지할 수 있을 것이다. 그런 관조적 삶은 인간에게 결정적으로 중요한 요소이기는 하지만 그것이 훌륭한 삶의 전부일 수는 없다. 그럼에도 불구하고 그것은 우리에게 열려있는 최고의 활동양식이다.

8) 니코마코스 윤리학에 대한 비판

a. 인간의 본성에 관한 비판

인간의 탁월성과 본성에 관한 아리스토텔레스의 논의 전체는 인간의 본성과 같은 것이 있다는 사상과 인간성의 가장 핵심적인 본질은 이성적 능력이라는 사상에 기초한다. 인간의 본성에 관한 아리스토텔레스의 주장들에 대해 여러 가지 반론들이 제기될 수 있다.

'인간의 본성'이라고 부를 만한 어떤 것이 있다는 사실을 부정하는 것은 아리스토텔레스의 윤리학에 대한 극단적인 반론에 속한다. 이것은 사르트르와 같은 몇몇 실존주의 철학자들의 견해이다. 사르트르에 의하면 인간은 선재하는 어떤 모형에 따라 자신을 맞추어 나가는 존재자라기보다는 오히려 자신의 선택에 의해 자신을 창조해 나가는 존재자이기 때문에, 인간의 본성이 무엇이라고 미리 단정하려는 모든 시도는 실패할 수밖에 없다.

아리스토텔레스의 이런 관점에 대한 두 번째 반론은 그가 인간의 본성을 특별하게 평가하여 그로부터 나머지 결론들을 도출해 낸다는 것이다. 이성적으로 행동할 수 있는 능력이 실제로 인간을 다른 동물들과 구별시키는 결정적 차이인가? 왜 무기를 사용하여 서로를 죽이는 능력이 아니라 이성적 활동능력이 인간을 다른 동물들과 구별시키는 고유한 능력인가? 아니면 악기를 연주할 줄 아는 능력이 결정적 차이인가?

b. 동일한 기준으로 판단할 수 없는 가치들

아리스토텔레스에 의하면 다른 종류의 삶의 유형들과 비교하여 최고라고 평가될 수 있는 삶의 유형은 관조적 삶이다. 그러나 과연 그런가? 어떤 철학자들에 의하면 인간이 가치 있다고 생각하는 것들 중에는 같은 기준으로 평가할 수 없는 것들이 많다. 즉, 그런 것들을 비교할 수 있는 절대적 기준이 없으며, 그것들을 비교하여 판단하기에 적합한 평가유형이 없다는 것이다. 이런 관점에서 볼 때 관조적 삶은 하나의 가치 있는 삶의 방식일 수는 있다. 그러나 일상에 적극 관여하는 삶도 하나의 가치 있는 삶의 방식일 수 있다. 우리가 조용히 물러나 두 삶의 장점들을 관조적으로 판단할 수 있는 장소가 없으며, 그것들을 측정하는데 기준이 되는 어떤 가치도 존재하지 않는다.

c. 이기주의에 대한 비판

아리스토텔레스의 윤리학은 개인의 유다이모니아를 위한 처방을 제시해 줄 뿐, 다른 사람들의 행복을 위해서는 아무런 관심을 보이지 않는다. 그의 윤리학은 독자들이 어떻게 최고의 이익을 추구할 것인지에 관해 가르치는 이기적인 접근방식이다.

이런 유의 비판에 대해선 고대 그리스인들의 윤리관을 이해하지 못하고 있다는 식으로 대응할 수도 있다. 그리스 윤리학의 초점은 바로 개인의 자기계발에 맞추어져 있었다. 또 다른 대답은 아리스토텔레스가 주창하는 덕들은 대부분 한 사회가 번영할 때 개인에게 필요한 덕들이라는 점이다.

d. 아리스토텔레스가 다루는 덕들은 자의적임

우리의 시각에서 볼 때 아리스토텔레스가 『니코마코스 윤리학』에서 제시하는 특수한 덕들은 당시의 시대적 상황의 산물이라고 볼 수 있다. 그는 현실의 상황에 도전하지 않았고, 오히려 기존 사회의 가치관을 소중하게 생각하여 철학적으로 변증하고자 했다. 예를 들어 그에 의하면 노예제도는 허용될 수 있는 관습이다. 그의 목적은 고대 그리스의 귀족계급이 중요하게 생각하는 가치들을 옹호하는 것이었다. 그렇지만 그는 이런 가치들이 고대 그리스인들이 가진 인간성의 일부가 아니라 마치 인간의 본성 자체에 속하는 것처럼 제시하고 있다. 아리스토텔레스는 그런 가치들이 어떤 특수한 상황에도 적용될 수 있는 사람다움의 보편적 특징이라고 생각한다.

하지만 덕과 부덕의 구분은 많은 독자들에게 아리스토텔레스의 자의적인 판단처럼 보인다. 예를 들어 그는 왜 동정심이나 이타주의에 관해서는 전혀 언급하지 않는가? 덕스러운 활동에 관한 그의 평가는 편협한 것처럼 보인다. 그리고 만일 그의 평가가 편협하다면 그것을 오늘의 윤리학 이론에 그대로 적용할 수는 없다.

e. 엘리트주의

더 나아가 아리스토텔레스의 이론은 여러 부분에서 파렴치한 엘리트주의이다. 첫째, 그의 이론은 유다이모니아가 모든 사람들에게 가능하다고 생각하지 않는다. 즉 아름다운 외모, 자녀들, 적당한 수입과 어느 정도의 행운이 모든 사람에게 가능하지는 않다는 것이다. 많은 윤리 이론들과 달리 아리스토텔레스의 윤리학에 의하면 당신이 의지만으로 최고의 상태를 성취할 수 있는 가능성은 없다. 당신이 잘 살 것인지 아닌지는 외적 요인들에 의해 결정된다. 둘째, 훌륭한 삶은 철학적 관조에 의해 주도되는 삶이라는 주장이 옳다면, 이렇게 관조할 수 있을 만큼 충분한 시간을 가지는 운 좋은 사람들만이 최고의 훌륭한 삶을 살 수 있음이 분명하다.

그러나 아리스토텔레스는 엘리트주의라는 비판을 염두에 두지 않았을 것이다. 하지만 엘리트주의는 그의 이론의 중요한 특징이며, 따라서 분명히 해명될 필요가 있다. 현대의 많은 독자들은 그의 이론은 엘리트주의적 요소들 때문에 윤리적 본성과 관련하여 중요한 어떤 것을 포착하지 못한다고 느낄 것이기 때문이다.

f. 모호성

더 나은 사람이 되도록 도와주기 위한 것이 분명한 이론에 대해 가할 수 있는 가장 현저한 비판은 그것이 어떻게 행동해야 할지 명확하게 제시하지 않는다는 지적일 것이다. 중용이론은 지도방법에 있어서 크게 도움이 되지 않는다. '실천적 지혜를 가진 사람'(phronimos; 프로니모스)이 행하는 것처럼 행동하라고 말하는 것은 정보로서의 가치가 없다. 만일 특정한 상황에서 어떻게 행동해야 할지 조언해 줄 수 있는 '프로니모스'가 없다면 말이다. 중용이론 자체에도 모순점이 있다. 우리는 덕스러운 행위를 하는 삶에 전념해야 하는가? 아리스토텔레스는 『니코마코스 윤리학』의 대부분에서 이런 견해를 제시한다. 아니면 우리는 이 책의 마지막 부분에 제시된 삶의 방식대로 철저한 철학적 관조를 목표로 살아야 하는가? 학자들은 명백하게 모순되는 이런 견해들을 조정하려고 노력하지만, 아리스토텔레스가 어떻게 살아야 할 것인가에 관해 분명한 지침을 제시하지 못한다는 사실은 부정할 수 없다.

Boethius(480 ~ 524)

보에티우스는 480년 로마에서 태어나 동고트족의 테오도리쿠스의 통치 하에 재상의 직위까지 올랐다. 그러나 후에 로마교회의 수위권과 동로마 제국과 동고트 왕국 간의 대립에 휘말리면서 실각하고 524년 파비아에서 처형되었다.

자신이 더 많은 것을 필요로 한다고 믿으며 불평하는 사람치고 부유한 자는 없다.

『철학의 위안』 중에서

3. 보에티우스의 『철학의 위안』(*The Consolation of Philosophy*)

『철학의 위안』의 서두에서 보에티우스(Ancius Manlius Severinus Boethius)는 감방에서 그의 처지를 한탄하고 있었다. 그는 자살하고자 했다. 그에게는 아무런 희망이 없었다. 그에게 부와 자유를 주었던 운명이 이제는 그것들을 모두 빼앗아 갔다. 그런데 시의 형식으로 자신의 슬픔을 표현하고 있을 때, 그는 머리 위에서 한 여인이 내려다보고 있음을 느낀다. 그녀의 신장은 보통인 것처럼 보이기도 하고, 측량할 수 없이 큰 것처럼 보이기도 한다. 그녀가 입고 있는 드레스 밑단에는 그리스어 'pi'란 글자가 수놓아져 있고, 윗단에는 'theta'란 글자가 수놓아져 있으며, 그 사이에는 사다리가 수놓아 있었다. 그녀의 드레스는 여러 곳이 찢어져 있다. 그녀는 몇 권의 책과 하나의 홀(scepter)을 들고 있다. 이 여인은 의인화된 철학이다. 'pi'란 글자는 윤리학을 포함한 실천철학을 상징하며, 'theta'는 형이상학과 과학을 포함한 이론철학을 상징한다.

그녀는 보에티우스가 철학을 저버린 것에 대해 책망한다. 보에티우스와의 대화를 통해 그녀는 보에티우스가 추구하는 위안을 제공해 준다. 비록 그는 부당한 사형을 선고받고 커다란 부와 명예와 자유를 상실했지만, 그녀는 그녀(철학)가 그에게 줄 수 있는 내적 힘을 가리켜 보인다. 그녀는 보에티우스가 앓는 병의 원인이 절망임을 알고 이성이라는 진정제를 마련해 준다. 이런 형태의 철학은 일종의 자조(self-help)이며, 마음의 위안이다. 보에티우스는 종종 철학이 그의 간호사라고 말한다.

『철학의 위안』은 보에티우스가 동고트족의 황제 테오도리쿠스(Theodoricus)에 대한 반역 혐의로 파비아(Pavia)의 감옥에 갇혀 처형을 기다리고 있을 무렵인 524년경에 집필되었다. 고위 관직에 있던 그가 이렇게 몰락한 것은 극적인 사건 때문이었다. 보에티우스는 테오도리쿠스 정부의 최고위 관료들 중 하나였다. 그러나 그는 결국 고문을 당하고 곤봉에 맞아 죽었다. 이렇게 죽는 것은 치욕적인 죽음으로, 보에티우스와 같은 지위에 있는 사람은 누구나 이렇게 죽는 것을 피하고 싶었을 것이다.

보에티우스는 음악을 포함하는 광범위한 주제들에 관해 많은 책들을 집필했고, 아리스토텔레스의 저서들의 상당 부분을 라틴어로 번역했다. 그렇지만 오늘날 우리가 보에티우스를 기억하는 것은 그의 마지막 작품인 『철학의 위안』 때문이다. 이 책은 산문, 시와 대화가 혼합된 감탄할 만한 책이다. 중세와 르네상스 시기에는 이 책이 가장 널리 읽혀진 책들 중 하나였다. 후에 초서와 엘리자베스 1세가 이 책을 영어로 번역하기도 했다. 이 책의 철학적 내용이 전부 독창적이지는 않다. 그러나 생각을 전달하는 독특한 방식은 그 책을 읽고 싶은 마음이 들게 만든다.

1) 철학

여인으로 의인화된 철학이 감방에 갇혀있는 보에티우스를 방문한다. 그러나 보에티우스에게 있어서 철학은 무엇인가? 그는 신플라톤주의자였다. 따라서 그의 철학적 견해는 플라톤 철학에 깊은 영향을 받았다. 특히 그는 플라톤과 마찬가지로 철학적 사유는 우리로 하여금 기만적인 현상계로부터 벗어나 실체에 대한 참된 경험을 하도록 이끌어 준다고 믿었다. 그는 현상세계는 '진리의 빛'의 그림자라는 상징을 여러 차례 되풀이 하여 사용한다. 이것은 『국가론』의 '동굴의 비유'에서 태양을 선의 이데아에 대한 상징으로 제시하는 플라톤을 연상시킨다.

철학은 보에티우스에게 철학자는 선한 운명이든 악한 운명이든 그 결과에 연연해서는 안 된다는 점을 가르쳐 상기시킨다. 철학이 보에티우스의 기억을 일깨워 상기시킨다는 사실은 참된 인식은 일종의 '상기'(anamnesis)라는 플라톤의 견해를 다시 한 번 암시하기 위한 것일 수도 있다.

2) 우연과 행복

진정한 철학자는 우연을 바라지 않는다. 운명의 수레바퀴는 쉬지 않고 돈다. 수레 꼭대기에 있는 사람들은 어느 순간 바닥으로 떨어진다. 이렇게 변덕스러운 것이 운명의 본질이다. 실제로 철학은 보에티우스에게 말한다. 운명이 인간에게 기여하는 최선의 시기는 운명이 역전될 때라고 말이다. 행운은 우리를 속인다. 행운은 우리에게 진정한 행복에 대한 환상을 주기 때문이다. 그러나 운명이 가면을 벗고 그가 얼마나 믿을 수 없는 존재인지 보여주는 바로 그때 우리는 가장 많은 것을 배운다. 역경은 부, 명예 그리고 쾌락이 줄 수 있는 그런 행복이 얼마나 덧없는 것인지 가르쳐 준다. 역경은 누가 진정한 친구인지 가르쳐 준다.

사실 보에티우스는 행운아였다. 그의 두 아들은 그가 국가 발전에 기여한 공에 대한 보답으로 같은 날 집정관이 되었다. 그렇지만 그가 투옥되면서 행복도 사라졌다. 철학은 보에티우스에게 말한다. 그가 어리석다고 말이다. 진정한 행복은 부나 명예와 같이 우연에 의해 좌우되는 어떤 것에서도 발견될 수 없다. 진정한 행복은 내면으로부터 온다. 이런 점에서 보에티우스는 외적인 겪

정거리를 만날 때 평정심을 가지라고 가르치는 스토아 철학의 영향을 받았다.[1] 스토아 철학에 의하면 행복은 내적 원인에서 오며 따라서 우연과 운에 의존하지 않는 것이다.

3) 악과 보상

보에티우스는 세상에 정의가 없다고 한탄한다. 악한 사람들이 번성하는데 반해, 선하고 덕이 있는 사람들은 고난을 당한다. 그의 한탄에 대해 '철학'으로 의인화된 여인은 진정으로 보상을 받는 사람은 덕을 행하는 사람이라고 대답한다. 그들은 선을 추구함으로써 궁극적 목표인 진정한 행복에 도달하기 때문이다. 악한 사람들은 단지 흥하는 것처럼 보일 뿐, 실제로는 이성을 저버림으로써 인간 이하의 존재가 된다. 그들은 악에 대한 대가로 벌을 받기보다는 오히려 동정을 받고 치료를 받아야 한다.

4) 신과 자유의지

모든 사람이 추구하는 진정한 행복은 명예, 행운이나 즐거움에서 오는 것이 아니라 철학적 사유에서 온다는 사실과 악한 사람들은 일시적으로 번영하는 것처럼 보이지만 진정으로 흥할 수

---

1) * 스토아 철학에 의하면 외적인 조건들은 '가치중립적인 것'(아디아포라; adiaphora)인데, 그런 것들에 마음이 흔들릴 때 고통이 생긴다. 따라서 진정한 행복은 그런 것들에 의해 '흔들리지 않는 마음'(아파테이아; apatheia)이다.

없다는 사실을 상기시킨 후, 여인으로 의인화된 철학은 신과 인간의 자유의지에 관해 보에티우스와 논쟁한다. 여기서부터『철학의 위안』은 플라톤의 대화편들과 같은 방식으로 진지한 철학적 대화가 된다. 보에티우스는 질문자의 역을 맡고 '철학'은 그에게 신의 본성에 관해 설명한다. 철학은 이성의 도움을 받아 보에티우스를 단순한 현상계에서 순수성과 빛의 세계로 안내한다.

철학과 보에티우스의 논의는 대부분 인간이 어떻게 자유의지를 가질 수 있느냐 하는 물음에 초점을 맞추고 있다. 이 물음의 핵심은 인간은 그가 하는 것을 독자적으로 선택할 수 있는 능력을 가지고 있을 수 있지만, 동시에 인간이 실제로 행할 것을 미리 정확하게 아는 신이 존재할 수 있다는 것이다. 자유의지가 없다면 이성적 행위는 불가능하다. 그렇지만 만일 신이 우리가 무엇을 할 것인지 미리 알 수 있다면, 우리가 독자적으로 선택할 수 있는 자유를 가진다는 것은 도대체 무슨 의미가 있는가?

이 어려운 물음에 대해 철학은 예정(predestination)과 예지(foreknowledge) 사이의 차이를 설명하면서 대답한다. 예정을 믿는 사람들은 어떤 사건이 미래에 필연적으로 일어날 것을 신이 미리 결정했다고 주장한다. 예지는 단순히 앞으로 일어날 일을 미리 아는 것이다. '철학'에 따르면 신은 인간이 어떤 선택을 할지 미리 알기는 하지만, 그렇다고 신의 그런 예지가 그런 일들이 일어나도록 하지는 않는다고 주장한다. 인간은 여전히 선택할 수 있다는 것이다. 그러므로 신의 예지와 인간의 독자적인 선택은 서로 모순되지 않는다. 일어날 일을 미리 아는 것이 그 일이 일어나도록 미리 결정하지는 않기 때문이다.

그렇지만 인간이 무엇을 선택할지 신이 미리 안다면, 인간의 선택은 겉으로는 자유의지에 의한 것처럼 보이지만 실제로는 착각이라고 생각할 수도 있다. 이런 비판에 대해 철학은 예지에 대한 우리의 생각은 인간의 시간경험에 의존하는데 이것은 이해할 수 있기는 하지만 잘못이라고 대답한다. 그러나 신은 중요한 점들에서 우리와 같지 않다. 특히 신은 시간을 초월하여 영원한 현재에 존재한다. 신은 시간을 초월하기 때문에 그의 예지는 현재에 관한 우리의 인식과 동등하다. 그에게는 과거, 현재 그리고 미래가 모두 동일하다. 지금 일어나고 있는 것이 무엇인지 우리가 안다고 해서 그런 인식이 일어나는 것을 일어나게 만들지는 않는다. 그런데 신의 예지는 우리가 하는 것을 전적으로 자유로이 선택할 수 있는 가능성을 완전히 차단하는가? 신의 시간을 우리의 시간과 같은 것으로 생각하는 것은 잘못이다. 신은 일어난 모든 것, 일어나고 있는 모든 것 그리고 앞으로 일어날 모든 것을 안다.

『철학의 위안』은 철학이 보에티우스에게 시간을 초월하여 모든 것을 보고 아는 심판자가 그의 삶을 보고 있기 때문에 덕을 행하라고 조언하면서 끝난다. 따라서 이 책에서 보에티우스의 지성적 여행은 플라톤의 『국가론』에 나오는 철학자의 길을 다시 따라간다. 보에티우스는 그림자에 불과한 현상의 세계를 떠나 - 현상의 세계는 동굴 벽면에 희미하게 명멸하는 그림자들과 같기 때문에 - 선의 이데아를 인식하게 되고 궁극적으로는 신을 알게 된다.

5)『철학의 위안』에 대한 비판

합리화인가?

보에티우스가 운명의 영향을 받지 않는 모든 것을 찬양하는 것은 자신의 형편을 합리화하는 것이라고 볼 수도 있다. 옥에 갇혀 고문을 당하고 처형 직전에 이전의 부와 명예를 회복할 가망이 전혀 없는 상황에서 그가 다른 모든 것보다 먼저 합리적 행위를 찬양하는 것은 놀라운 일인가? 그에게는 의미 있는 다른 어떤 것도 남아 있지 않다. 아마도 그가 부와 명예를 잘 사는 삶의 중요한 요소들로 보지 않은 것은 절망적인 사람의 자기 위안적인 주장일 것이다.

　보에티우스가 그에게 남아 있는 것이 거의 없기 때문에 이성적 사고의 가치를 가장 중요하게 생각했다 할지라도 그의 견해 자체가 잘못이라고 할 수는 없다. 진리는 그것을 믿게 된 그의 동기와 무관하기 때문이다. 보에티우스는 가치 있다고 생각했던 모든 것이 제거되자 충격을 받아 지금까지 그에게 위안이 되었던 것을 포기하고 철학에서 새로운 위안을 찾게 되었다는 해석도 가능하다. 그래야만 그는 철학의 강력한 메시지를 이해하게 (또는 상기하게) 될 수 있었을 것이다. 그래야만 그는 다시 철학이 가르치는 자족의 행복을 냉철하게 바라볼 수 있었을 것이다. 이런 해석은 성공의 화려한 예복이 사람들을 유혹하여 진정한 행복을 성취했다고 믿게 할 수 있는데 반해, 역경은 그들로 하여금 진정한 미덕의 길로 다시 돌아가게 해준다는 철학의 주장에 의해 지지된다.

　그러므로 비록 보에티우스가 '철학'의 가르침을 믿게 된 동기의 순수성이 의심스럽다 할지라도 '철학'의 메시지가 틀렸다고 할 수는 없다. 하지만 부, 명예 그리고 다른 세속적 가치들이 행복의 중요한 부분이라는 사실은 '철학'의 이론을 곤혹스럽게 할 것이다. 예를 들어 아리스토텔레스는 어느 정도의 부와 자식들을 가지는 것은 행복의 중요한 요소들이라고 생각했다. 아리스토텔레스가 옳다면 철학에서만 진정한 위안을 얻고자 하는 보에티우스의 노력은 실패할 수밖에 없었다.

Niccolò Machiavelli(1469~ 1527)

마키아벨리는 1469년 피렌체에서 태어났으며, 서른 살이 되기 전에 피렌체의 제2장관 직에 임명되는 등 일찍부터 정계에서 활동하였다. 그러나 후에 메디치 가문에 의해 고문을 당하고 추방되어 『군주론』(1532년에 유고로 출판)을 썼고, 1527년에 사망했다. 주요 저서로는 『로마사 논고』, 『피렌체사』 등이 있다.

통치자의 능력을 평가하는 가장 좋은 방법은 그가 가까이 두는 사람들을 관찰하는 것이다.   『군주론』 중에서

4. 마키아벨리의 『군주론』(*The Prince*)

　『군주론』을 읽는 대다수의 독자들은 이 책이 무자비한 폭군을 위한 지침서라고 생각한다. 그러나 실은 전혀 그렇지 않다. 비록 마키아벨리가 때때로 위선과 잔인함을 옹호하기는 하지만, 그는

권력과 기만을 언제 어떻게 사용할지 아는 사람들을 칭찬한다. 그는 강하고 유능한 통치자가 국가의 이익을 위해 기여할 수 있는 최선의 방법이 무엇인지 설명한다. 그의 조언은 모든 사람을 위한 것이 아니라, 신하들의 운명을 결정하는 통치자들인 군주들을 위한 것이다. 그에 의하면 통치자들은 고지식해서는 안 된다. 통치자들은 최선의 것을 신속하고 효과적으로 처리해야 한다. 국가를 위해 최선의 것이 있다면 그것을 위해서는 인습적 도덕은 무시될 수도 있다.

마키아벨리는 그의 고향 플로렌스에서 정치인으로서 성공한 사람이었다. 하지만 1513년 그는 강력한 메디치 가문에 대해 반역음모를 꾸몄다는 혐의를 받게 되었다. 그는 투옥되어 고문을 받은 다음 플로렌스 밖으로 추방되었다. 『군주론』은 자신이 새로운 군주들의 조언자로서 적합하다는 사실을 보여주기 위해 집필한 것처럼 보인다. 이 책은 정치활동을 재개하기 위해 기획된 일종의 명함이었다. 그러나 그런 의도로 기획되었다면 이 책은 실패작이었다. 그는 원했던 지위를 얻지 못했다. 마키아벨리가 죽은 직후 1532년에 처음 출간된 이 책은 언제나 논쟁을 불러일으켰다. 오늘날 이 책은 정치에서 '더러운 손'의 불가피성을 주장할 때 종종 인용된다. 그리고 '마키아벨리즘'이란 용어는 '사리사욕을 교활하게 추구하는 것'이란 의미로 오용되고 있다.

『군주론』은 '군주들을 위한 거울들', 즉 통치자들을 조언하고 그들에게 영감을 주는 소책자의 장르에 속한다. 이런 소책자들은 르네상스 시대에 유행하였다. 르네상스 시대의 소책자들은 일반적으로 용기와 동정과 같은 덕들을 권했다. 이와 정반대로 마키아벨리는 성공적인 군주는 어떻게 선하지 않을 수 있는지를 배워야 하며, 필요한 경우 어떻게 신속하고 때로는 잔인한 조치를 취할 수 있는지 배워야 한다고 주장했다. 성공적인 군주는 그렇게 하는 것이 그에게 적합할 때는 다른 조언을 들어서는 안 된다. 비록 일반적으로는 정직한 것처럼 보이는 것이 그에게 이익이 되기는 하지만 말이다. 그는 다른 사람들이 그를 위해 설치해 놓은 함정을 알고 그것을 피하기 위해 여우처럼 행동해야 한다. 그러나 때로는 사자처럼 그를 에워싼 늑대들을 놀라게 해서 물리치기도 해야 한다. 『군주론』의 요점은 군주는 어떻게 해야 짐승처럼 행동할 수 있는지 알아야 한다는 것이다. 이것은 군주들은 백성들의 도덕적 귀감이 되도록 행동해야 한다고 가르치는 인문주의적 전통에 대한 도전이었다.

1) 인간의 본성

　마키아벨리는 인간의 본성을 높이 평가하지 않았다. 그는 자신의 관찰 및 플로렌스의 역사와 고전에 관한 지식에 기초하여 사람들은 대체로 나쁜 방식으로 행동한다고 주장한다. 사람들은 변덕스럽고, 거짓말을 하며, 위험을 회피하고, 탐욕스럽다. 이런 상황에서 군주는 효과적인 통치를 위해 공포를 이용해야 한다. 존경 받는 것은 권력이 의지할 만한 확실한 수단은 아니다. 사람들은 감사하는 마음에 의해 형성된 유대관계를 깨는 것이 유리하다고 생각할 때는 그 유대관계를 깨뜨리기 때문이다. 만일 당신이 선택할 수 있다면 존경도 받고 동시에 두려움의 대상도 되는 것이 최선이다. 그러나 만일 당신이 하나를 선택해야 한다면 두려움의 대상이 되는 것을 택하라.

　마키아벨리는 사람들이 어떻게 행동해야 하느냐 하는 당위성보다는 오히려 실제로 어떻게 행동하는가에 관심을 가진다. 그의 주장에 의하면 군주는 인간이 얼마나 변덕스럽고 또 항상 그랬다는 것을 알지 못하면 실패하기 쉽다. 사람들이 실제로 약속을 깨뜨리는 경향이 있다면 약속을 지키기 위해 사람들을 신뢰하는 것은 쓸데없는 짓이다. 그리고 군주는 그런 상황에서 약속을 지킬 의무가 있다고 느껴서는 안 된다. 그런 강박감은 무모한 생각일 것이다. 마키아벨리에 의하면 훌륭한 군주는 전통적 도덕이 권장하는 법전과는 ─ 그 법전이 고전적 전통에서 비롯되었든 아니면 기독교적 전통에서 비롯되었든 간에 ─ 전혀 다른 법전을 가지고 있어야 한다.

　군주에게는 드러난 현상이 전부이다. 사람들은 피상적인 특징들에 대해 반응한다. 사람들이 군주를 평가할 때, 그들은 군주의 겉모습만 볼 뿐 실제로 그가 어떤 사람인지에 관해서는 거의 관심이 없다. 결국 군주는 자신을 드러내는 방식을 조작해야 한다. 비록 가면 뒤에서는 그가 전혀 다른 사람이라 할지라도 말이다.

2) 비르투(용감한 행위)

　『군주론』을 이해하는데 핵심적인 개념은 일반적으로 '용감한 행위'(prowess)라고 번역될 수 있는 이탈리아어 '비르투'(virtu)이다. 이 개념은 원래 '덕'을 의미하는 라틴어 'virtus'(비르투스)에서 유래했는데, 마키아벨리는 이 개념을 전혀 다른 의미로 사용한다. 『군주론』 전체에 걸쳐 마키아벨리의 목표는 군주가 '비르투'의

자질을 과시하는 방법을 설명하는 것이다. '비르투'는 국가의 안전과 번영을 보장해 줄 것이라고 생각되는 일은 무엇이든 신속하고 효율적으로 행할 수 있는 능력이다. 이것은 거짓 약속을 하는 것을 의미할 수도 있고, 군주를 위협하는 사람들을 살해하는 것을 의미할 수도 있으며, 필요하다면 군주 자신의 지지자들을 도살하는 것을 의미할 수도 있다.

'비르투'는 통치자로서 군주에게 더 많은 성공 기회를 제공해 줄 것이다. 그러나 '비르투'를 과시하는 군주가 반드시 성공하는 것은 아닐 것이다. 마키아벨리는 인생의 절반은 우리가 통제할 수 없는 우연에 의해 지배된다고 믿는다. 군주가 아무리 잘 준비했다 할지라도 그의 계획은 불운에 의해 좌절될 수 있다. 운명은 제방을 넘치는 강물과 같다. 일단 운명의 강물이 넘쳐 홍수가 나면 아무도 그것을 통제할 수 없다. 그러나 그렇다고 해서 홍수가 나기 전에 피해를 줄이기 위해 아무런 대책도 세우지 말라는 것은 아니다. 대체로 우연히 일어나는 사건들은 아무런 대비책도 마련되지 않은 곳에 가장 큰 피해를 일으킨다. 하지만 마키아벨리에 의하면 운명은 젊은이들과 용감한 사람들에게 은혜를 베푼다. 운명은 자신을 때리고 위협하는 대담한 청년 '진보'에 호감을 가지는 여자와 같다. '비르투'는 남자가 여자를 복종시키기 위해 사용하는 남성적 기질이다.

마키아벨리에 따르면 '비르투'를 과시한 대표적인 군주는 체사레 보르자(Cesare Borgia)였다. 그는 계략을 꾸며 오르시니(Orsini) 가문 사람들을 세니갈리아(Sinigaglia)로 오도록 초청한 다음 거기서 그들을 살해하도록 시키는 대담한 일을 했다. 하지만 보르자가 취한 조치들 중에서 마키아벨리가 가장 높이 평가하는 것처럼 보이는 조치는 자기가 고용한 사람들 중 하나에 대해 취한 조치였다. 일단 보르자가 로마냐(Romagna)를 장악하자, 그는 잔인하지만 충실한 부하로서 폭력으로 그 지역을 신속하게 평정한 레미로 도르초(Remiri de orco)를 체포했다. 보르자는 그런 잔인한 행위들이 과도하게 자랄 수 있다고 판단했다. 그리고 그는 자신을 향해 일기 시작한 증오심을 일소하기 위해 도르초를 살해하게 한 다음 그의 시신을 토막내어 광장에 놓아두도록 했다. 이렇게 단 한 번의 잔인한 광경을 통해 그는 로마냐 사람들을 달래면서 동시에 망연자실하게 하는 두 가지 효과를 거두었다. 마키아벨리는 보르자가 취한 조치들은 잔인성을 교묘하게 잘 사용한 예라고 칭찬한다. 그는 보르자의 조치와는 반대로 잔인한 폭군 아가토클레스(Agathocles)가 취한 조치는 청부살인업자의 짓에 불과하며 '비르투'를 과시하지 못한 조치라고 혹평했다.

3) 체사레 보르자와 아가토클레스

아가토클레스는 불법으로 시라쿠사(Syracusa)의 왕이 되었다. 그는 원로원 회원들과 시라쿠사의 부자들을 살해하고 간단하게 권력을 장악했다. 그는 잔인하고 비인간적으로 나라를 통치하고 방어했다. 마키아벨리에 의하면 그의 조치들은 '비르투'와 혼동되어서는 안 된다. 보르자와 아가토클레스의 차이는 무엇인가? 마키아벨리는 그들의 차이가 무엇인지 명확하게 말하지는 않는다. 그렇지만 다음과 같은 해석이 가장 타당해 보인다. 그들은 둘 다 잔인성을 효율적이고 실속 있게 사용했다. 하지만 보르자의 조치들은 만일 그 조치들이 성공했었다면 공공의 이익이 되는 상황을 조성했을 것이다. 비록 그 공공의 이익이 권력욕에 의해 고취되었음이 거의 확실함에도 불구하고 말이다. 이와 반대로 아가토클레스는 그의 조치들을 통해 시라쿠사의 상황을 이전보다 더 악화시킨 잔인한 군주였다. 그의 조치들은 범죄에 불과했다. 따라서 보르자는 '비르투'를 과시했지만, 아가토클레스는 그렇게 하지 못했다.

마키아벨리가 아가토클레스의 조치들을 비난했다는 사실에서 볼 때 마키아벨리가 단순히 비도덕성을 인정했다고 주장할 수는 없을 것이다. 보르자가 레미로 도르초를 처리한 것과 같이 전통적인 도덕관에서 볼 때 '비도덕적'인 행위들을 마키아벨리가 인정한 것은 사실이다. 그는 오늘날 우리가 기본적인 인권으로 인정하는 어떤 것도 전혀 존중하지 않았다. 심지어 그는 학살을 기술할 때 희열을 느끼는 것처럼 보인다. 하지만 아가토클레스의 행위들처럼 그가 인정하지 않는 행위들도 있다.

4) 『군주론』에 대한 해석들

a. 풍자인가?

어떤 주석가들은 마키아벨리의 정치관을 극단적으로 해석하여 그가 군주들을 풍자했음이 분명하다고 생각했다. 그들의 주장에 따르면 마키아벨리가 체사레 보르자를 훌륭한 군주의 모델로 추천했을 리는 없다. 마키아벨리는 잔인한 군주의 부도덕한 행위를 풍자적으로 옹호함으로써 그런 국가경영 방식을 찬성하기보다는 사실상 비판하고 있었다는 것이다. 루소(Jean-Jacques Rousseau)의 견해가 그랬던 것처럼 보인다.

하지만 이런 해석을 지지할 만한 증거는 거의 없다. 마키아벨리가 그의 후기 저서인 『로마사 논고』(*Discourses on Livy*)[1]에서 공화정을 옹호한다는 사실을 제외한다면 말이다. 물론 마키아벨리가 공화정을 옹호했다는 사실에서 볼 때, 그는 플로렌스가 군주에 의해 통치되어야 한다는 생각을 철저히 거부했을 수도 있다. 하지만 이런 해석을 비판하는 일치된 의견에 의하면 마키아벨리는 『군주론』을 진지한 자세로 썼다. 그리고 이 책이 그렇게 많은 사람들의 관심을 불러일으키는 것은 바로 이런 이유 때문이다.

b. 초(超)도덕적인가?

『군주론』에 대한 또 다른 해석에 의하면 마키아벨리는 권력을 유지하려는 사람들을 위한 지침들을 제공하고 있을 뿐 도덕성에는 조금도 관심이 없었다. 이런 해석에 의하면 마키아벨리는 초(超)도덕적 인물이며, 단지 정신질환자처럼 행동할 준비가 되어 있는 사람들을 안내해 주고 있을 뿐이다. 이런 해석은 타당성이 없다. 체사레 보르자와 아가토클레스의 비교에서 알 수 있듯이, 마키아벨리는 국가를 유익하게 하지 않고 순전히 이기적인 동기

---

1) * 『로마사 논고』는 고대 로마의 역사가 티투스 리비우스(Titus Livius, BC 59 ~ AD 17)가 BC 27년부터 25년 사이에 쓴 142권의 방대한 로마 건국사 중에서 처음 10권에 관한 마키아벨리의 논고로, 원 제목은 『티투스 리비우스의 처음 10권에 대한 논고』(*Dicorsi sopra la prima deca di tito Livio*)인데 이를 줄여서 『로마사 논고』라 부른다.

에서만 행해진 무제약적인 잔인성을 인정하지 않았다. 『군주론』은 수단과 방법을 가리지 않는 '방법론'을 제시하는 지침서도 아니다. 마키아벨리의 논의들에서 보면 잔인성은 언제나 하나의 도덕적 의미를 가진다. 즉, 잔인성은 후에 취해질 훨씬 더 잔인한 조치들을 막기 위한 것이다. 잔인함은 공동의 선을 위한 것이다. 그렇다면 『군주론』은 도덕과 무관한 책이 아니다. 이 책은 전통적인 기준들에서 보면 부도덕한 정책들을 옹호할 수도 있다. 그러나 이런 정책들은 나름대로 도덕적 정당성과 정치적 정당성을 가진다. 그렇다면 이 책은 파렴치한이 권력을 장악하게 되는 기술을 제공해 주는 지침서와는 거리가 멀다.

c. 마키아벨리의 독창성

사상사가(思想史家) 이사야 베를린(Isaiah Berlin, 1909~1997)은 정치사상에 대한 마키아벨리의 기여도를 훨씬 더 미묘하게 설명한다. 그의 해석에 의하면 마키아벨리의 위대한 독창성과 매력은 고전적이고 기독교적인 도덕관이 군주제에 적용될 때 가지는 단점들을 인식하고 있었다는 사실에 있다. 정직과 동정 같은 전통적인 덕을 실천하는 군주는 양심적이지 않은 적들의 손에 농락당하기 쉽다. 베를린에 따르면 전혀 초도덕적이지 않은 마키아벨리가 – 아마도 부지중에 – 다양한 도덕들이 있을 수 있으며 이런 다양한 도덕들은 서로 모순될 수도 있다는 견해를 제시했다는 것이다. 하나의 도덕은 옳고 다른 모든 도덕들은 옳지 않다는 것이 아니다. 오히려 내적으로는 모순되지 않지만 전혀 양립할 수 없는 도덕들이 있다.

베를린은 소위 가치다원론의 입장, 즉 상호 양립할 수 없는 많은 도덕체계들이 있을 수 있으며 그 체계들 사이의 선악을 결정하는 어떤 원리들도 있을 수 없다는 생각을 옹호한다(비록 어떤 체계들이 다른 체계들에 비해 우월할 수 있음을 인정할 수는 있지만 말이다). 그는 마키아벨리의 글에서 자신의 견해를 지지하는 선각자를 발견한다.

d. 정치에서 더러운 손들

마키아벨리의 견해들은 오늘날에도 여전히 정치학에서 '더러운 손'의 영역에서 활발한 논쟁거리이다. '더러운 손들'에 관한 논쟁의 핵심은 비도덕적인 행위들은 정치 지도자가 그의 역할을 할 때 불가피하게 따르는 결과라는 주장이다. 『군주론』에서 마키아벨리가 주장하듯이 유능한 통치자는 누구나 필수적으로 잔인하게 통치하는 법을 배워야 할 것이며, 경우에 따라서는 전통적인 도덕을 정면으로 거부할 줄 알아야 한다. 이것은 거짓말을 하거나 약속을 어기는 것과 같은 행위가 국민의 이익을 진심으로 염려하는 정치 지도자들에 의해 행해질 때는 전적으로 부도덕한 것이 아니라는 말이다. 마키아벨리에 의하면 군주들은 나머지 사람들과는 다른 (군주들에게) 적합한 도덕법을 따라야 한다.

5) 『군주론』에 대한 비판들

a. 비도덕성을 옹호함

마키아벨리는 오늘날 우리가 인권이라고 부르는 것을 중요하게 생각하지 않는다. 개인은 국가의 이익을 위해 희생될 수 있다. 국가 차원에서 행해지는 고문과 살인은 때때로 필요하다. 실제로 그는 필요할 때 그런 방법들을 신속하고 효율적으로 사용하기를 주저하는 통치자는 어떤 점에서는 나쁜 군주라고 주장한다. 그의 고지식함 때문에 후에 더 큰 유혈사태가 일어날 가능성이 크기 때문이다.

최근의 역사는 독재자들이 무고한 국민들을 탄압하도록 방치하는 것이 얼마나 위험한지 보여준다. 독재자들에게 그들의 행위가 정당하다고 인정해 주는 것은 결과적으로 적어도 일부 신하들에게는 엄청난 고통이 될 것이다. 인간에게는 자기기만 능력이 있기 때문에, 독재자들은 그들의 행위가 국가의 번영을 위해 절실하게 필요하다고 자기를 정당화할 것이 분명하다. 그러나 실제로 독재자들의 이런 자기정당화는 끔찍한 폭력을 합리화하는 것일 수도 있으며, 정치적 안정을 위해 치러야 할 훨씬 더 큰 대가를 합리화하는 것일 수도 있다. 이런 비판에 대해 마키아벨리는 그런 폭력의 효과는 언제나 그 결과에 의해 판단되어야 한다고 대답했을 것이다. 국가가 더 부유하게 되었고, 더 안정되었으며, 더 강하게 되지 않았는가? 이런 물음들 이외에는 그의 입장을 적절하게 변호해 줄 어떤 생각들도 떠오르지 않는다.

b. 지나치게 냉소적임

마키아벨리는 인간적인 동기들을 아주 저평가한다. 아마도 그의 평가는 옳지 않을 것이다. 많은 사람들은 서로의 곤경을 배려하는 인간의 잠재력에 관해 마키아벨리보다 훨씬 더 낙관적이다. 만일 인간의 변덕스러움에 관한 마키아벨리의 판단이 잘못이라면, 공포정치와 현실적으로 효과적인 잔인성에 의한 통치는 필연적이지 않을 수도 있다. 하지만 만일 그가 옳다면 전통적인 덕을 확고하게 실천하는 정치 지도자들은 백성들을 위험에 빠뜨릴 수도 있다.

Michel de Montaigne(1533 ~ 1592)

몽테뉴는 1533년에 프랑스 페리고르 몽테뉴 성에서 태어났으며, 법계에서 활동하다가 1568년에 아버지의 뒤를 이어 몽테뉴 영주가 되었다. 1571년에는 저술을 위해 37살의 나이로 공직에서 은퇴하였다. 1580년에 첫 번째 에세이집이 출판되었으며 이후 종교전쟁에 휩쓸리게 된다. 만년에는 『수상록』의 가필(加筆)에 집중했으며 1592년에 생을 마감했다.

나는 젊어서는 남들에게 자랑하려고 공부했다. 그 뒤에는 나를 만족시키기 위해서 했다. 지금은 재미로 공부한다.　　　　　　　　　　　　　　　　　『수상록』 중에서

5. 몽테뉴의 『수상록』(*Essays*)

　몽테뉴는 '에세이' 또는 보다 정확하게 말하면 '에쎄'(essai)의 창시자이다. 프랑스어 '에쎄'는 영어의 '에세이'와는 그 의미가 약간 다르다. 프랑스어로 이 단어는 '어떤 것을 시험해 보는 것'

이란 의미를 함축하고 있다. 이와 달리 영어의 '에세이'는 - 적어도 대다수의 학생들에게 있어서는 - 명백한 결론과 논증 및 그 결론을 뒷받침하기 위해 제시된 증거를 가지고 쓴 글이다. 일반적으로 그런 에세이들은 평가를 목적으로 쓴 글, 즉 무엇을 알고 있으며 그렇게 알고 있는 것을 어떻게 논리적으로 잘 진술하는가에 관한 시험이다. 그러나 몽테뉴에게 있어서 에세이는 실험적 형식이었으며, 따라서 결론이 필연적이지도 않았다. 그는 훌륭한 작가들의 글을 참고하여 일상적인 삶의 다양한 측면들을 기술하는 방식으로 다양한 생각들을 탐험하듯 썼다. 에세이를 쓰는 대다수의 학생들과는 달리, 그는 당시의 사람들이 공개하기를 꺼려하는 성생활을 포함하여, 자신의 삶의 모습들을 당황스러울 정도로 솔직하게 묘사하는 것은 물론이고 그가 얼마나 아는 것이 적은지 드러내는 것을 행복하게 생각했다. 그가 쓴 에세이들 중 아직도 남아있는 107편은 죽음, 회의주의 그리고 식인풍습과 같이 다양한 주제들에 관한 글들이다. 어떤 글들은 논증적 형식이고, 어떤 글들은 여담처럼 일정한 틀이 없이 산만하다.

칸트는 『순수이성비판』에서(특히 14장에서) 자신의 사상을 "건축술과 같은"(architectonic) 방식에 따라 대단히 체계적으로 정리하였다. 이와 반대로 몽테뉴는 계획성이 없어 보일 정도로 틀에 매이지 않는 대범한 방식으로 그의 책을 편집했다. 칸트처럼 논리 정연한 글은 실제적인 삶의 방식을 드러내지 못했으며, 몽테뉴의 사상적 성향을 표현하기에도 어울리지 않았다. 만일 당신이 무계획적인 삶, 사소한 것들의 무더기 그리고 전혀 연관성이 없는 산만한 사건들을 이해하고 권장하고 싶다면 몽테뉴는 당신에게 매력적일 것이다. 칸트는 대답을 알고 그 대답이 무엇인지 당신에게 말하는 사람으로서 다소 인간미가 없어 보인다. 이와 달리 몽테뉴의『수상록』은 답을 찾고, 물음을 제기하며, 실존의 사소해 보이는 부분들을 표현하지만, 언제나 결론에 도달하지는 않으며, 그것 때문에 지나치게 염려하지 않는 특별한 사람을 향해 문을 열어 놓는다.

　몽테뉴의『수상록』에는 여담들과 (대체로 라틴어로 된) 많은 인용문들이 들어 있으며, 심지어는 하나의 에세이 내에서도 완전히 모순된 견해들이 들어있는 것처럼 보일 때도 있다. 그의 에세이들은 종종 정해진 주제와는 상당히 다른 어떤 것에 초점을 맞출 때도 있다. 주제를 벗어난 여담이 중심 주제로 발전할 때도 있다. 그럼에도 불구하고 그의『수상록』은 여러 세대의 많은 독자들에게 영감을 주었다. 대다수의 독자들은 몽테뉴가 그들의 삶에 현존하는 것처럼 느꼈다. 몽테뉴가 죽은 지 수세기 후에 글을 읽는 독자들도 마찬가지이다. 그의 솔직하고 통찰력 있는 자기고백들은 - 그것이 아무리 특별하다 할지라도 - 인간의 조건에 관한 현실적인 심오한 진리들을 가리켜 보여준다. 그의『수상록』은 자서전이 일반화되지 않은 시대에 자서전과 같은 성격을 띠고 있었다. 이것은 철학을 하는 사람에게 기대되는 일반적인 글쓰기 방식이 아니었다. 몽테뉴는 그의 에세이들을 자기 자신이라고 생각했을 수도 있다. 그의 에세이들은 그가 누구인지 드러내 보여주었으며, 그가 글을 쓰는 과정에서 자신이 누구인지 발견한 장소였다. 글을 쓰는 행위와 이 글에 포함된 자기성찰은 그를 다른 방식으로 살게 만들었으며, 더 잘 살게 해주었다. 그는 주변에서 일어나는 것을 더 세심하게 관찰하게 되었으며, 더 반성적이 되었다.

철학을 직접 논의할 때 몽테뉴는 특별히 독창적이지는 않다. 비록 그가 고대의 스토아주의와 회의주의에 의존하였으며, 주로 플루타르크와 세네카처럼 로마 시대에 활동한 작가들, 즉 그들보다 수세기 이전에 활동했던 그리스 철학자들에게 크게 빚지고 있는 사상가들의 글을 인용하기는 했지만 말이다. 몽테뉴의 독창성은 독특한 문체, 통찰력 있는 비평, 자서전적 문학성과 특별히 섹스를 즐긴다는 고백과 같이 대다수의 사람들이 공개하기를 꺼려하는 사적인 삶의 다양한 모습들에 관한 개방성, 그리고 왕들과 철학자들과 숙녀들은 모두 똥을 눈다는 사실에 관한 그의 언급에 있다. 결국 그의 저술활동 동기는 인간적이라고 하는 것의 의미를 철저하게 묻고자 하는 것이다. 소크라테스처럼 그는 "너 자신을 알라"는 고대의 교훈을 진지하게 받아들이며, 어떻게 살아야 하며 어떻게 죽음을 준비할 것인가에 관해 냉철하게 생각한다.

1) 그는 누구인가?

몽테뉴는 16세기에 프랑스 남서부의 보르도 근처에서 살았던 소설가였다. 그는 부유한 가문 출신으로 거대한 포도원을 소유하고 있었으며, 대저택에서 살았다. 공직에서 은퇴했을 때 그는 생의 대부분을 이 저택 망루에서 책을 쓰고 생각하면서 살고자 했다. 실제로 그의 저술활동은 생각을 통일적으로 정리하는 한 방법이었다.

2) 회의주의

퓌론(Phyrron: BC 360~270)의 영향을 받은 몽테뉴는 회의주의를 수용하여 유일한 확실성은 아무것도 확실한 것이 없다는 사실이라고 믿었다. 이성 자체도 믿을 수 없다는 것이다. 그가 좋아하는 표현은 '나는 무엇을 아는가?'라는 물음이었는데, 이 물음은 '아는 것이 거의 없거나, 아니면 아무것도 없을 것이다'라는 대답을 예상케 한다. 인간은 거의 알지 못하거나 아니면 아무것도 알지 못한다. 몽테뉴는 그의 고양이가 어떤 시각을 가지고 자기와 관계를 맺고 있는지 상상해 보았다. 그는 물었다. "내가 고양이와 놀 때 그 고양이가 나와 놀이를 하지 않는다는 사실을 어떻게 아는가?" 그는 고도의 예민한 후각을 가진 자신의 개가 되어 이 동물들이 가진 상이한 시각들을 통해 그가 경험한 '사실'에 관해 생각한다면 어떨까 이해하고자 노력했다. 몽테뉴에 의하면 그 동물들은 그가 경험한 '사실'을 이해할 수 없다. 데카르트는 비록 회의주의 논쟁에 관여하기는 했지만 확실한 어떤 것을 발견하고자 노력했다. 그러나 몽테뉴는 이와 반대로 확실성의 결핍이 인간의 특징이라고 믿었다.

3) 스토아 철학

세상을 임의로 통제할 수 없는 상황에서 자기를 극복하고자 하는 몽테뉴의 노력은 스토아 철학의 영향 때문이었다. 스토아 철학에 따르면 우리는 우리에게 일어나는 불행들을 어떻게 대처해야 할지 결정할 수 있으며, 진정한 철학자는 어떤 일이 잘못될 때 대다수의 사람들이 느끼는 고통과 동요로부터 마음을 멀리함으로써 어떤 상황에서건 평정심을 유지할 수 있어야 한다. 스토아 철학자가 되기 위한 가장 엄격한 기준은 죽음과 그 과정에 종종 동반되는 고통에 어떤 자세를 가지고 접근하느냐 하는 것이다. 이것은 몽테뉴를 괴롭힌 주제였으며, 그의 『수상록』에 반복해서 등장하는 주제이기도 하다.

4) 죽음에 관하여

몽테뉴의 다섯 자녀들 중 넷은 어렸을 때 죽었으며, 그의 가장 친한 친구도 전염병으로 죽었다. 그의 막내 동생도 뒤에서 날아오는 테니스공에 머리를 맞아 몇 시간 후에 죽었다. 몽테뉴 자신은 말을 타고 전속력으로 달리다 하인과 부딪혀 말에서 떨어졌을 때 거의 죽을 뻔 했다. 고대 철학자들에 의하면 철학자가 되기 위해서는 죽음에 대처하는 방법을 배워야 하며, 적어도 개인이 불가피한 죽음을 더 이상 두려워하지 않도록 마음을 안정시키는 방법을 배워야 한다. 몽테뉴의 많은 에세이들에 죽음이 주제로 등장하는 것은 고대 철학자들의 이런 믿음이 계기가 되었기 때문이다. "철학을 공부하는 것은 죽음을 배우는 것이다"라는 에세이의 핵심적 주제는 죽음이다.

비록 몽테뉴가 죽음에 관한 두려움을 인정했고 자신이 그런 두려움을 겪었지만, 그런 경험은 죽음에 관해 덜 염려하게 되는 계기가 되었다. 그는 죽음을 자연스런 현상이라고 생각했다. 때가 되면 자연은 흘러갈 것이다. 우리는 죽음이라는 엄연한 사실을 피하기보다는 오히려 그것에 관해 때때로 생각해야 할 것이며, 인생의 덧없음과 우리 자신의 죽음이 언제 닥칠지 알기 어려우며, 그 죽음이 어떤 모양으로 일어날지 알 수 없음에 관해 깊이 생각해야 할 것이다. 몽테뉴는 축제의 마지막 순간 '죽음의 경고'(memento mori)로서 미라를 만드는 고대 이집트의 풍습이 좋은 예라고 추천한다. 그는 자신이 무신론자라고 공개적으로 말하지는 않았다. 그렇지만 그는 마치 죽음 이후에는 아무것도 없는 것처럼 글을 썼다. 그는 얼마나 오래 사느냐가 아니라 살아있는 동안 무엇을 하느냐가 중요하다고 단언하는데, 이것은 세네카의 영향일 것이다. 그는 죽음에 대한 두려움을 극복하는 최선의 방법들 중 하나는 죽음을 매일 생각하는 것이라고 주장했다. 몽테뉴에 의하면 우리는 매 순간 죽음의 가능성을 깊이 생각하는 과정에서 우리가 살아서 가질 수 있는 시간을 살고 즐기기 위해 잘 준비할 것이다. 그는 또한 거의 죽을 뻔했던 자신의 경험을 기술하였으며, 죽음이 오지 않을 것처럼 보였을 때보다는 죽음이 임박한 것처럼 보였을 때가 오히려 죽음 자체에 대한 두려움이 더 적었다고 회상했다.

5) 다른 주제들

몽테뉴의『수상록』은 소심함, 두려움, 식인풍습, 기도, 외로움, 술 취함, 잔인성 그리고 부모와 자식의 유전에 이르기까지 대단히 광범위한 영역을 다루기 때문에 간단하게 요약하여 정리할 수 없다. 그 모든 에세이들을 관통하는 공통의 끈은 몽테뉴 자신의 현존이며, 문제의 주제를 고대 작가들을 인용하고 자신의 직접적인 경험에 의존함으로써 정직하게 탐구하려는 그의 의지이다.

6) 몽테뉴의 『수상록』에 대한 비판

a. 지나치게 주관적

몽테뉴는 철학 강의에서 언제나 중요하게 다루어지는 인물은 아니다. 그의 『수상록』은 철학보다는 오히려 프랑스 문학을 공부하는 사람들의 도서목록들에 들어 있을 가능성이 높다. 흄이나 러셀의 주장에 비해 그의 글은 언제나 대단히 주관적이기 때문이다. 그는 자신의 입장과 그의 실존의 사소한 일들에서 시작한다. 그는 때때로 같은 에세이 내에서조차 자신의 견해를 바꾸었다. 그는 이런 사실을 생각하면서 다음과 같이 진술했다. "나는 나 자신과 모순될 수도 있다. 그러나 나는 결코 진리와 모순되지는 않는다." 그가 삶의 특수한 경험들에 따른 진리를 이렇게 강조하고 동시에 사소해 보이는 일에 이상할 정도로 초점을 맞추기 때문에, 어떤 사람들은 그의 『수상록』이 읽기에는 흥미롭고 재미있지만 결코 철학적이지는 않다고 평가절하 한다. 그러나 이런 비판은 철학을 언제나 보편성과 객관성을 추구하는 학문이라고 생각하는 편협한 관점에 근거하기 때문에 중요한 점을 놓치고 있다.

b. 철학적 독창성의 결여

몽테뉴에 대한 또 다른 비판은 그의 저술에는 다른 철학자들이 이전에 다루지 않은 내용이 거의 없다는 것이다. 그는 주로 스토아 철학자들과 회의주의자들의 저술들을 인용했으며, 그의 저술들에는 라틴어 인용문들이 많이 발견된다. 회의주의와 죽음에 관한 그의 견해들은 고대철학에서 직접 유래한 것이었다. 그렇기 때문에 그의 저서는 철학적 독창성이 결여된 것처럼 보일 수도 있다. 하지만 그의 사유방식, 자신의 삶과 경험에서 얻은 예들을 통해 그의 사상을 설명하려는 의지, 그리고 그의 솔직하고 개방적인 글쓰기 방식은 모두 대단히 독특하고 독창적이다. 그의 실제적인 독창성은 자신의 개인적 실존과 경험을 연구 주제로 취하는 방식과 그런 실존과 경험으로부터 인간 삶의 보편적 특성과 중요한 것을 도출해내는 방식에 있다. '독자들에게'라는 서문에서 밝히듯이 이 책의 중요한 주제는 몽테뉴 자신이다.

René Descartes(1596 ~ 1650)

데카르트는 1596년 프랑스의 '라 하예'(La Haye; 지금은 '데카르트'라는 지명으로 불림)에서 태어나, 1641년에 『성찰록』을 출판하였다. 1549년에 스웨덴의 여왕 크리스티나를 가르치기 위해 스톡홀름으로 이주하였으며, 거기서 1650년에 사망했다. 주요 저서로는 『방법서설』, 『철학의 원리』, 『정념론』 등이 있다.

의심은 지혜의 근원이다.

『성찰록』 중에서

6. 데카르트의 『성찰록』(*Meditations*)

『성찰록』은 독자들로 하여금 스스로 생각하도록 하기 위해 기획된 책이다. 이 책은 1인칭을 사용하여 6일간의 생각을 자서전적으로 기록하고 있다. 하지만 이것은 실제로는 독자로 하여금 복잡한 논쟁을 쉽게 따라갈 수 있도록 격려하기 위한 고도의 독창적인 기획이다. 이 책의 집필 의도대로 책을 읽다보면 단순히 책에 빠져드는 것이 아니라 데카르트의 사상을 능동적으로 함께 공유하게 된다. 당신은 의심과 깨달음의 연속적인 구절들을 읽으면서 본문에 있는 "나"가 되는 것을 느끼게 된다. 철학서로서 『성찰록』은 여전히 탁월한 책이며 , 이 책에 제시된 많은 사상들은 후대의 철학자들에게 커다란 영향을 끼쳤다. 데카르트는 일반적으로 근대철학의 아버지로 간주된다.

데카르트는 『성찰록』에서 인식가능성을 확립하고자 시도한다. 따라서 이 책의 주된 관심사는 인식론이다. 인식의 한계를 확립하는 것은 단순히 학문적 작업이 아니었다. 그는 만일 진정한 믿음을 획득하기 위해 그의 생각에서 오류들을 제거하고 건전한 원리들을 발견한다면, 세계와 세계 안에서 우리의 위치에 관해 과학적 인식체계가 건설될 수 있는 토대가 마련될 것이라고 믿었다. 데카르트가 『성찰록』을 쓴 1640년대 프랑스의 주류 사상은 카톨릭 교회의 견해였는데, 이 견해는 많은 방면에서 학문에 적대적이었다. 데카르트는 또한 진리를 탐구하기보다는 오히려 논쟁술을 조장하는 스콜라 철학에 대항해 싸우고 있었다. 이런 환경에서 데카르트는 제1원리들로 돌아가자는 운동과 주체에 의해 사유되지 않고 수동적으로 받아들여진 의견을 버리자는 개혁적인 운동을 전개했다.

책을 구상하기 전에 데카르트는 일생에 한 번은 이전에 가지고 있던 모든 선입관에서 벗어날 필요가 있다고 믿었다. 그런 선입관들 중 많은 것이 거짓임을 알았기 때문이다. 그는 자신의 믿음체계를 조금씩 수정하기보다는 오히려 이전에 확신하고 있던 모든 것들을 단번에 버린 다음 그것들을 대체할 필요가 있다고 판단될 때 하나씩 교체하는 것이 좋다고 생각했다. 그의 책을 비판하는 어떤 사람에게 보낸 편지에서 그는 이런 접근방법을 다음과 같이 비유를 통해 설명했다. 만일 당신이 사과상자에 있는 썩은 사과가 걱정된다면, 모든 사과를 쏟은 다음 하나씩 검사하여 상자에 다시 담는 것이 좋을 것이다. 당신이 온전하다고 확신하는 사과만 상자에 다시 담아야 할 것이다. 단 하나의 썩은 사과가 다른 모든 사과들을 오염시키기 때문이다. 이런 비유는 일반적으로 '데카르트적인 방법적 회의'라고 알려진 그의 급진적 의심의 방법을 설명하고 있다.

1) 방법적 회의

'방법적 회의'란 이전에 가지고 있던 모든 확신들을 일단 거짓이라고 생각하는 것이다. 절대적으로 참이란 확신이 드는 것만 믿어야 한다. 진실성이 조금이라도 의심되는 것이 있다면 버려야 한다. 그러나 의심할 수 있다는 사실이 곧 그것의 거짓을 입증하는 것은 아니다. 그것은 참으로 입증될 수도 있기 때문이다. 그렇지만 그것이 거짓일 수도 있다는 단순한 의심만으로도 그것이 지식체계의 토대로는 부적합하다고 판단할 수 있다. 지식체계는 의심의 여지가 없이 확실한 지식에 근거해 건설되어야 한다. 이런 방법은 데카르트 자신이 인정하듯이 일상생활을 위해 실용적인 방법은 아님이 분명하다. 그는 이런 방법을 일생에 한 번 실천할 과제라고 추천한다. 이런 방법에 의해 데카르트는 더 이상

의심할 수 없는 확신들을 발견할 수 있었으며, 건전한 원리들에 근거하여 지식을 재구성하는데 토대가 되는 확신들을 발견할 수 있었다. 최악의 경우라도 그런 방법은 모든 것은 의심될 수 있다는 것을 밝혀줄 것이며, 어떤 것도 확실하지 않다는 것을 밝혀줄 것이다.

2) 감각의 증거들

첫 번째 성찰에서 데카르트는 '방법적 회의'를 도입하며, 오감을 통해 획득한 확신들에서 시작하여 전에 가지고 있던 확신들에 그 방법을 엄격하게 적용한다. 감각은 종종 그를 속였다. 예를 들어 그는 멀리 떨어져 있는 것을 잘못 보아 착각한 경험들이 있다. 일단 한 번 속인 적이 있는 것은 절대로 믿지 않는 것이 좋다는 원리에 근거하여, 그는 자신의 감각이 주는 증거를 신뢰하지 않기로 결심한다. 그러나 멀리 떨어져 있는 대상들에 관해서는 종종 속음에도 불구하고 그가 한 장의 종이를 들고 실내복을 입은 채 불 앞에 앉아있다는 사실과 같이 감각에 의해 획득된 어떤 사실들에 관해서는 현혹될 수 없음이 분명한가?

이 물음에 대한 데카르트의 대답은 부정적이다. 그에 의하면 이처럼 분명한 어떤 것에 관해서도 기만당할 수 있다는 것이다. 그는 과거에 실제로는 침대에 누워 자고 있으면서 불 옆에 앉아있는 꿈을 꾼 적이 있었기 때문에, 지금 그가 꿈을 꾸고 있지 않다는 것을 확신할 수 없다. 그러나 꿈에서라 할지라도 머리, 손, 눈 등과 같은 것들은 나타난다. 그런 것들은 실제 세계에 있는 사물들과 같음에 틀림없다. 그러므로 우리는 이런 유형의 사물들이 존재한다는 사실을 확신할 수 있다. 크기, 모양 그리고 연장(extension; 延長)과 같이 보다 추상적인 개념들의 존재는 훨씬 더 확실한 것처럼 보인다. 당신이 잠을 자든 아니면 깨어 있든 2 더하기 3은 5이며, 사각형은 네 개 이상의 변을 가질 수 없다. 이런 일들은 정말로 확실한 것처럼 보인다. 그러나 데카르트는 이 모든 것들은 단지 외견상으로만 확실한 것들임을 증명해 보인다. 이런 증명을 위해 그는 악마의 존재를 설정하는 사유실험을 한다.

3) 악마

강하고 심술궂은 악마가 있어 당신이 경험하고 이해하는 것을 끊임없이 조작한다면 어떻겠는가? 당신이 세상에 있는 어떤 대상을 볼 때, 실제로 일어나는 것은 그 악마가 착각을 하도록 조작한 것일 수도 있다. 당신이 사실이라고 생각하는 것이 실제로는 악마의 조작일 수 있다는 것이다. 이런 일을 상상하기 어렵다고 생각할 수도 있다. 그러나 어떤 사람이 당신을 대단히 복잡한 가상현실 기계에 집어넣었는데 당신은 무슨 일이 일어나는지 알지 못한다면 어떤 일이 일어날지 생각해 보라. 당신이 2에 2를 더할 때마다 5라는 답이 나온다. 그러나 이런 일이 일어나지 않는다고 어떻게 장담할 수 있겠는가? 악마가 또는 가상기계를 작동시키는 사람이 당신을 속이고 있다면 말이다. 아마도 악마가 당신이 계산할 때마다 '오류'를 일으키도록 조작하여 언제나 잘못된 결과를 얻도록 했을 것이다. 이것은 억지처럼 들릴 수도 있다. 그러나 그렇다고 데카르트의 주장에 논리적 모순이 있는 것은 아니다. 중요한 것은 당신이 지금 속임을 당하고 있을 수 있다는 사실이다. 데카르트의 방법적 회의에 의하면 당신의 확신이 거짓일 수 있는 가능성이 조금이라도 있으면 당신은 그 확신을 의심하여 거부할 충분한 이유를 가진다. 물론 일상생활에서는 하나의 근본적인 확신이 거짓이라는 훨씬 더 큰 증거가 없다면 우리는 그 확신을 그렇게 쉽게 버리지 않을 것이며 또 그래야 한다. 그러나 우리가 더 이상 의심할 수 없는 확실한 확신을 찾고 있을 때는 악마를 설정하는 사유실험은 대단히 강력한 시금석이 된다. 이 시험을 통과할 수 있는 확신은 어떤 것이든 정말로 확실함에 틀림없다. 설령 그 확신이 악마에 의해 기만당한 것이라 할지라도 말이다.

『성찰록』의 이 단계에서 데카르트는 절대적으로 모든 것은 의심될 수 있다는 사실을 믿으려 한다. 하지만 두 번째 성찰에서 그의 이런 믿음은 성급함이 드러난다. 즉, 그는 의심하는 논증들을 더 이상 의심할 수 없을 때까지 의심하여 드디어 더 이상 의심할 수 없는 어떤 확신들이 있음을 입증한다. 방법적 회의를 철저하게 수행하는 또 다른 길은 회의론자들의 주장을 그들 자신의 논리에 따라 논파하는 것이다. 그가 상상할 수 있는 가장 강한 형태의 회의적인 주장을 제시한 다음, 그런 회의적 논증이 적어도 하나의 확실성을 확립하는데 장애가 되지 않음을 보이는 방법이 그것이다.

데카르트가 발견한 확실성, 즉 그의 철학에서 전환점이 되는 것은 라틴어 'cogito ergo sum'(나는 생각한다. 그러므로 나는 존재한다)

에서 기원된 '코기토'(cogito)이다. 비록 그것이 『성찰록』에서는 아직 완전히 그런 형태로 나타나지는 않지만 말이다. 『성찰록』에서 데카르트는 다음과 같이 말한다. "'나는 ~이다', '나는 존재한다'는 사실은 필연적으로 참이다. 나는 언제나 그것을 표현하거나 아니면 내 마음속에 그것을 품고 있다."

4) 코기토

데카르트에 의하면 비록 악마가 실제로 존재하고 그를 끊임없이 속인다 할지라도 그가 속을 수 없는 어떤 것, 즉 그 자신의 존재는 여전히 있다. 그가 자기 자신의 존재를 의심하는 것은 불가능하다. 데카르트는 그의 독자들도 반성에 의해 그들 자신의 존재에 관해 동일한 결론에 도달할 것이라고 믿는다. 생각하는 사람의 모든 생각은 생각하는 사람이 존재함을 전제하기 때문이다. 생각하는 사람이 무엇을 생각하는지 전혀 모른다 할지라도 마찬가지이다. 당신은 실제로는 어떤 정거장에서 버스를 기다리고 있으면서도 높은 빌딩 옥상에 서서 경치에 놀라고 있다는 생각을 할 수도 있다. 그러나 그것은 중요하지 않다. 당신이 어쨌든 생각하고 있는 한 당신은 존재하고 있음이 분명하다.

데카르트가 (생각할 때는) 언제나 존재한다고 믿는 '나'는 신체와 동일시될 수 없다. 이 단계에서 그는 자신의 신체가 실제로 존재하는지, 또는 그가 존재한다고 생각하는 그런 형태로 존재하는지에 관해 여전히 의심할 수 있다. 오직 생각하는 작용만이 그의 존재와 분리될 수 없다. 그가 '코기토'로부터 보여줄 수 있는 최고의 것은 그가 본질적으로 생각하는 존재라는 사실이다.

5) 데카르트적 이원론

신체보다는 "생각하는 사실"(res cogitans)로서 더 확실하게 존재할 수 있다는 데카르트의 믿음은 정신과 신체의 분리를 암시한다. 정신은 실제적인 데카르트이고, 그의 신체는 존재할 수도 있고 존재하지 않을 수도 있다. 정신은 신체가 죽은 후에도 살 수 있다. 데카르트적 이원론이란 정신과 신체의 이런 철저한 분리를 의미한다. 데카르트에 의하면 정신과 신체는 - 비록 원리적으로는 분리될 수 있지만 - 상호작용하며, 따라서 그의 견해는 '상호작용주의'(interactionism)라 할 수도 있다.

6) 밀랍의 비유

데카르트는 벌집에서 채취한 한 조각의 밀랍(蜜蠟)에 관해 설명한다. 밀랍은 여전히 희미하게나마 꿀의 향을 가지고 있으며, 꽃의 냄새를 풍기고, 단단하고 차갑다. 밀랍을 불 가까이 가져가면 맛과 향은 사라지고, 색깔과 모양과 크기는 모두 변한다. 그것은 액체가 되고 만지면 뜨겁게 느껴진다. 이 비유의 목적은 비록 우리가 감각적 경험을 통해 그 밀랍이 무엇인지 이해하게 된다고 생각할 수도 있지만 우리가 이런 방식으로 밀랍에 관해 얻는 모든 정보는 변할 수 있다는 사실을 논증하는 것이다. 그렇지만 모든 변화에도 불구하고 밀랍 자체는 여전히 남는다. 밀랍의 본질, 즉 밀랍을 다른 것이 아닌 바로 밀랍이게 하는 그것을 이해하기 위해서는 필연적으로 감각적 경험을 초월하는 판단이 요구된다. 그리고 이런 판단, 즉 사유는 다시 한 번 데카르트가 자신의 존재에 관해 가지는 확실성이 자연에 관해 가지는 확실성보다 훨씬 더 크다는 사실을 입증해 준다. 이 예는 데카르트의 합리주의, 즉 우리는 오직 이성에 의해서만 세계의 본질을 인식할 수 있다는 그의 확신을 보여준다. 이런 확신은 우리의 모든 인식이 감각을 통해서 획득된다는 경험주의와 정면으로 대립되는 견해이다.[1]

7) 신

'코기토'는 데카르트가 '방법적 회의'를 통해 해체한 지식체계를 재건하기 위해 취하는 첫 단계이다. 이 단계에서부터 그는 전적으로 구성적이다. 그렇지만 처음에는 인간은 생각하는 한에서

---

1) * 그러나 보다 엄밀한 의미에서 경험주의는 모든 인식이 감각을 통해서 이루어진다는 견해라 할 수는 없다. 모든 인식은 이성의 판단을 통해 형성되는 관념이기 때문이다. 경험주의는 인식 자료(인상, impression)가 감각적 경험을 통해서 수집되고, 그렇게 수집된 자료들은 오성의 판단작용에 의해 정돈되어 관념이 형성된다고 보는 견해이다. 그러나 이런 견해는 합리주의의 경우에도 마찬가지이다. 합리주의도 일반적인 인식을 위해서는 감각적 경험을 통해 자료가 수집되고, 그 자료들이 오성에 의해 정돈된다고 본다. 칸트가 대표적인 예이다. 경험주의와 합리주의의 차이는 특정한 인식대상, 즉 형이상학적 인식대상에 대해서만 성립한다. 형이상학의 대상인 신, 세계 그리고 영혼의 인식과 관련하여, 경험주의는 인간의 의식에는 본유관념이 없기 때문에 그런 대상들에 관한 자료들을 수집할 수가 없고, 따라서 형이상학적 대상의 인식불가능성을 선언하는데 반해, 합리주의는 인간의 본성에 무한실체와 유한실체에 관한 관념이 본유적으로 있기 때문에 그 대상들에 대한 인식이 가능하다고 본다.

만 존재한다는 결론과, 인간은 본질적으로 "생각하는 사실"이라는 결론 이상을 넘어 갈 수 없을 것처럼 보인다. 그런 입장에만 머무른다면 그것은 첫 번째 성찰의 마지막 부분에서 그가 도달했다고 생각한 바로 그 의심의 소용돌이보다 더 나은 것이 거의 없을 것이다.

하지만 데카르트는 '코기토'의 덫에 사로잡히는 것을 피하는 하나의 전략을 가지고 있다. 그는 신의 존재를 증명하는 작업과, 신은 우리를 속이지 않을 것이라는 사실을 입증하는 작업을 하며, 이를 위해 두 가지 논증작업을 수행한다. 각기 세 번째 성찰과 네 번째 성찰에 나타나는 소위 "트레이드마크 논증"과 "존재론적 논증"이 그것이다. 두 논증은 모두 논란의 여지가 있으며, 당시에도 그렇게 생각되었다.

a. 트레이드마크 논증

데카르트는 그의 마음에 신에 관한 관념이 있음을 지적한다. 이런 관념은 어떤 다른 곳으로부터 그의 마음에 온 것이다. 어떤 것이 무에서부터 올 수는 없기 때문이다. 그에 의하면 어떤 결과에 있는 실재성(reality)은 그의 원인에도 동일한 정도로 있음에 틀림없다. 신존재증명의 경우 신에 대한 관념은 결과이며, 원인은 신이라고 추정된다. 비록 데카르트가 그런 비유를 사용하지는 않지만, 그의 신존재증명에 따르면 마치 신이 그가 창조한 작품에 하나의 트레이드마크를 남겨 그의 존재를 드러나게 했다는 것과 같은 논리이다. 이것은 '우주론적 신존재증명'2)으로 알려진 전통적인 신존재증명의 변형이다.

데카르트에 의하면 신은 자비로운 존재자이기 때문에 인간을 계획적으로 속이려 하지는 않을 것이다. 기만은 자비가 아니라 악의 트레이드마크이다. 따라서 신은 존재하며, 인간을 속이지 않는다. 결과적으로 데카르트는 명석하고(clearly) 판명하게(distinctly) 지각하는 것은 무엇이든지 참이어야 한다는 확신을 가지게 되었다. 신은 현혹될 때 확신하는 존재로 우리를 창조하지 않았을 것이다. 명석하고 판명하게 지각되는 것은 무엇이든 틀림없이 참이라는 생각은 데카르트 철학의 구성 단계에서 결정적인 역할을 한다.

b. 존재론적 증명

다섯 번째 성찰에서 데카르트는 일종의 '존재론적 신존재증명'을 소개한다. 이것은 신의 존재에 관한 선험적(a priori) 논증이다. 이 논증은 감각을 통해 획득된 어떤 증거에도 근거하지 않고 오히려 신 개념에 관한 분석적 판단에 기초하기 때문이다. 삼각형의 내각의 합은 180도이다. 이런 결론은 '삼각형'이란 개념으로부터 논리적으로 추론되는 필연적인 결과이다. 마찬가지로 신이 존재한다는 사실은 신이 최고의 완전한 존재자라는 신 개념으로

---

2) * 우주론적 증명에 따르면 존재하는 모든 것의 제1원인이 있었어야 하는데, 스스로는 어떤 것에 의해서도 유래되지 않은 자존자(自存者)이면서 모든 것의 원인이 된 존재자는 신이다. 이런 증명은 아리스토텔레스의 "부동의 원동자"(unmovable mover)로서의 신 개념에 기초한다.

부터 도출되는 필연적인 결론이다. 만일 신이 존재하지 않는다면, 그는 최고로 완전한 존재자가 아닐 것이다. 데카르트에 따르면 존재는 신이 가지는 완전한 속성들 중 하나이기 때문이다. 따라서 신이란 개념만으로도 그가 필연적으로 존재한다는 결론이 나온다.

8) 의심을 넘어서

일단 신이 존재하고 신은 속이지 않는다는 사실을 확실하게 입증한 후, 데카르트는 물질세계를 재구성하기 시작한다. 그는 아직도 그의 감각들이 적어도 가끔씩 자기를 속인다는 사실을 설명해야 하고, 그가 꿈을 꾸고 있지 않음을 언제나 확신할 수 있느냐는 물음에 대답해야 한다. 그는 마음이 자신의 특별한 신체에 밀착되어 있음을 확신할 수 있다. 신은 그가 명석하고 분명하게 지각하고 있는 어떤 것의 존재에 관해 그를 속이지 않을 것이기 때문이다. 그러나 그가 보고, 만지고, 맛보고, 냄새를 맡고 듣는다고 생각하는 물질세계에 관해서는 어떤가?

세계에 관한 그의 일상적인 믿음들은 모두 그의 관념들에서 비롯된 것이다. 예를 들어 그가 멀리 떨어져 있는 탑을 보고 그 탑이 둥글다고 지각할 때, 그는 둥근 탑이라는 관념을 가진다. 그것이 탑이라고 생각하기 이전에, 그는 세상에는 사물들이 존재하며 그 사물들은 그것들에서 유래한 관념들과 닮았다고 추정한다. 하지만 그가 착시현상을 일으켰을 경우 그는 하나의 대상에 관해 그 대상이 실제로 가지고 있는 속성들과는 다른 속성들을 가지는 대상의 관념을 가질 수 있다. 예를 들어 그가 둥글다고 생각한 그 탑이 실제로는 사각형일 수도 있다. 여섯 번째 성찰에 의해 데카르트가 내린 결론에 의하면, 결코 속이지 않는 신의 존재는 물질세계에 있는 대상들의 존재를 보증해 주지만, 감각이 주는 모든 증거들을 무비판적으로 그대로 수용하는 것은 어리석은 일이다. 감각은 가끔씩 속이기 때문이다. 하지만 자비심이 많은 신은 우리가 대상들의 존재에 관해 조직적으로 기만당하도록 그렇게 우리를 창조하지는 않았을 것이다. 더구나 신은 우리가 세계의 본성에 관해 정확한 판단을 할 수 있는 수단들을 마련해 주었음이 분명하다. 그러나 그렇다고 해서 세상에 있는 사물들에 관해 우리가 가지는 관념들이 그 사물들과 정확하게 동일하다고 할 수는 없다. 우리는 사물들의 크기와 모양과 색깔과 같은 속성들에 관해 오류를 범할 수 있다. 결국 세계의 본질이 실제로 무엇인지 이해하고 싶다면, 우리는 세계에 대한 수학적이고 기하학적인 분석에 의존해야 한다.

『성찰록』의 회의론적인 단계에서 데카르트가 이용한 가장 강력한 논증들 중 하나는 우리가 꿈을 꾸고 있을 수도 있다는 사실과 우리가 그렇게 하고 있는 것을 인식하지 못할 수도 있다는 사실이었다. 여섯 번째 성찰에서 데카르트는 꿈과 현실을 구별할 수 있는 적어도 두 가지 길이 있다고 단언한다. 기억은 꿈에서 일어난 일들을 현실에서처럼 그렇게 일관되게 연결할 수 없다. 현실에서의 삶의 각 단계들은 일관된 형태로 기억되는데 반해, 우리가 꿈에서 경험한 일들은 현실에서처럼 그렇게 일관되게 기억되지 않는다. 꿈과 현실을 구별하는 두 번째 방법은 꿈에서는 일상적인 삶에서는 일어나지 않는 이상한 현상들이 일어날 수 있다는 사실이다. 예를 들어 만일 내가 어떤 사람과 말하고 있었을 때 그가 내 눈 앞에서 공중으로 사라질 수 있었다면, 나는 꿈을 꾸고 있다는 아주 강한 의심을 가질 것이다.

9) 『성찰록』에 대한 비판들

a. 데카르트는 모든 것을 의심하는가?

데카르트의 방법적 회의는 의심할 수 있는 모든 것을 의심하는 것처럼 보이지만 사실은 그렇지 않다. 예를 들어 그는 기억의 정확성에 의존하여 과거에 그가 꿈을 꾸었다는 사실이나 그의 감각들이 가끔씩 자기를 속였다는 사실을 결코 의심하지 않는다. 그는 자신이 특별한 단어들에 관하여 가지는 의미들이 그가 최근에 사용한 바로 그 의미들과 동일한 의미인지 의심하지 않는다.

하지만 이것은 데카르트에게 심각한 문제는 아니다. 데카르트적 의심은 여전히 강한 형태의 회의주의로 남는다. 그는 단지 그가 의심할 수 있는 것을 의심할 뿐이다. 더 철저한 회의주의는 그의 철학활동 자체를 전혀 불가능하게 만들었을 수도 있다.

b. 코기토에 대한 비판

데카르트의 코기토, 특히 '나는 생각한다. 그러므로 나는 존재한다'는 형식으로 주어지는 코기토는 '생각하는 사람들은 존재한다'는 전칭명제가 진리라는 가정에서 출발한다. 그런데 데카르트는 결코 이런 가정의 타당성을 확립하거나 밝히려고 시도하지 않았다. 이런 비판은 데카르트가 '나는 존재한다'는 결론을 다음과 같은 논리적 추론의 결과로서 제시하고 있다는 가정에 근거한다.

> 생각하는 사람은 존재한다.
> 나는 생각하는 사람이다.
> 그러므로 나는 존재한다.

그러나 이런 비판은 『성찰록』에서 제시된 '코기토'의 의미를 손상시키지 않는다. 데카르트는 이 책에서 '코기토'가 논리적 추론의 결과라는 어떤 주장도 하지 않기 때문이다. 오히려 그는 독자들의 내적 반성을 촉구하며, 독자들이 '나는 생각한다. 나는 존재한다'라는 주장의 진리를 의심하도록 도전하고 있는 것처럼 보인다.

c. 순환논법

데카르트가 코기토에 근거하여 자신의 존재를 '생각하는 사실'(res cogitans)로서 확립한 후, 그의 재구성 계획 전체는 두 개의 토대들, 즉 자비로운 신의 존재와 우리가 명석하고 판명하게 믿는 모든 것은 참이라는 토대에 근거한다. 하지만 데카르트의 전략에 대해 종종 제기되는 보다 근본적인 비판이 있다. 그 비판에 의하면 데카르트는 신의 존재를 주장할 때는 명석하고 판명한 관념들에 의존하고, 명석하고 판명한 관념들을 주장할 때는 신의 존재를 전제한다. 다시 말해 그의 주장은 순환논법이다. 신의 존재를 증명하는 '트레이드마크 논증'과 '존재론적 논증'은 모두 신에 관한 관념을 전제하는데, 데카르트에 의하면 신에 관한 관념은 그가 그 관념을 명석하고 판명하게 지각하기 때문에 정확하다는 것이다. 신에 관한 관념이 없다면 어느 논증도 시작될 수 없다. 다시 말해, 명석하고 판명한 관념들이 참이라는 주장은 전적으로 자비로운 신이 존재하며 그 신은 우리가 조직적으로 기만당하도록 내버려 두지 않을 것이라는 전제에 의존한다. 그러므로 그 논증은 순환논법이다.

데카르트와 동시대의 학자들 중 일부는 데카르트의 기획에 이런 문제점이 있음을 알았다. '데카르트적 순환논법'이 바로 그런 문제점이다. 순환논법은 『성찰록』에서 시도하는 구성기획 전체에 대한 강력한 비판이다. 그리고 데카르트에게는 이런 비판을 피해갈 뚜렷한 방도가 전혀 없다. 만일 신의 존재에 대한 그의 믿음이 정당함을 입증할 대안을 발견하지 못하거나, 명석하고 판명하게 지각하는 것은 무엇이든 참이라는 확신의 정당성을 입증할 독자적 방도를 강구하지 못한다면 말이다. 그런 방도가 있다 할지라도 그의 회의론과 코기토가 순환논법이란 비판을 피하지는 못하겠지만, 그들의 영향력은 여전하다.

d. 신존재증명에 대한 비판들

비록 데카르트가 순환논법의 비판을 벗어날 수 있다 할지라도, 그가 신의 존재를 증명하기 위해 사용하는 두 논증들은 비판을 벗어나기 쉽지 않다.

첫째, 두 논증들은 모두 우리 의식에는 신에 대한 관념이 후천적 교육을 통해 습득되지 않은 본유관념으로서 존재한다는 가정에 근거한다. 이런 가정은 비판의 대상이 될 수 있다.

둘째, '트레이드마크 논증'은 앞의 가정보다 더 이해하기 어려운 가정, 즉 어떤 것의 원인에는 최소한 현재의 결과에 있는 실재성과 같은 정도의 실재성이 있음에 틀림없다는 가정에 의존한다. 이런 가정이 성립되기 위해서는 신에 관한 관념의 실재성으로부터 신의 실재성이 도출되어야 한다. 그러나 이런 가정도 역시 비판의 대상이 될 수 있다. 예를 들어 현대의 과학자들은 어떻게 생명이 무생물로부터 진화했는지 설명할 수 있다. 따라서 생명체만이 생명의 원인이라고 단정할 수는 없다.

존재론적 증명은 신의 실존에 관한 증거로서는 특히 설득력이 떨어진다. 그것은 신을 존재에 한정시키려는 논리적 속임수처럼 보인다. 존재론적 증명에 대한 가장 강한 비판은 그 증명이 존재를 존재자체, 즉 전능함이나 자비로움과 같은 속성들을 가지는 상태로 생각하기보다는 오히려 그런 속성들 중 또 다른 하나의 속성이라고 생각한다는 점이다. 존재론적 증명의 또 다른 문제점은 이 논증을 따를 경우 우리가 상상할 수 있는 실체들은 무엇이든 존재해야 하는 것처럼 보인다는 점이다. 예를 들면 나는 마음속에 완전한 철학자에 관한 관념을 가지고 있다. 그러나 내가 완전한 철학자에 대한 관념을 가지고 있기 때문에, 그리고 실존하지 않는 철학자는 완전할 수 없기 때문에 그런 철학자가 실존해야 한다고 말할 수는 없을 것이다.

e. 이원론의 오류

마음과 신체를 분리하는 데카르트의 이원론을 지지하는 철학자들은 거의 없다. 이원론의 가장 심각한 문제점은 어떻게 비물질적인 마음과 물질적인 신체 사이의 상호작용이 가능한지 설명하는 것이다. 데카르트도 그런 문제점을 알고 있었다. 그래서 그는 '솔방울 샘'(pineal gland)이라는 뇌의 한 영역에서 마음과 몸의 상호작용이 일어난다고 생각하였다. 그러나 그런 상호작용이 어디서 일어나는지 설명한다고 해서 어떻게 비물질적인 것이 물질계에 변화를 일으킬 수 있는가 하는 문제가 해결되지는 않는다.

일반적으로 두 종류의 실체가 있다고 주장하는 이원론보다는 단 하나의 (물리적) 실체가 있다고 주장하는 일원론이 비교적 적은 문제점들을 야기하는 것처럼 보인다. 비록 의식의 본성을 해명하는 작업은 여전히 설명하기 어려운 문제점으로 남긴 하지만 말이다.

Thomas Hobbes(1588 ~ 1679)

홉스는 1588년에 영국에서 태어났다. 1608년에 옥스퍼드대학을 졸업했으며 1618년과 1622년 사이에 프란시스 베이컨의 비서로 일하였다. 가상디와 막역한 사이였고 데카르트는 그의 치열한 논적 중 하나였다. 군주정체를 지지하여 오랜 세월 망명생활을 하다가 왕정복고 때 영국으로 돌아와 1679년에 사망했다. 주요 저서로는 『인간론』, 『시민론』, 『물질론』 등이 있다.

욕구란 성취에 대한 생각이 동반될 때 희망이라 불린다. 같은 욕구에 이러한 생각이 없다면 이는 절망이다.   『리바이어던』 중에서

7. 토마스 홉스의 『리바이어던』(*Leviathan*)[1]

『리바이어던』의 속표지에는 철학적 견해를 상징적으로 표현한

---

[1] '리바이어던'은 구약성서에 나타나는 바다괴물이다. 홉스에게 이 괴물은 사회계약에 의해 연합된 모든 구성원들로 이루어진 대규모의 국가조직을 상징한다.

유명한 그림이 하나 있다. 수천 명의 작은 사람들로 이루어진 몸을 가진 거인이 잘 정돈된 도시를 밟고 그 위에 우뚝 서 있다. 왕관을 쓰고 한 손에는 칼을 들고 다른 손에는 제왕의 홀(笏)을 들고 있는 이 거인에 비해 교회의 종탑은 아주 왜소해 보인다. 이 거인은 '리바이어던'인데, 홉스는 이 거인을 "현세의 신"(mortal god)[2]이라고 표현한다. 구약성서에서 바다의 괴물로 나타나는 리바이어던은 사람들을 대표하는, 어떤 의미에서는 사람들의 화신이라 할 수 있는 강력한 군주를 상징한다. 사람들을 대표하는 군주는 예술적으로 창작된 거인으로 형상화된 군중이다.

『리바이어던』에서 홉스는 투쟁과 갈등의 일반적인 원인을 진단하며, 하나의 해결책을 제시한다. 이 책은 개인이 강력한 군주에 의해 - 군주는 개인일 수도 있고 의회일 수도 있는데 - 통치되는 것에 동의하는 것이 왜 합리적이냐 하는 문제를 핵심적으로 다룬다. 평화는 오직 모든 사람들이 사회계약을 수용할 때에만 성취될 수 있다. 이런 쟁점들에 관한 논의가 이 책의 핵심이다. 그러나 『리바이어던』은 심리학에서 종교에 이르기까지 수많은 주제들을 다룬다. 사실 이 책의 절반 이상은 종교와 기독교 성서에 관해 자세하게 논하고 있다. 나머지 절반은 오늘날 거의 읽혀지지 않는다. 이 책의 주된 주제는 자유로운 개인들은 서로 간의 공격과 외부의 공격으로부터 보호받는 대가로 그들이 가지는 자연적 자유의 일부를 포기하기로 계약을 맺는다는 것이다. 홉스는 사회나 국가가 존재하지 않는다면 삶이 어떨 것인지 분석함으로써

---

2) *홉스는 "mortal god"이란 표현을 통해 '죽을 수밖에 없는 인간들이 집단을 이루어 신처럼 군림할 수 있음'을 표현하고자 한다.

이 계약을 설명하기 시작한다.

1) 자연적 상태[3]

홉스는 사회의 현실들을 기술하기보다는 오히려 사회의 가장 기초적인 요소들이 무엇인지 분석한다. 홉스의 분석에 따르면 사회의 가장 기초적인 요소들은 제한된 자원을 가진 세계에서 생존을 위해 투쟁하는 개인들이다. 홉스는 독자들로 하여금 자연적 상태에서의 삶의 상황, 즉 국가의 모든 보호가 제거된다면 우리가 처하게 될 상황을 상상하도록 유도한다. 이런 세상에서는 옳고 그름이 존재하지 않을 것이다. 이런 상태에서는 아무런 법이 없을 것이며, 법을 집행할 최고 권력기관도 없을 것이기 때문이다. 그런 상태에서는 어떤 소유권도 주장할 수 없을 것이다. 모든 사람은 그들이 원하는 것은 무엇이든 획득하고 소유할 수 있는 권리를 가질 것이다. 홉스에 의하면 도덕과 정의는 특정한 사회의 창작물이다. 사회와 무관하게 독립적으로 보존되는 절대적 가치는 존재하지 않는다. 옳고 그름, 정의와 불의는 세상에 선험적으로 존재하는 가치들이라기보다는 오히려 한 국가의 절대적 권력에 의해 결정된 가치들이다. 그러므로 자연적 상태에서는 어떤 도덕도 존재하지 않을 것이다.

자연적 상태에 관한 홉스의 설명은 정치적 의무의 한계를 분

---

3) *'자연적 상태'란 사회가 붕괴될 때 우리가 처하게 될 가설적 상태이다. 그것은 만인의 만인에 대한 영속적인 투쟁의 상태이다.

명히 규정하기 위해 시도된 사유실험이다. 만일 당신이 자연적 상태가 마음에 들지 않는다면, 당신은 그런 상태를 끝내기 위해 어떤 짓을 해도 좋다. 자연적 상태는 만인의 만인에 대한 영원한 투쟁 상태이다. 어떤 강력한 입법기관이나 행정기관도 없고, 개인들 사이의 어떤 협력도 가능하지 않기 때문이다. 그런 권력기관이 없다면, 어느 누구도 약속을 지킬 필요가 없다. 약속을 깨는 것은 전적으로 개인의 이해관계에 달려있기 때문이다. 당신이 강한 생존욕구를 가지고 있다면, 자연적 상태에서 약속을 깨뜨릴 필요가 있다고 판단될 때 약속을 깨뜨리는 것은 아주 현명한 선택이다. 만일 당신이 필요로 하는 것을 강제로 빼앗지는 못하지만 몰래 훔칠 수는 있다면, 당신은 다른 사람에게서 그것을 훔치는 모험을 감행한다. 이렇게 생존에 필요하지만 불충분한 자원을 직접 경쟁해서 획득해야 하는 상황에서는 당신의 안전에 위협이 될 수 있다고 생각하는 사람에 대해 선제공격을 하는 것이 좋다. 이것은 생존을 위해 가장 효과적인 전략이다. 홉스에 의하면 전투가 당장 진행되고 있지는 않다 할지라도 지금은 여전히 전시상태이다. 폭력이 발생할 위험은 언제나 있기 때문이다.

자연적 상태에서는 협동농장이나 건축과 같이 협업을 요구하는 인간의 어떤 기획들도 있을 수 없다. 아무리 약한 사람이라도 가장 강한 사람을 죽일 수 있는 잠재력을 가지고 있다. 그러므로 어느 누구도 안전하지 않다. 모든 사람은 위험할 수 있다. 홉스는 자연적 상태의 삶을 "고독, 빈약함, 야만적임 그리고 부족함"이라고 묘사한다. 만일 어떤 사람이 그런 삶의 가능성에 직면한다면, 그의 자유를 일부 포기하는 것은 평안과 안전을 위해 지불하는 작은 대가처럼 보인다. 홉스는 자연적 상태의 개인들이 곧

경을 벗어나기 위해 해야 할 일이 무엇인지 설명한다. 폭력에 의한 죽음과 평화의 혜택에 대한 욕구는 그렇게 하기 위한 강한 동기를 마련해 준다.

자연적 상태에서 모든 사람은 자기보존 권리를 가진다. 그들은 사회계약에 의해 다른 권리들이 포기된 후에도 이런 권리를 계속 가진다. 홉스는 이런 자연권을 자연법과 대비시킨다. 권리는 당신이 하려고 한다면 언제나 그렇게 할 수 있기는 하지만 억지로 그렇게 할 의무는 없는 것이 무엇인지 알 수 있게 해준다. 이와 달리 법은 당신이 법을 따를 것을 강요한다.

2) 자연법[4]

자연적 상태에서도 자연법이 있다. 자연법은 이성적 판단에 따르는 법이다. 자연법은 오늘날 음주운전 금지법과 같은 법이 아니다. 홉스는 음주운전 금지법과 같은 유형의 금지규정에 대해 "시민법"이란 용어를 사용했다. 시민법의 내용은 군주나 군주를 보좌하는 사람들에 의해 결정되었다. 이와 달리 자연법은 합리적 인간이라면 누구든지 따를 수밖에 없는 원리들이다. 자연적 상태에서 모든 사람은 모든 것에 대해 권리를 가진다. 이미 언급되었듯이 그 결과는 필연적으로 안전성이 보장되지 않으며, 만인의 만인에 대한 투쟁 상태가 끊임없이 이어진다. 이런 상황에서

---

[4] 이성에 의해 주어졌으며 자연적 상태에서도 유효한 규칙들이다. 합리적인 사람은 누구든지 자연법을 따른다. 자연법의 규정들은 '가능한 곳에서는 어디서든 평화를 추구한다'는 법을 포함한다.

이성이 부여해 주는 자연법은 "가능한 모든 곳에서 평화를 추구하는 것"이다. 두 번째 자연법은 "당신이 하려고 하는 일을 다른 사람들도 하려고 할 때 당신이 자연적 상태에서 가지는 권리를 포기하는 것이며, 다른 사람들이 당신과 관계를 맺을 때 당신이 그들에게 자유를 허용하듯이 당신이 다른 사람들과 관계를 맺을 때에도 그 정도의 자유에 만족하는 것"이다. 이것은 "다른 사람이 당신에게 해주기를 바라는 대로 남에게도 그렇게 하라"는 황금률의 변형이다. 홉스는 상당히 긴 자연법 목록을 작성하여 제시한다. 그가 제시하는 자연법 목록에 따르면 만일 다른 사람들이 당신과 마찬가지로 일을 할 준비가 되어 있다면 자연적 상태에 있는 어떤 사람들이라도 안전의 대가로 그들의 무제한적 자유를 포기하는 것이 합리적이다.

3) 사회계약[5]

사회를 유지하는 합리적인 방법은 시민들이 사회계약을 맺어 강력한 군주에게 그들의 자유를 양도하는 것이다. 군주는 약속된 것들은 무엇이든 추진할 수 있을 정도의 충분한 권력을 가지고 있어야 한다. 왜냐하면 홉스가 지적하듯이 "칼 없는 언약은 말에 불과하며, 사람을 안전하게 보호할 힘이 전혀 없다." 군주가 권력을 가지고 있기 때문에 사람들은 그들에게 맡겨진 임무

---

5) '사회계약'은 군주에 의해 제공된 보호의 대가로 일정한 자유들을 포기하는데 동의하는 것이다. 사회계약은 자연적 상태에서 시민사회로의 이동을 가능하게 한다.

를 수행할 것이며, 그 결과는 평화이다.

벌이나 개미와 같은 일부 동물들은 위로부터의 강제적인 어떤 지시가 없어도 잘 유지되는 사회를 이루고 사는 것처럼 보인다. 홉스에 의하면 인간의 상황은 벌이나 개미와는 상당히 다르다. 인간은 명예와 지위를 얻기 위해 끊임없이 투쟁하고 있다. 그 결과 시기와 미움이 발생하고 결국에는 전쟁으로 이어진다. 개미나 벌은 명예와 지위에 대한 의식이 없다. 인간은 이성의 능력을 가지고 있기 때문에 그들이 통치되는 방식에 대해 불만을 느낄 수 있으며, 그 결과 점차적으로 사회적 불안이 발생하게 된다. 개미나 벌은 그런 이성의 능력을 가지지 않는다. 인간만이 계약에 의해 사회를 형성한다. 개미와 벌은 본능적으로 서로 동화하는 능력을 가진다. 따라서 인간 사회에서는 상호 간의 약속을 깨뜨리지 않도록 하기 위해 강제력이 필요하다.

홉스에 의하면 사회계약은 자연적 상태의 개인들이 상호 간의 보호에 대한 대가로 그들의 자연권을 포기한다는 상호계약이다. 이런 계약은 역사적 실재성을 가질 필요가 없다. 홉스가 주장하듯이 사회계약은 모든 사람이 역사의 특정한 한 시점에 싸움은 에너지 낭비이며 따라서 서로 협동하는 것이 좋다는 인식을 가지고 갑자기 동의함으로써 이루어지는 것이 아니다. 오히려 홉스는 정치체제를 이해하고, 정당화하며, 변화시키는 방안을 제시한다. 『리바이어던』에서 홉스가 제시하는 주장에 따르면, 만일 기존의 암묵적 계약 조건들이 제거될 수 있었다면 우리는 자연적 상태에서 만인의 만인에 대한 투쟁을 벌이게 되었을 것이다. 홉스의 주장이 옳고 자연적 상태에 대한 그의 설명이 정확하다면, 『리바이어던』은 강력한 군주의 통치하에 평화를 유지하는 것이 좋은 이유들을 제시해 준다.

4) 군주

군주는 - 개인이든 아니면 집단이든 - 법인(artificial person)이 된다. 일단 사회계약에 의해 모든 사람들의 의지가 결집되면, 군주는 국가의 살아있는 화신이다. 비록 홉스가 군주회의(즉, 절대 권력을 가진 개인이 아니라 의회와 같은 집단)의 가능성을 인정하기는 하지만, 그는 강한 군주제를 지지한다. 하지만 그는 신이 왕위계승을 인정했으며 왕위 계승자들에게 신성한 권위를 부여했기 때문에 왕은 신적 권위를 가진다는 당시의 '왕권신수설'(王權神授設)에 대해서는 거의 동조하지 않았다.

사회계약은 개인이 자연적 상태에서 가지는 천부적 자위권(自衛權)을 부정하지 않는다. 심지어 홉스는 모든 사람은 군주를 위해 일하는 사람들에 의해 비난을 받는다 할지라도 자신을 지키고 휴식을 취할 자연권을 가진다고 주장한다. 처형장으로 끌려가는 사람은 - 비록 그가 법을 지키기로 동의했고 재판이 공정하게 이루어졌다 할지라도 - 그를 끌고 가는 군인들에게 저항할 수 있는 권리가 있다. 하지만 어느 누구도 이런 상황에서 다른 사람을 돕기 위해 개입할 권리는 가지지 않는다. 당신은 오직 당신 자신의 목숨을 위해 싸울 수 있을 뿐이다.

5) 죄수들의 딜레마[6]

『리바이어던』에 대해 어떤 논평자들은 자연적 상태에 관한 홉스의 주장과 소위 '죄수들의 딜레마' - 다른 사람들과의 협업과 관련하여 발생하는 어떤 문제들을 설명하기 위해 설정된 가상의 상황 - 사이에 유사성이 있음을 지적한다. 당신과 당신의 공범이 체포되었지만 현행범은 아닌 상황을 상상해 보라. 당신들은 서로 다른 감옥에서 격리되어 취조를 당하고 있다. 당신은 당신의 공범이 무엇을 자백했는지 알지 못한다.

상황은 이렇다. 만일 둘 중 어느 누구도 자백하지 않았다면 둘다 풀려날 것이다. 경찰은 당신들의 죄를 입증할 만한 충분한 증거를 확보하지 못하기 때문이다. 처음에는 이것이 최선의 결과인 것처럼 보인다. 하지만 문제는 만일 당신이 함구하고 당신의 공범은 자백하여 당신에게 죄를 뒤집어 씌웠다면, 그는 수사에 협조한 대가로 석방되고 당신에게는 중벌이 선고될 것이다. 물론 당신이 자백하고 당신의 공범은 자백하지 않는다면 당신도 그에 대한 보상을 받을 것이다. 만일 당신과 당신의 공범이 모두 자백한다면 둘 다 가벼운 형을 선고받을 것이다. 이런 상황에서 당신의 공범이 어떻게 하든 (당신이 당신 자신의 이득을 최대화하려면) 당신은 자백하는 것이 좋다. 만일 그가 자백하지 않는다면 당신은 석방되는 것은 물론이고 보상을 받게 되겠지만, 그가 자백하여 당신에게 죄를 씌운다면 당신은 오랫동안 옥살이를 할 것이므로

---

6) 상호협력과 갈등이 공존하는 상황의 중요한 특징들을 제시하기 위해 고안된 사유실험의 한 유형이다. 그것은 두 명의 죄수들이 격리된 방에서 각자 다른 공범의 죄를 폭로하는 것이 합리적인지 계산하는 상황을 설정한다.

차라리 고백하여 잠시 동안 형을 사는 것이 훨씬 더 낫기 때문이다. 그러므로 당신들이 모두 보상을 극대화하고 형량을 최소화할 수 없다면, 당신들은 둘 다 자백할 것이다. 유감스럽지만 이렇게 둘이 모두 자백하면 최악의 상황은 면하지만 둘 다 함구했을 때보다 결과는 두 사람 모두에게 더 나쁘다.

홉스의 자연적 상태도 죄수들의 경우와 유사하다. 자연적 상태에서 당신이 (그리고 모든 다른 사람들이) 계약을 파기하여 이득을 얻게 된다면 당신은 그 계약을 파기하는 게 좋다. 계약을 지키는 것은 모험이다. 만일 당신이 계약을 지키고 다른 사람은 그 계약을 파기한다면 최악의 시나리오가 발생한다. 만일 다른 사람이 계약을 지킨다면 당신은 마찬가지로 그 계약을 파기함으로써 당신의 손실을 줄여야 할 것이다. 어떤 경우이든 당신은 계약을 지켜서는 안 될 것이다. 이런 상황에서는 최선의 결과를 얻으려는 합리적인 개인이 계약을 지킬 아무런 동기도 없다. 홉스가 군주 개념을 도입하는 것은 바로 이런 이유 때문이다. 강력하게 계약을 지킬 것을 강요하는 사람이 없다면 아무도 약속한 것을 지킬 동기를 전혀 가지지 않을 것이기 때문이다. 당신의 권리를 군주에게 양도하기로 다른 사람들과 맺은 계약은 다른 계약들과 다르다. 만일 당신이 그 계약을 파기한다면 당신은 엄하게 처벌될 것이기 때문이다. 그러므로 이 경우에 당신은 기초적인 사회계약을 지킬 강한 동기를 가진다.

6) 『리바이어던』에 대한 비판

a. 인간의 본성에 대한 오해?

인간의 본성에 관한 홉스의 견해에 대해 종종 제기되는 비판은 그가 국가의 교화하는 영향력은 고려하지 않고 인간성의 지나치게 암울한 면을 서술한다는 점이다. 홉스에 의하면 인간은 본성에 있어서 모두 이기주의자이기 때문에 지속적으로 자신의 욕망을 충족시키고자 한다. 홉스는 우주 전체와 우주 안에 있는 모든 것은 물질의 운동이란 관점에서 설명될 수 있다고 믿는 유물론자이다. 인간은 정교한 기계와 같다는 것이다. 인간은 문명에 의한 계몽의 얇은 차단막이 제거될 때 경쟁하고 투쟁할 것이라는 그의 다소 비관적인 견해와는 반대로, 비교적 낙관적인 일부 철학자들에 의하면 이타주의는 비교적 공통적인 인간의 특징이며, 개인들 사이의 협동은 폭력의 위협이 없이도 가능하다.

하지만 홉스를 변호하는 입장에서 본다면 그의 이론은 국제관계에서 국가들 사이에서 이루어지는 일종의 경쟁과 공방을 기술하는 것처럼 보인다. 상호 간의 불신 때문이 아니라면 핵무기를 쌓아놓을 필요가 없을 것이다. 그러나 홉스의 이론이 국내 문제와 마찬가지로 국제관계에도 적용된다면 미래는 더욱 암담하다. 왜냐하면 국가들 사이의 계약을 이행하도록 강제하기에 충분한 힘을 가진 군주가 출현할 가능성은 희박하고, 따라서 국가들 사이에 전쟁이 영속적으로 일어날 수밖에 없을 것이기 때문이다. 비록 그런 전쟁이 실제적 전쟁이 아니고 단지 냉전에 불과할지라도 말이다.

b. 사회적 기생충

홉스의 설명에 대한 또 다른 비판은 사람들이 사회계약을 파기할 수 있음에도 불구하고 그 계약을 준수해야 하는 이유들을 제시해 주지 않는다는 점이다. 만일 소매치기가 체포되지 않을 확신이 있다면, 그가 군주에 의해 선포된 절도금지법을 지킬 이유가 있겠는가? 홉스가 주장하듯이 만일 자연적 상태에 있는 사람들이 계약을 지키도록 하기 위해 강제력이 필요하다면, 바로 그 사람들이 민법을 지키도록 강요되어야 할 것이다. 그러나 어떤 국가도 모든 사람을 언제나 감시할 수는 없다. 비록 폐쇄회로 카메라(CCTV)를 설치해 놓고 있다 할지라도 말이다.

이런 비판에 대해 홉스는 다음과 같이 주장함으로써 대답할 것이다. 만일 당신이 국가의 민법을 지킬 의무를 수용하지 않는다면 국가의 보호를 받아서는 안 된다는 것이 자연법이라고 말이다. 하지만 이런 대답은 적절한 대답이 아니다.

c. 순전한 허구로서의 자연적 상태

홉스의 방법론에 대한 근본적인 비판은 그가 주장하는 자연적 상태는 역사와 무관한 무의미한 허구이며, 이런 허구적인 자연적 상태가 그로 하여금 자신도 모르게 군주제의 편견에 사로잡히게 하여 마치 그런 편견이 합리적 논증의 결과인 것처럼 생각하게 만들었다는 것이다.

홉스는 비록 아메리카 원주민들의 일부는 자연적 상태와 유사한 상태에서 살았다고 생각하기는 하지만, 자신의 주장이 가설적인 것 이상이기를 의도하지는 않는다. 그는 군주의 권력이 없다면, 또는 군주의 권력이 제거된다면 삶이 어떨 것인지 지적하고 있다. 하지만 이미 언급되었듯이 그런 상태가 실제로 어떨 것인가에 관한 그의 가설적 주장들은 비판의 대상이 될 수 있다. 실제로 일어날 가능성이 희박한 가상적인 사유실험의 가치가 평가절하 되듯이 말이다.

무의식적으로 형성된 편견들에 관한 물음에 대해 홉스는 흥미롭게도 군주가 단지 제왕으로서의 군주라기보다는 오히려 의회와 같은 단체일 수도 있음을 인정한다. 만일 군주제에 관한 홉스의 생각이 단순히 군주제를 지지하는 그의 편견들을 드러내고 있는 것이라면 이런 가능성을 고려하는 것은 초점을 벗어난 것처럼 보인다. 물론 홉스가 지나치게 극단적인 군주제를 공개적으로 지지하지 않음으로써 자기 자신을 보존하려는 - 이런 본능은 인간의 본성에 관한 그의 철학적 견해와 일치할 것인데 - 합리적인 생각을 하고 있었다면 다르겠지만 말이다.

d. 전체주의?

플라톤처럼 홉스도 시민의 자유를 주로 그가 제안하는 이상국가에 한정시키는 것처럼 보인다. 예를 들어 그는 군주에 의한 검열이 당연하고도 바람직한 것이라고 생각한다. 어떤 책도 그 책의 내용이 검열되어 평화를 증진시키는 경향이 있다고 평가되기 전에는 출판될 수 없다. 공익단체(commonwealth)[7]는 용인될 수 없

---

7) 여기서 '공익단체'(commonwealth)는 정치단체를 형성하기 위해 사회계약에 의해 연합된

으며, 개인의 양심은 중요하지 않다. 옳고 그름을 판단하는 것은 군주의 몫이다. 개인이 그런 판단을 하려고 시도해서는 안 된다. 많은 사람들은 홉스가 자연적 상태의 대안으로 제시하는 이런 주장에 대해 전혀 고려할 만한 가치가 없다고 생각할 것이다. 비록 홉스가 군주의 절대적 권력을 제한하는 장치들을 제시하기는 하지만, 이런 제한장치들은 공익단체가 그 단체에 요구되는 모든 조건을 갖추었음에도 불구하고 전체주의 국가가 되는 것을 억제할 만큼 충분히 엄격하지 못하다.

홉스는 이런 유의 비판에 대해 "없을 때처럼 그렇게 해롭지 않은 전제권력"(sovereign power not so hurtful as the want of it)이란 제목의 단원에서 그럴듯하게 대답한다. 그렇지만 어떤 점에서 보면 자연적 상태의 곤궁한 삶이 전체주의 통치체제에서 사는 것보다 더 나아 보일 것이다. 어떤 사람들은 노예상태의 삶보다는 오히려 고독하고 가난하며, 누추하고 야만적이고, 불충분한 삶을 더 선호할 수도 있다.

개인들의 단체이다.

Baruch de Spinoza(1632 ~ 1677)

스피노자는 1632년 암스테르담에서 태어났다. 그는 자유주의 사상 때문에 유대 교회에서 파문당했다. 이후 렌즈 가공업을 통해 생계를 유지하였다. 그러나 유리 가루를 너무 많이 마셔 폐질환을 앓게 되어 1677년에 44세의 젊은 나이로 생을 마감했다. 주요 저서로는『정치학 논고』,『데카르트의 철학의 원리』,『신학정치론』등이 있다.

훌륭한 것은 드문 만큼 어렵기도 하다.

『윤리학』중에서

8. 스피노자의『윤리학』(*Ethics*)

스피노자의『윤리학』은 책의 제목에서 우리가 예상하는 것과는 다른 내용을 다룬다. 이 책에는 정의, 공리, 번호가 매겨진 명제들(numbered propositions), 추론 그리고 '수학적 증명들'(scholia)과 같은 유클리드 기하학의 특수 용어들로 가득 차 있다. 그렇지만 만일 이런 난해한 수학적 장애물을 넘어서면, 당신은 우주에서 인간의 위치를 이해하고자 하는 매력적이고도 심오한 노력을 여러 곳에서 발견할 것이다.

이 책의 원제목은 "기하학적으로 논증된 윤리학"(Ethics demonstrated in a Geometrical Manner)이다. 그런데 왜 철학적 논문을 기하학 교과서의 형식으로 썼는지 의아해 할 수도 있다. 스피노자는 이미 입증된 다양한 전제들로부터 논리적으로 결론을 도출해 내는 유클리드의 추론방식에 매료되었을 것이다. 결론은 전제들로부터 확고하게 도출되었으며, 간단하고 명료하게 추론되었다. 스피노자의 결론들은 다양한 정의들에 함축된 실질적 의미들을 명료하게 드러내 보여준다. 만일 당신이 그의 전제들을 수용하고 그의 추론이 정당하다면, 당신은 그의 결론들이 타당함을 인정해야 한다.

이 책 전체에 가득한 기하학 용어들에도 불구하고 스피노자의 논증들은 결코 기하학 논문들에서 발견되는 논증들의 논리적 순수성을 크게 따르지 않는다. 난해한 이 책의 여러 곳에서 보면 철학적이고 심리학적인 통찰들이 큰 비중을 차지한다.

스피노자는 일반적으로 합리주의자로 분류된다. 그는 우주에서 인간의 위치에 관한 지식은 이성의 능력에 의해서만 성취될 수 있다고 믿었다. 이런 점에서 볼 때 그가 강조하는 것은 지식의 근본적 원천이 경험과 관찰이라고 믿는 경험론과 크게 달랐다. 스피노자는 이성이 우주의 본질을 발견할 수 있다고 믿었을 뿐만 아니라, 이성의 이런 능력은 우주가 합리적 질서에 따라 운행되기 때문이라고 믿었다. 우주의 질서는 우연적이지 않다. 우주의 현재 상태는 합리적 질서의 필연적 결과이다. 불완전한 감각적 경험을 통해서는 결코 우주를 정확하게 이해할 수 없다. 그렇다고 스피노자가 과학적 탐구를 포기했다는 것은 아니다. 그는 안경 렌즈 가공자로 생계를 유지했는데, 이런 직업은 광학에 의존하는 일이다. 그가 만든 렌즈는 현미경과 망원경에 사용되었을 것이며, 과학의 발전을 위해 이용된 도구들에서 사용되었을 것이다.

1) 책의 제목

이미 언급되었듯이 이 책을 "기하학적으로 증명된" 것이라고 기술하는 것은 정확하다. 하지만 이 책의 내용 전체가 오늘날 우리가 윤리학이라고 생각하는 내용을 다루지는 않는다. 이 책의 첫 부분은 주로 실체와 신에 관해 다룬다. 이때 실체의 문제와 신의 문제는 내용에 있어서 동일하다. 오늘날의 관점에서 보면 이런 논의는 형이상학으로 분류될 것이다. 스피노자의 주제는 우주와 우주에서 인간의 위치, 즉 실체의 본성이다. 그는 형이상학과 윤리학은 분리될 수 없다고 생각했다. 실체의 본성은 우리가 어떻게 살아야 할 것인가를 규정하기 때문이다.

2) 신과 범신론

『윤리학』의 첫 몇 단원에서 스피노자는 실체에 관한 정의에 근거하여 오직 하나의 실체가 있을 수 있다는 일원론적 입장을 취하며, 이 실체는 신이라는 것을 증명하기 시작한다. 결과적으로 존재하는 모든 것은 어떤 방식으로든 신 안에 있다. 신은 자연을 창조하지 않았다. 신은 자연이다. 스피노자는 "신 또는 자연"이란 표현을 사용하는데, 이런 표현에서 볼 때 그는 신과 자연을 동일시함이 분명하다.[1] 사유와 연장(延長; 물리적 공간을 차지함)은 단순히 신이 가지는 무한한 속성들 중에서 우리가 이해할 수 있는 두 속성들이다. 이런 입장에 대한 스피노자의 논증은 난해하다. 모든 것은 어떤 방식으로든 신 안에 있다는 그의 결론은 일종의 '범신론(pantheism)'이라 할 수 있다. 그러나 보다 정확하게 말하면 스피노자가 말하고 있는 것은 신과 세계가 동일하다는 것이 아니라, 단지 신의 모든 속성들이 이 세상에 표현되어 있다는 것이다. 그러므로 스피노자가 범신론자라 할지라도 그의 주장은 세계가 단순히 신과 동일하다고 주장하는 단적인 범신론은 아니다.[2]

신에 관한 스피노자의 입장을 어떤 방식으로 해석하든 그의 주장은 기독교와 유대교의 정통적인 신관과는 전혀 다르다. 포

---

1) * '자연'(自然)이란 '스스로(自) 그러함(然)'이다. 스피노자는 자연을 "능산적 자연"(能産的自然; natura naturans)과 "소산적 자연"(所産的 自然; natura naturata)으로 구분하는데, 이때 전자는 자기 이외의 어떤 다른 원인도 가지지 않는 '자기원인자'(causa sui)를 가리키며, 후자는 인간과의 관계에서 보면 '스스로 그런 것'(自然)이지만 어떤 다른 원인자로부터 기원된 또는 태어난(natus) 자연(nature)이다. 스피노자에게서 신과 동일시되는 자연은 '자기원인자'로서의 "능산적 자연"을 가리킨다.

2) * 스피노자는 "능산적 자연"을 신과 동일시하고 소산적 자연을 신에 의해 생산된(태어난) 자연이라고 생각한다. 따라서 신에 관한 그의 이론은 소산적 자연이 곧 신이라고 생각하는 '범신론'(pantheism; 汎神論)과는 다르다. 오히려 능산적 자연, 즉 신이 소산적 자연 속에 내재되어 있다고 보는 것이 타당할 것이다. 그렇다면 그의 이론은 '범재신론'(panentheism; 汎在神論) 또는 '만유내재신론'(panentheism; 萬有內在神論)의 일종이라 보아야 할 것이다.

르투갈 가문의 스피노자는 1632년 암스테르담에서 태어나 유대인으로서 성장했다. 그는 정통 유대교 신앙을 버렸다는 이유로 1656년에 유대교에서 파문당했다. 이런 이유로 그는 『윤리학』을 유고로 출판할 수밖에 없었으며, 그의 동시대인들은 그가 신을 믿기를 포기했다고 확신했다.

3) 정신과 몸

스피노자는 정신과 몸의 문제, 즉 인간 실존의 정신적 측면과 신체적 측면의 관계성을 설명하는 문제에 대해 흥미로운 주장을 하였다. 그는 자신과 동시대의 인물인 데카르트의 저서를 잘 알고 있었으며, 데카르트의 철학에 관해 한 권의 책을 출간하기도 했다. 스피노자 철학의 많은 부분은 특히 데카르트의 견해와 대립된다. 정신과 몸은 완전히 별개의 것이라고 주장한 데카르트와 달리, 스피노자는 정신과 몸은 동일한 실체의 불가분적인 측면들이라고 주장했다. 정신은 몸과 동일한 실체이다. 우리는 이 실체가 신체적 사물이거나 아니면 정신이라고 생각할 수 있다. 정신은 그 자체로는 실체가 아니라 오히려 실체의 한 양태이다. 정신과 몸은 데카르트가 기술한 방식대로 상호 작용하지 않는다. 정신과 몸은 동일한 실체의 두 측면이다. 스피노자가 수용하는 견해에 따르면 모든 물리적 사물들은 정신적 측면을 가질 수 있다.

4) 자유와 인간의 속박

자유의 이념은 스피노자 윤리학의 핵심이다. 그렇지만 그는 우리가 언제나 인과의 사슬에서 자유로울 수 있는 것은 아니라고 생각한다. 우리의 모든 행위와 우주에서 일어나는 모든 일들은 선행하는 원인들에 의해 결정된다. 당신은 이 책을 집어 들어 읽고 있지만, 스피노자의 설명에 의하면 당신의 그런 결심은 이전의 결정들과 물리적 사건들 등에 의해 결정되었다. 당신의 결정은 지금 갑자기 즉흥적으로 일어난 것처럼 보이지만 사실은 그렇지 않다. 오직 신만이 진정으로 자유로울 수 있다. 그가 행하는 일들은 선행하는 원인들을 가지지 않기 때문이다.[3]

그러므로 자유가 인과의 사슬에 매이지 않는 것을 의미한다면, 인간에게는 자유를 기대할 수 없다. 그렇지만 스피노자에 의하면 인간에게는 격정의 노예가 되지 않을 수 있는 능력이 있다. 인간이 자유로울 수 있다는 것은 이와 같이 외적 원인들에 의해 감정적으로 행동하기보다는 오히려 내적 원인들에 의해 행동한다는 의미에서이다. 도덕적 행위는 격정에 사로잡히는 것이 아니라 자발적으로 행동하는 것이다. 격정은 우리를 한 방향으로 몰아세워 절망적인 상태에서 벗어나지 못하게 만드는 폭력이다. 우리가 그런 격정의 노예가 되는 수동성으로부터 자유롭게 되어 우리의 행위를 이해할 수 있을 때 우리는 자유롭게 된다.

인간이 속박되어 있다는 것은 자신이 왜 그런 행동을 하는지 원인을 알지 못하는 상태에 있다는 것이다. 이런 상태에 있는 사

---

3) * 이런 의미에서 신은 '자기원인자'(causa sui)이며, '스스로'(自) '그러함'(然)이다.

람들은 외적 원인들에 의해서만 움직인다. 그들은 자발적으로 행동한다는 의미에서 자유롭게 행동할 능력이 없다. 그들은 자기들이 알지 못하는 힘에 의해 이리저리 굴러다니는 돌과 같다. 우리는 오직 행위의 원인을 정확하게 이해할 때에만 이런 속박에서 벗어날 수 있으며, 우리의 행위가 외적 원인들이 아니라 내적 원인들에 의해 일어나도록 할 수 있다. 일단 우리가 감정(emotion)의 원인을 인식하면, 감정은 더 이상 우리를 격정(passion)에 사로잡히게 하지 못한다. 『윤리학』은 부분적으로는 독자들이 이런 능력을 가질 수 있도록 가르쳐서 보다 완전한 인간이 되도록 하기 위해 기획된 책이다.

이런 점에서 스피노자의 사상은 일종의 심리요법을 권장한다. 격정으로부터의 자유를 획득하기 위해 우리는 행위의 근본적인 원인을 이해해야 한다. 그렇다고 자유로운 결정이 아무런 원인도 없이 이루어진다는 의미는 아니다. 이해가 이루어질 때 이런 원인들은 내재화된다. 그런 원인들은 이해됨으로써 변형된다. 그러나 그렇게 내재화된 원인들에 의해 일어나는 행위들은 여전히 결정된 상태로 남는다. 그러므로 스피노자에 의하면 이런 특수한 의미에서의 자유와 인과적으로 결정된 우리의 행위는 서로 모순되지 않는다.

5) 신을 사랑함

스피노자는 『윤리학』의 후반부에서 지혜로운 삶의 방식에 관해 거의 신비주의적인 표현들을 사용하여 설명한다. 우리는 우리 자신과 우주 안에서 우리의 위치를 이해하고자 노력해야 한다. 그것이 지혜로 가는 길이다. 그런 노력은 정신이 보다 적극적이 되고 보다 높은 단계의 완전성을 획득할 때 도달하는 행복으로 가는 길이기도 하다. 스피노자 철학의 핵심은 신의 지성적 사랑이다. 그렇지만 이런 사랑은 우리의 행복에 관심을 갖는 어떤 인격적 신의 사랑이 아니다. 스피노자의 철학에는 전통적인 기독교나 유대교의 신이 자리할 공간이 없다. 스피노자의 신은 그가 신의 존재와 영역을 연역하기 위해 사용하는 기하학적 논증들과 마찬가지로 비인격적인 신이다.

6) 『윤리학』에 대한 비판들

a. 신을 필요로 하지 않음

스피노자는 인격적 신이란 개념을 사용하지 않았으며, 자연계는 어떤 방식으로든 신의 속성들을 표현한다는 사실을 입증했다. 그렇기 때문에 그는 한 걸음 더 나아가 무신론적 철학을 수용할 수 있었을 것이다. 그가 생각하는 신은 정통 기독교와 유대교의 신과는 아주 다르기 때문에 거의 '신'이라 부를 수 없다. 실제로 스피노자와 동시대의 학자들은 그의 철학이 무신론과 같다고 믿었다. 그렇지만 그는 자신이 신의 존재를 입증했다고 확신했으며, 훌륭한 삶은 신에 대한 사랑을 표현하는 삶이라고 주장했다.

b. 진정한 의미의 자유를 부정함

『윤리학』에서 스피노자가 묘사하는 인간의 현실적 상황에 따르면, 사르트르 같은 철학자들이 자유의지의 본질이라고 생각하는 절대적(uncaused) 자발성이 인간에게는 불가능하다. 스피노자가 주장하듯이 우리가 성취할 수 있는 최선의 자유는 우리의 행위들이 외적 원인들보다는 오히려 내적 원인들에 의해 일어나는 것이다. 그렇지만 인간의 자유에 관해 스피노자가 제시하는 냉정한 설명은 설득력이 있으며 더 정확할 수도 있다. 아마도 우리가 생각하고 행하는 것에 관해 어떤 원인에도 의존하지 않고 절대적인 자유의지에 따라 선택할 수 있다고 믿는 것은 희망사항에 불과할 것이다.[4] 스피노자는 자유의지가 환상이라는 사실을 폭로하였다.

c. 이성에 관해 지나치게 낙관적임

스피노자는 많은 다른 철학자들과 마찬가지로 이성의 능력이 지혜와 행복에 이르는 길이라고 보았다. 그에게 있어서 신에 관한 지성적 관조는 가능한 최고의 행복이었으며, 그 자체로 가치가 있었다. 이것은 우연히 자기 자신의 사상에서 위안을 발견한 어느 지성인의 편리한 결론인 것처럼 보인다. 아마도 그는 이성에 관해 그리고 행복을 가져다 줄 수 있는 이성의 능력에 관해

---

4) * 인간의 자유로운 결정이 비록 내재화된 원인들에 의해 일어난다 할지라도 여전히 그 결정은 인과의 고리에서 벗어날 수는 없다.

지나치게 낙관적이었을 것이다. 그렇지만 우리의 정신상태의 원인들을 어느 정도 이해하게 되면 삶을 더 잘 관리할 수 있다는 스피노자의 주장은 확실히 옳다.

John Locke(1632 ~ 1704)

로크는 1632년 서머셋(Somerset)의 링톤(Wrington)에서 태어났다. 본래는 성직자의 길을 가려고 했으나 의학에 관심을 갖게 된 후 정치철학 연구 및 인식론 연구에 힘을 썼다. 로버트 보일, 아이작 뉴턴 등 당대의 학자들과도 친교가 있었다. 1704년 에섹스(Essex)의 오츠(Oates)에서 생을 마감했다. 주요 저서로는『통치론』,『교육론』,『관용론』 등이 있다.

인간은 스스로 생각하고 행동하는 자립적인 개인이어야만 한다.

『인간 오성론』 중에서

9. 로크의 『인간 오성론』(*An Essay Concerning Human Understanding*)

인간의 의식은 태어날 때 백지상태인가? 아니면 우리는 지식을 갖춘 상태에서 세상에 태어나는가? 로크는 그의『인간 오성론』(*An essay concerning human understanding*)에서 이런 물음들을 중점적으로 다루었다. 그에 의하면 우리의 모든 인식은 궁극적으로 감각을 통해 수집하는 정보에서 시작된다. 인간은 아무것도 알지 못하는 상태로 태어난다. 우리가 아는 모든 것은 경험을 통해 일어난다. 일반적으로 경험주의라 일컬어지는 이런 견해는 인간의 의식에는 태어날 때부터 이미 어떤 관념들이 형성되어 있다고 생각하는 합리주의와 대조적이다. 로크가 이 책을 쓸 당시의 17세기에는 인식의 기원에 관한 논쟁이 활발히 전개되고 있었으며, 이런 논쟁은 약간 변형된 형태이긴 하지만 현재까지도 계속되어 왔다.

로크의 『인간 오성론』(1689)은 출간되자마자 철학분야의 베스트셀러가 되었다. 이 책은 그의 생전에 4판이 출판되었으며, 이미 1735년까지 11판이 인쇄되었다. 『인간 오성론』은 난해하고 광범위한 영역을 다룬 작품이지만 중심 주제는 인식의 기원과 한계이다. 우리는 무엇을 알 수 있는가? 생각과 실재의 관계는 무엇인가? 이런 물음들은 인식론에서 끊임없이 대두되는 질문들이다. 그런 질문들에 대한 로크의 대답은 인식론적 주제가 논의되는 과정에 지속적인 영향력을 끼쳤다. 그리고 버클리(George Berkeley: 1685~1753)와 라이프니츠(Gottfried Leibniz: 1646~1716)를 포함한 많은 철학자들은 그런 물음들과 관련하여 자신의 고유한 입장을 분명하게 밝혔다.

로크는 개념적 혼란을 제거함으로써 과학자들이나 자연철학자들이 지식을 확장하는 중요한 일을 수행할 수 있도록 하는 것이 '하급 노동자'(underlabourer)로서 자신의 역할이라고 말했다. 약간은 자기비하적인 이런 언급 때문에 인식의 기원과 본질을 해명하기 위해 로크가 착수한 과업의 어려움을 간과해서는 안 된다. 인식의 기원과 본질을 해명하기 위해서는 아리스토텔레스와 같은 대가에 의해 주장된 이론은 무엇이든 진리라는 전제에 기초하여 형성된 철학전통 전체를 거부해야 했기 때문이다. 로크는 통상적으로 인정된 표준적인 견해를 반박하고, 그 견해를 합리적인 가설로 대치하였다. 그의 목표는 지금까지 모호했었던 것을 분명하게 해명하는 것이었다. 그가 이런 과업에 착수한 것은 진리에 대한 사랑 때문이었으며, 우리가 제기할 수 있는 가장 심오한 질문들에 관해 독자적으로 생각하는 즐거움 때문이었다. 그는 논의되고 있는 어떤 주제들에 관해서도 자신의 주장이 절대적이라고 생각하지 않았으며, 인간의 이해에 관해 특별히 낙관적이지도 않았다. 로크에 의하면 신은 우리로 하여금 신, 도덕적 의무 그리고 삶에 필요한 모든 것을 알 수 있게 해주는 수단을 주었다. 그러나 인간은 유한한 이성의 능력 때문에 그런 것들을 모두 알 수는 없다.

1) 본유적 원리들(Innate Principles)

17세기의 많은 철학자들은 신에 의해 주어진 원리들, 즉 모든 인간이 태어날 때부터 알고 있는 원리들이 있다고 믿었다. 이런 원리들은 '있는 것은 무엇이든 있다'는 명백하게 참인 진술과 같은 사변적 원리들일 수도 있고, '부모는 자식을 돌볼 의무가 있다'거나 '모든 사람은 약속을 지켜야 한다'는 도덕적 명령과 같은 실천적 원리들일 수도 있다. 로크는 그런 원리들 중 어떤 원리도 본유적이 아님을 입증하기 위해 일련의 논증들을 제시했다. 이런 논증들 중 대다수는 그가 제시하는 근본적인 전제, 즉 의식 내용들은 명백하게 의식된 것이라는 전제에 근거한다. 만일 당신이 하나의 생각을 가지고 있다면 당신이 그 생각의 내용에 (*경험을 통해) 접근할 수 있어야 한다. 로크에 의하면 무엇을 생각하는지 알지 못하면서 생각할 수 있다고 말하는 것은 터무니없는 일이다. 그에 의하면 무의식적인 생각이 있다고 말하는 것은 논리적 모순이다.

본유적 원리들이 없다는 주장을 뒷받침하기 위해 로크는 하나의 논증을 제시한다. 본유적 원리들이라고 생각될 수 있는 것에 관해 모든 사람이 다 동의하는 것은 아니라는 사실이 그것이다. 예를 들어 '우리는 약속을 지켜야 한다'는 것을 모든 사람들이 태어날 때부터 알고 있었다면, 모든 사람들이 이것을 근본적인 원리라고 인정했을 것이다. 그러나 로크가 지적하듯이 모든 사람들이 그것에 동의하는 것은 아니다. 어떤 사람들은 도대체 약속을 지킬 의무를 알지 못한다. 어린이들은 그 원리가 그들이 반드시 지켜야 할 원리라고 즉각적으로 인식하지 못한다. 오히려 그 원리는 교육되고 습득되어야 할 원리이다. 도덕적 원리나 다른 어떤 원리들의 경우도 마찬가지이다.

더 나아가 본유적이라고 생각될 수 있는 원리들은 성인들보다는 어린이들에게서 더 확실하게 나타난다고 생각할 수도 있다. 어린이들은 특정한 관습들에 의해 덜 영향을 받았을 것이며, 세상에 대한 경험이 적었을 것이기 때문이다. 본유적 원리들은 어린이들에게서 명백하게 확인할 수 있어야 할 것이다. 그러나 그렇지 않다.

로크에 의하면 모든 사람들에게는 본유적으로 도덕적 원리들이 있다는 견해는 전혀 타당하지 않다. 역사적으로 볼 때 다양한 사회와 다양한 개인들에 따라 엄청나게 다양한 도덕적 원리들이 있었기 때문이다. 모든 사람들의 의식에 심어진 동일한 원리들로부터 이렇게 다양한 원리들이 발생되었을 것이라고 생각하는 것은 단적으로 불가능하다.

다양한 논증들을 통해 로크는 본유적인 어떤 원리들이 있다는 견해를 거부한다. 하지만 이와 같이 본유적 원리들을 부정함으로써 그에게는 어떻게 인간의 의식에 사상과 믿음과 세상에 대한 인식이 형성되는지 설명해야 하는 과제가 남는다.

2) 관념

로크는 인식 내용에 대해 "관념"이란 개념을 사용한다. 우리가 창문 밖에 있는 나무나 참새를 볼 때, 우리가 보는 것은 나무 자체나 참새 자체가 아니라 그것에 관한 표상(representation), 즉 관념이다. 그것은 우리의 머리에 떠오른 그림과 같은 것이다. 우리가 보는 것은 저기 밖에 있는 것의 산물일 뿐만 아니라 부분적으로는 우리 지각체계의 산물이기도 하다. 그러나 우리의 관념들이 모두 대상에 대한 직접적인 지각(경험)으로부터 생기는 것은 아니다. 어떤 관념들은 우리가 어떤 것을 추리하거나 기억하거나 의도할 때처럼 반성의 산물이다.

로크에 따르면 모든 관념은 궁극적으로 경험으로부터 온다. 그래서 우리가 지각하기보다는 오히려 반성할 때조차도 우리가 생각하는 내용들은 모두 감각으로부터 온다. 세상으로부터 단절되어 오직 검은색과 흰색에 대한 감각만 가지고 있는 어린이는 주홍색이나 녹색에 관한 관념을 가지지 못할 것이다. 마찬가지로 굴이나 파인애플을 먹어보지 못한 어린이는 그 맛을 알지 못할 것이다.

다양한 관념들은 다양한 방식으로 연합될 수 있다. 그래서 일단 우리가 주홍색의 관념과 외투의 관념을 가지면 우리는 주홍색 외투를 상상할 수 있다. 비록 그런 외투를 한 번도 본 적이 없다 할지라도 말이다.[1] 그러나 복합관념의 원천인 단순관념들은 모두 오감을 통한 감각에서 유래한다.

3) 제1속성들과 제2속성들

우리가 눈뭉치는 회백색이고 차갑고 둥글다고 말할 때, 이것은 그 눈뭉치가 우리 안에서 이런 특성들을 가지는 관념들을 일으킬 수 있다는 의미이다. 로크는 제1속성과 제2속성을 구분하여 각 속성을 아주 다르게 설명한다.

제1속성들은 대상과 분리할 수 없다. 눈뭉치의 제1속성에는 그의 모양과 단단함이 포함되지만, 눈뭉치의 색이나 차가움은 포함되지 않는다. 여기서 로크는 당시의 자연과학, 특히 로버트 보일(Robert Boyle; 1627~1691)이 주장한 입자가실(corpuscularian

---

1) * 로크에 의하면 주홍색에 대한 관념과 외투에 대한 관념은 "단순관념"이며, 주홍색 외투는 "복합관념"이다.

hypothesis)에 의해 큰 영향을 받았다. 보일에 의하면 모든 물질은 아주 미세한 소립자들(particles) 또는 미립자들(corpuscles)이 다양한 방식으로 결합되어 구성된 것이다. 우주에 있는 단 하나의 소립자라도 모양, 크기와 단단함이라는 제1속성을 가질 것이다. 로크에 의하면 우리가 대상의 제1속성들에 관해 가지는 관념들은 소립자가 가지는 그런 속성들이 의식 속에서 관념으로 형상화된 것이다. 그러므로 예를 들어 만일 하나의 눈덩이가 원형과 특정한 크기의 제1속성들을 가진다면, 우리가 이런 특질들에 관해 가지는 관념들은 실제의 눈덩이가 가지는 이런 모습들이 의식 속에서 관념으로 형상화된 것이다. 즉, 그런 관념들은 이런 속성들의 정확한 표상이다.

제2속성들은 관념들을 생산할 수 있는 능력들이다. 그러나 제2속성들은 대상에 대한 직접적인 표상이 아니다. 제2속성들은 대상들을 구성하는 소립자들의 조합(즉, 미세조직)의 결과이며, 대상들이 지각되는 특수한 조건들이며, 지각하는 사람의 감각체계이다. 제1속성들과 달리 제2속성들은 관찰자와 무관하게 소립자들 자체가 가지는 속성들이 아니다. 예를 들어 눈덩이의 색깔은 회백색으로 나타난다. 이 경우 색깔은 제2속성이다. 눈덩이의 모양과 크기는 눈덩이가 가지는 실제의(1차적인) 속성이지만, 색깔은 눈덩이 자체가 가지는 실제의(1차적인) 속성이 아니라는 의미이다. 나는 회백색 눈덩이의 관념을 가진다. 하지만 다른 조건의 빛에서는 그 눈덩이가 완전히 다른 색깔, 예를 들어 푸른색처럼 보일 수도 있다. 그러나 이 경우 회백색이 눈덩이 안에 있지 않음과 마찬가지로 푸름도 눈덩이 안에 있지 않을 것이다. 눈덩이의 색깔은 그것을 구성하는 소립자들의 조합에 따라 달라진다.

소립자들의 1차적인 속성들(모양, 크기)이 색깔에 대한 나의 관념을 일으킨다. 눈덩이의 차가움과 맛의 경우도 마찬가지이다. 이런 속성들(차가움, 맛)은 눈덩이 자체에서 발견되는 속성들이 아니라, 오히려 그 대상의 1차적 속성들에 의존하는 2차적인 속성들이다.

1차적 속성들과 2차적 속성들에 관한 로크의 주장은 그의 실재론이 어떤 유형인지 분명하게 보여준다. 그는 외부 세계에 있는 실제의 대상들이 우리의 경험을 야기한다는 사실을 확신한다. 이것은 당연한 것처럼 들릴 수도 있다. 그러나 당시의, 그리고 이전과 이후의 많은 철학자들은 우리의 경험을 야기하는 것이 무엇이든 그것의 본질에 관해 회의적인 견해들을 가지게 되었다.

4) 인격적 정체성

개인의 정체성을 주제로 다룬 후대의 대부분의 논쟁에 기초적인 틀을 마련해 주었고 20세기 후반에도 여전히 영향력을 행사하는 『인간 오성론』의 한 부분은 "동일성과 차이"라는 장이다. 이 장은 제2판을 출판할 때 이 책에 추가되었다. 이 장은 개인의 정체성에 관한 문제를 다룬다. 정체성에 관한 문제는 어떤 사람이 신체적으로나 정신적으로 상당히 변했을 수도 있는 기간이 지난 후에도 그 사람을 바로 그 사람이게 하는 것이 무엇인가 하는 물음이다.

이 물음에 대해 로크는 서로 독립적이지만 연관성이 있는 세

가지 물음들을 통해 대답한다. (1) 실체의 동일성을 유지시키는 것은 무엇인가? (2) 어떤 사람을 후에도 여전히 동일한 '사람'(man)이게 하는 것은 무엇인가? (3) 어떤 사람을 후에도 여전히 동일한 '인격체'(person)이게 하는 것은 무엇인가?

우리는 하나의 대상을 구성하는 입자들이 전혀 변하거나 제거되지 않았다면 여전히 동일한 실체라고 말할 것이다. 유기체의 경우에는 그렇지 않음을 분명히 알 수 있다. 적어도 미시적 차원에서는 분자들이 끊임없이 생성되고 소멸되고 있기 때문이다. 그러므로 물리적 실체의 동일성은 시간을 초월하는 인격적 동일성을 결정하는 기준으로 유용하지 않을 것이다. 살아있는 사람은 아무도 정확하게 동일한 물리적 성분들을 언제나 동일하게 유지하지 못할 것이기 때문이다.

로크에 의하면 '사람'은 특수한 생물학적 유기체, 즉 '호모 사피엔스'라는 종의 일원이다. 이런 점에서 볼 때 사람은 떡갈나무나 말과 같다. 커다란 떡갈나무는 20년 전에도 여전히 동일한 떡갈나무였다. 크기는 두 배가 되었고 잎은 20번 떨어졌지만 말이다. 그 나무는 이전의 나무와 동일한 실체는 아니지만, 살아있는 각 부분들이 여전히 동일한 기능을 하기 때문에 동일한 떡갈나무이다. 마찬가지로 나는 10년 전의 나와 동일한 '나'이다. 나의 신체와 정신은 누구나 알 수 있을 정도로 변했음에도 불구하고 말이다.

로크가 이 주제를 다룰 때 독창적인 점은 '사람'의 동일성에 관한 물음을 사람의 '인격적' 정체성에 관한 물음과 분리하여 다룬다는 점이다. 그러나 인격이 사람과 동일하지 않다면 사람의 인격적 정체성을 결정하는 것은 정확하게 무엇인가? 로크에 의하면 인격체로서의 사람은 "이성과 반성능력을 가지고 자신을 자신이라고 생각할 수 있는 자아의식을 가진 지성적 존재자, 즉 시간과 공간의 차이에도 불구하고 언제나 동일한 '사유하는 존재자'이다." 다시 말해 인격체로서의 사람은 단순히 인간이란 종에 속하는 하나의 개체가 아니다. 같은 인간이라도 어떤 사람들은 이성의 능력과 자아의식이 결핍되어 있기 때문이다. 더 나아가 원칙적으로 보면 인간이 아닌 피조물들 중 어떤 피조물들은 인격체라고 생각될 수 있을 것이다. 로크는 상당히 복잡한 질문들에 확신을 가지고 대답하는 이성적인 앵무새에 관한 어느 보고서를 인용한다. 로크는 앵무새의 지성에도 불구하고 우리는 앵무새를 사람이라고 부르지는 않을 것이라고 말한다. 그 앵무새는 언제나 이성적인 새에 불과하다. 그러나 만일 앵무새가 사람과 같은 수준의 합리성과 자아의식을 가지고 있다면, 앵무새는 하나의 인격체로 간주될 수도 있을 것이다.

로크에게 있어서 시간을 초월하여 개인의 인격적 정체성을 결정하는 기준은 무엇인가? 단순한 신체적 연속성은 그 기준이 아니다. 그것은 우리가 동일한 인격체와 관계를 맺고 있다는 사실을 보증하지 못하기 때문이다. 오히려 인격적 정체성의 한계는 의식의 한계이다. 즉, 한 사람이 그의 과거 행위들에 대해 책임이 있음을 지속적으로 기억하고 인지하는 것이 인격적 정체성의 조건이다. 나의 신체적 조건이 아무리 많이 변했다 할지라도 만일 내가 나의 과거 행위들을 나 자신의 행위라고 기억할 수 없다면 나는 과거의 나와 동일한 인격체가 아니다.

로크는 이런 견해를 사유실험을 통해 분명하게 설명한다. 어떤 왕자가 어느 날 아침 일어나 신기료장수가 가지고 있던 기억

들은 모두 가지고 있지만 자신의 기억은 전혀 가지고 있지 못하
다고 상상해 보자. 그의 신체는 여전히 그대로이다. 같은 날 아
침 신기료장수는 일어나 그 왕자가 가지고 있던 기억들을 전부
가지고 있다. 로크에 의하면 비록 왕자의 몸을 가지고 있는 사람
은 신체적으로는 여전히 동일한 왕자임에도 불구하고 잠자러 갈
때와 동일한 인격체로서의 사람은 아니다. 왕자의 신체를 가지
고 있는 사람이 왕자의 이전 행위들에 대해 책임이 있다고 말하
는 것은 옳지 못할 것이다. 그는 이전에 행한 행위들에 대해 아
무런 기억도 가지고 있지 않기 때문이다. 로크가 이렇게 과도한
예를 든 것은 '사람'과 '인격체' 사이의 중요한 차이를 분명하게
드러내기 위한 것이다.

그러나 이 예는 기억상실의 경우들과 관련하여 어디에 문제점
이 있는가? 로크의 설명에 의하면 우리는 범행을 저지른 사람이
자기가 행한 것을 기억하지 못한다면 그 사람을 처벌해서는 안
되는 것처럼 보일 것이다. 그 사람은 범행을 저지른 그 인격체의
사람이 아닐 것이란 이유에서 말이다. 로크에게 있어서 '인격체
로서의 사람'은 법의학적 용어이다. 그에게 있어서 '인격'이란 단
어는 특히 어떤 사람의 행위에 대한 책임과 관련하여 발생하는
법적인 문제들에 적합한 용어이다. 그렇다면 우리는 살인 행위를
기억하지 못하는 살인자를 결코 처벌해서는 안 되는 것처럼 보
일 것이다. 이 문제에 관한 로크의 견해에 의하면, 기억을 상실한
경우나 기억하지 못한다고 주장할지라도 우리는 만일 살인을 범
한 '사람'이 누구인지 확인했다면 이 사람이 바로 범행을 저지른
그 '인격체'임이 틀림없다고 추정하는 경향이 있다. 우리는 음주
운전자들이 그들이 한 것을 기억하지 못한다고 주장할지라도 그

들의 행위에 대해 처벌한다. 하지만 이것은 단지 어떤 사람이 그들의 행위를 기억하지 못한다고 주장할 때 그 사실성을 입증하기가 어렵기 때문이다. 법은 실용적이며, 따라서 기억하지 못한다는 핑계를 거의 인정하지 않는다. 하지만 로크에 의하면 마지막 심판 때 하나님은 어떤 사람이 그의 행위를 기억하지 못한다면 그의 행위에 대해 책임을 묻지 않을 것이다.

5) 언어

로크는 언어의 본질과 언어를 통한 효과적인 의사소통에 모두 관심을 가진다. 그에 의하면 언어에서 중요한 것은 단순히 이해할 수 있는 소리를 내는 것이 아니다. 앵무새도 (비이성적인 앵무새도) 그런 소리를 낸다. 오히려 단어는 관념을 표현하는 기호이다. 단어는 관념의 의미를 표현한다. 단어는 관념의 상징적 기호이며 우리의 모든 관념은 경험으로부터 오기 때문에, 우리의 모든 언어와 언어로 표현된 생각은 우리의 경험과 밀접하게 연관되어 있다.

우리는 언어를 통해 생각을 다른 사람들에게 전달할 수 있다. 그러나 로크에 의하면 우리 모두가 반드시 동일한 관념을 동일한 단어로 표현할 필요는 없다. 예를 들어 '알바트로스'(albatross)란 단어에 대한 나의 특별한 연상(聯想: association)과 당신의 연상은 알바트로스에 대한 서로 다른 경험 때문에 아주 다를 수도 있다. 당신은 알바트로스를 전혀 경험한 적이 없거나 아니면 단지 그림으로만 본 적이 있지만 확신을 가지고 그 단어를 사용할 수도 있다. 당신이 그 단어를 보고 연상한 관념은 매일 알바트로스를 본 사람이 가지는 관념과 아주 다를 것이다. 만일 당신이 알바트로스에 대한 분명한 관념을 가지고 있지 않다면, 당신은 흉내 내는 것을 배운 앵무새나 어린 아이처럼 아무런 의미도 없이 단지 '알바트로스'란 소리를 내는 것으로 끝날 수도 있다. 그러므로 비록 단어들이 공개적으로 발음된다 할지라도 그 단어들이 의미하는 것은 여전히 사적이고 특수할 수 있다. 이것이 혼동과 오해의 원인이다.

대상을 지칭하는 단어들의 수는 지칭되는 대상들보다 훨씬 적다. 이것은 당연하다. 모든 대상들마다 고유한 이름들이 있다면 효과적인 의사소통은 불가능할 것이기 때문이다. 우리는 '알바트로스'란 일반명사를 통해 그 종에 속하는 모든 새들을 지칭한다. 로크에 의하면 우리는 개별적인 경험들로부터 추론하여 그런 일반명사들을 만든다.

6) 『인간 오성론』에 대한 비판

a. 본유관념에 대한 비판

언어학자 노암 촘스키(Noam Chomsky; 1928~)의 연구를 계기로 본유관념에 관한 논의가 20세기에 다시 시작되었다. 촘스키는 어린이들이 언어를 배울 때 사용하는 문장들을 자세히 분석한 후 다양한 언어들에 공통되는 보편적인 문법구조들과 어린이들이 범하는 유형의 문법적 오류들은 언어를 해석하고 사용하는데 바탕이 되는 생득적인 틀, 즉 그의 표현대로 "언어습득 장치"(Language Acquisition Device) 때문이라는 결론을 내렸다. 촘스키의 견해는 인간의 마음은 태어날 때 경험을 통해 글씨가 써지기를 기다리는 백자와 같다는 로크의 주장에 대한 중대한 도전이다. 라이프니츠에 의하면 인간의 마음은 다양한 '결절 선'(fault line)을 미리 가지고 있어 그 선에 따라 깨뜨리면 훌륭한 조각품이 되는 대리석 조각과 같다. 촘스키의 주장은 라이프니츠의 생각과 상당히 가깝다.

b. 제1속성들의 관념들은 그들의 대상과 공통점이 있는가?

제1속성들과 제2속성들의 구분에 관한 로크의 설명은 일견 그럴듯해 보이며, 제2속성들은 대상 자체에 실제로 있는 속성들이 아니라 우리에게 그렇게 보이는 속성들임을 암시하는 다양한 감각적 환상들에 의해 지지된다. 하지만 버클리(George Berkeley)가 지적했듯이 제1속성들의 관념들이 대상 자체와 공통점이 있다는 로크의 주장은 타당하지 않다.

로크의 설명에 의하면 대상들의 실체는 지각의 베일 뒤에 감추어져 있다. 우리가 직접 접하는 것은 관념들이지 그 관념들이 지시하는 대상이 아니다. 그러므로 제1속성의 관념과 그 대상은 공통점이 있다는 로크의 주장은 터무니없는 것이다. 관념과 그 관념의 대상이 공통점이 있는지 확인하기 위해서는 그들 모두를 직접 경험하는 것이 필요하다. 그러나 마음에 관한 로크의 설명에 의하면 우리는 단지 한 쪽 측면, 즉 우리 자신의 관념만 직접 경험할 수 있다. 버클리는 한 걸음 더 나아가 우리는 엄밀하게 말해 마음의 내용들만 직접 경험할 수 있기 때문에 마음과 무관한 어떤 것의 존재를 입증할 수도 없다. 이와 반대로 로크는 외부 세계가 없다면 마음이 우리의 관념을 생산할 수 없을 것이라고 단정한다.

c. 난쟁이 문제

관념에 관한 로크의 설명에 따르면, 관념은 머리 안에 있는 그림과 같다. 그러나 이런 설명은 생각의 과정에 관해 실제로 많은 것을 설명해 주지는 못한다. 왜냐하면 그림이 무엇에 관한 그림인지 판단하기 위해서는 그 그림을 해석하기 위해 머리 내부에 난쟁이(homunculus)가 있어야 하며, 그런 다음에는 그 난쟁이의 머리 안에 더 작은 난장이가 있어야 하며, 이런 과정은 무한히 계속되어야 하는 것처럼 보이기 때문이다. 마음에 관한 로크의 설명은 점점 더 작은 난장이들을 무수히 많이 필요로 하는데, 이것은 불가능한 일이다. 이것은 로크의 설명에 어떤 오류가 있음을 의미한다.

d. 기억을 상실했다고 해서 개인의 인격적 정체성이 언제나 사라지는 것은 아니다

토마스 레이드(Thomas Reid, 1710~1796)는 기억이 인격적 정체성을 확인하는 적절한 기준이라는 로크의 주장에 대해 다음과 같은 예를 통해 반박했다. 과수원에서 도둑질한 벌로 학교에서 매를 맞은 적이 있는 용감한 장교를 상상해 보자. 그는 젊은 군인으로서 처음 참전한 전투에서 적군의 기를 빼앗는데 성공했다. 그가 적군의 기를 빼앗을 때 그는 어렸을 때 매를 맞은 것을 기억할 수 있었다. 후에 그는 장군이 되었다. 그러나 그때 그는 적의 기를 빼앗은 것을 기억할 수는 있었지만 학교에서 매를 맞은 것은 더 이상 기억할 수 없었다. 로크의 설명에 의하면 기를 뺏은 사람은 매를 맞은 사람과 기억의 연결고리 때문에 동일한 사람이다. 마찬가지로 기억의 연결고리는 그 장군과 기를 뺏은 젊은 장교를 동일한 인물로 만든다. 논리적으로 볼 때 어린 소년이 젊은 장교와 동일한 인물이고, 젊은 장교는 장군과 동일한 사람이라면, 어린 소년과 장군은 동일한 사람이어야 한다. 하지만 로크의 이론에 따르면 장군은 매를 맞은 것을 기억할 수 없고, 따라서 과거와의 연결고리가 단절되었기 때문에 장군이 소년과 동일한 사람이라는 사실은 부정되어야 할 것이다. 레이드는 이것이 논리적으로 부당함을 지적한다. 로크의 설명은 소년과 장군은 동일한 사람이면서 동시에 그렇지 않다는 논리적 모순을 범하고 있기 때문이다. 그런 논리적 모순을 범하는 이론은 명백히 오류이다.

이런 비판에 대해 로크는 소년과 장군은 동일한 '인간'이지만 동일한 '인격'은 아니며, 따라서 소년이 행한 것에 대해 장군이 책임을 져야 한다고 생각하는 것은 잘못이라고 대답할 것이다. 레이드가 기술하는 기억연결의 논리에 따르면 소년이 장군과 동일한 인격이어야 하는데, 로크는 이런 사실을 부정해야 할 것이다.

John Locke(1632 ~ 1704)

로크는 1632년 서머셋(Somerset)의 링톤(Wrington)에서 태어났다. 본래는 성직자의 길을 가려고 했으나 의학에 관심을 갖게 된 후 정치철학 연구 및 인식론 연구에 힘을 썼다. 로버트 보일, 아이작 뉴턴 등 당대의 학자들과도 친교가 있었다. 1704년 에섹스 (Essex)의 오츠(Oates)에서 생을 마감했다. 주요 저서로는『통치론』,『교육론』,『관용 론』등이 있다.

인간은 모두 평등하고 자립적인 존재이므로, 그 누구도 다른 이들의 생명, 건강, 자 유 혹은 소유를 침해해서는 안 된다.

『정부론 2부』중에서

10. 로크의『정부론 2부』(Second Treatise of Government)

모든 사람은 평등하게 창조되었으며, 양도할 수 없는 권리를 창 조주로부터 부여 받았다. 생명권, 자유와 행복추구권은 이런 권리

에 속한다. 우리는 이런 진리들이 자명한 것임을 천명한다. … 정부
가 이런 목표들을 파괴하게 될 때는 국민은 언제든지 정부를 바꾸
거나 폐지할 수 있다.

「미국독립선언문」에서 발췌한 이 선언문은 거의 1세기 전에
로크가 쓴 『정부론 2부』(Second Treatise of Government)의 핵심 취지
를 - 표현은 다르지만 - 그대로 반영하고 있다. 로크는 『정부에 관
한 두 권의 논고』(Two Treatise of Government)를 1689년에 익명으로
출간했다. 그러나 그가 이 책을 쓴 것은 1680년대 초였다는 증
거가 있다. 그 시기는 부정한 정부를 전복할 수 있는 권리가 국
민에게 있다는 생각을 과격한 반역으로 간주할 때였으며, 그런
생각을 가진 사람은 즉시 사형에 처해질 수 있었던 시대였다. 이
책의 세부적인 부분들은 1680년대의 격동적인 정치적 사건들을
중점적으로 다루었다. 그러나 기본적인 인권의 확립을 목표로
하는 『정부론 2부』는 17세기의 관심사를 훨씬 넘어서까지 영향
을 끼쳤다.

1) 『정부론』 1부와 2부

두 권의 논고들 중에서 2부가 훨씬 더 흥미롭다. 1부는 거의 전
적으로 부정적인 시각에서 로버트 필머 경(Sir Robert Filmer)의 사상
을 신랄하게 공격한다. 필머는 군주의 권력은 신에 의해 주어졌
기 때문에 국민의 동의와는 전혀 무관하다는 '왕권신수설'(The di-
vine right of kings)을 주장한 사람이었다. 하나님이 최초의 인간 아

담에게 온 세계를 다스리는 권리를 주었다. 그렇다면 오늘날 통치자들의 권위는 이런 최초의 권위에까지 소급될 수 있을 것이다. 통치자들에게 복종해야 하는 국민의 의무는 하나님에 대한 의무이다. 통치자들은 아담 이후 세계가 세분화된 결과 하나님의 뜻에 의해 그 자리에 임명되었기 때문이다. 국민이 무엇을 원하느냐 하는 것은 중요하지 않았다. 모든 사람은 군주에게 복종할 절대적 의무를 가지고 있으며, 이런 의무는 간접적으로는 하나님께 복종할 의무였다.

1부에서 로크는 필머의 주장을 조목조목 반박하며, 2부에서는 정부의 긍정적인 역할을 개략적으로 제시한다. 로크는 2부에서 "정당한 정치권력의 원천과 한계는 무엇인가?"라는 물음을 제기한다. 그 물음을 보다 현실적으로 표현하면 다음과 같다. "왜 우리는 통치자들에게 복종해야 하며, 어떤 경우에 우리가 그들에게 저항하는 것이 정당화될 수 있는가?"

2) 자연적 상태와 자연법

이런 물음들에 대답하기 위해 로크는 이전과 이후의 많은 정치철학자들과 마찬가지로 자연적 상태, 즉 정부에 의해 부과된 법이 없고 조직적인 사회도 없는 세계에서의 삶은 어떨 것인지 가정했다. 이런 실험적 생각은 일반적으로 어떤 특정한 시점에서 삶의 실제적 상태를 설명하기 위해 의도된 것이 아니라, 오히려 정부와 법을 통한 사회형성을 철학적으로 정당화하기 위해 의도된 이야기이다. 홉스에 의하면 자연적 상태에서는 제한된 자원을 쟁취하기 위해 경쟁하는 만인의 만인에 대한 영속적인 투쟁이 있을 것이다. 이와 반대로 로크의 자연적 상태는 훨씬 더 매력적인 모습이다. 홉스에 의하면 자연적 상태에서 개인은 욕구와 욕망에 의해 조종될 것이며, 그들의 지혜는 미래의 경쟁자들에게 선제공격을 하라고 명령할 것이다. 하지만 로크는 사회가 조직되기 이전의 상태에서도 인간은 자연법에 의해 제약될 것이며, 이런 자연법이 다른 사람들을 해치지 못하게 막는다고 믿는다.

자연법은 신에 의해 부여된 법으로 모든 사람은 반성에 의해 그 법을 알 수 있다. 로크의 자연적 상태에서는 개인들이 평등하고 자유롭다. 어떤 사람을 다른 사람보다 더 높은 위치에 세우는 자연적 계급체계는 없다. 모든 사람은 동일한 가치를 가지며, 신 앞에서 평등하다. 개인들은 자유롭다, 그러나 이런 자유를 방종, 즉 하고 싶은 것을 마음대로 하는 자유와 혼동해서는 안 된다. 아무리 자연적 상태에서라 할지라도 당신의 자유는 자살을 금지하는 신에 의해 부여된 자명한 자연법에 의해 제한되며(신은 당신이 자연적 수명대로 끝까지 살도록 의도했음이 분명하기 때문에), 다른 사람들을 해치지 말라고 명령하는 자명한 자연법에 의해 제한된다. (신은 우리가 서로에 의해 이용되지 않도록 평등한 존재로 창조했기 때문이다.)

로크는 자연법이 모든 개인에 의해 실천될 수 있다고 믿기 때문에, 그가 주장하는 자연적 상태는 만인의 만인에 대한 투쟁을 주장하는 홉스의 자연적 상태보다 훨씬 더 합리적이다. 왜냐하면 로크가 주장하는 자연적 상태는 자연법을 어겼을 경우에 대한 처벌을 포함하기 때문이다. 사회조직 밖에서라 할지라도 신에 의해 주어진 법은 효력이 있으며 실천될 수 있다. 예를 들어 당신이 아무런 이유 없이 나를 공격했다면, 나는 - 자연법이 정당한 이유 없이 어느 누구도 해치지 말라고 명령하기 때문에 - 모종의 배상을 받기 위해서이든 아니면 더 이상의 폭력을 행사하지 못하도록 하기 위해서이든 자연권 내에서 당신을 벌할 수 있다. 사건에 직접 관련되지 않은 사람들도 처벌할 수 있는 권리를 가진다. 당신이 나를 공격했었다는 사실을 다른 사람이 알고 당신을 벌할 수도 있다. 물론 자연적 상태에서는 개인들이 자연법을 확정하는 방식에 있어서 편향적이 될 위험이 있을 것이다. 그들은 자연법의 적용을 가장하여 자신의 이익을 추구할 가능성이 있다. 그것이 바로 사람들이 서로 연합하고 정부를 구성하여 자연적 상태를 개선해야 하는 이유들 중 하나이다. 정부는 독립적인 사법체계를 수립할 수 있기 때문이다.

3) 소유권

모든 사람이 자연적 상태에서 가지는 기본권들 중 하나는 소유권이다. 로크는 때때로 '소유'란 단어를 우리가 일반적으로 이해하는 의미(토지, 건물, 사적 소유물 등)보다 더 광범위하게 사용한다. 로크에 의하면 우리는 우리 자신 안에 본래적으로 소유권을 가진다. 즉, 우리는 우리 자신을 소유하며, 다른 사람들을 해치거나 자살을 하지 않는다면 우리가 원하는 것을 할 수 있는 권리를 가진다. 자연적 상태에서 소유의 기원에 관한 로크의 설명은 단지 일상적인 의미의 재산, 특히 토지와 농업생산물만 다룬다. 유감스럽게도 그는 우리 각자가 우리 자신 안에 본래적으로 소유권을 가진다고 주장할 뿐 왜 그런지 이유를 설명하지는 않는다.

그런데 개인은 어떻게 토지에 대해 정당한 소유권을 주장할 수 있는가? 특히 하나님이 세상을 모든 인간이 공동으로 소유하도록 아담에게 위임했다는 교리에 비추어 볼 때 말이다. 이런 물음에 대해 로크는 토지의 가치에 인간의 노동이 더해질 때, 즉 어느 누구도 그 땅에 대해 우선권을 가지지 않는 자연적 상태에서 노동을 더한 사람에게 소유권이 부여된다고 주장한다. 토지에 노동을 가한 노동자가 그 땅에 대한 권리를 가진다. 어떤 사람이 자연적 상태에서 야생의 나무와 식물로부터 열매와 곡식을 채취함으로써 살아간다고 생각해 보자. 만일 그가 한 바구니의 과일과 식물을 채취한다면, 그 식량의 소유권은 그것을 채집하는데 투입한 노동의 대가로 그에게 속한다. 마찬가지로 땅을 파고 곡식을 심어 수확한 사람은 그 땅과 곡식에 대해 정당한 소유권을 가진다. 하지만 이런 방식으로 획득될 수 있는 소유물의 양에는 엄격한 제한이 있다. 자연법에 의해 설정된 제한에 따르면 어느 누구도 실제로 사용할 수 있는 것보다 더 많은 것을 취해서는 안 된다는 것이다. 만일 식물을 채집한 사람이 그것을 소비하기 전에 곰팡이가 나거나, 곡식을 수확한 사람이 곡물을 비축해 놓았다가 썩는다면, 그들은 모두 개인의 소유를 그가 사용할 수 있는 정도의 양에 제한하는 자연법을 어긴 대가로 벌을 받아야 한다. 결과적으로 지나치게 많이 채집한 사람이나 수확한 사람은 이웃의 몫을 침해한 것이다.

4) 돈

하지만 인간의 생존에 필요한 많은 것들, 특히 음식은 본질적으로 쉽게 썩기 때문에 사람들은 대표적으로 금이나 은과 같이 비교적 잘 썩지 않는 물건들에 교환가치를 부여한다. 자연적 상태에서 사람들은 상호동의에 의해 썩기 쉬운 물건들을 썩지 않는 물건들과 교환한다. 이렇게 해서 돈을 통한 거래가 형성되었다. 그리고 돈은 자연적 상태에서 소유물을 획득할 수 있는 가능성들을 변형시킨다. 왜냐하면 돈은 손상될 염려 없이 소유물을 대량으로 축적할 수 있게 해주기 때문이다. 예를 들어 농부는 곡식을 대량으로 경작하여 그가 먹고 남은 식량을 현금으로 교환할 수 있다. 따라서 그는 교환가치가 있고 내구성이 있는 상품을 확보하여 그 상품을 생활에 필요한 다른 물품들과 교환할 수 있다. 그는 또한 다른 사람들에게 식량을 공급해 주기도 한다. 로크에 의하면 우리는 모두 화폐제도에 암묵적으로 동의함으로써 그로부터 거의 불가피하게 뒤따르는 물질적 불평등을 인정했다.

5) 시민사회

지금까지 우리는 자연적 상태, 즉 신이 부여한 자연법에 의해 지배되는 상태에 관한 로크의 주장을 살펴보았다. 하지만 그의 주된 목표들 중 하나는 소위 시민사회 또는 공익단체(Commonwealth)가 - 그는 "시민사회"라는 용어와 "공익단체"란 용어를 동일한 의미로 사용하는데 - 어떻게 형성될 수 있는지 보여주는 것이며, 그런 사회에

서 구성원들이 어떻게 혜택을 받게 되는지 보여주는 것이다.[1]

　자연적 상태를 벗어나려는 가장 중요한 동기는 보호의 필요성, 즉 생명과 자유와 재산, 특히 그 중에서도 재산을 보호해야 할 필요성이다. 비록 자연적 상태에서 모든 사람은 자연법을 위반하는 사람을 처벌할 자격이 있긴 하지만, 이웃을 심판해 달라고 요청받은 사람들은 이기심 때문에 편파적이 될 수밖에 없다. 평화로운 삶을 보장하기 위해서는 자연적 상태로부터 조직적인 사회로 이행할 필요가 있다. 그러기 위해서는 자연적 상태에서 가지는 권리들 중 일부를 포기해야 한다. 특히 자연법을 위반한 일들에 대해 형벌을 부과할 권리를 포기해야 한다. 상호동의에 의해 사회 구성원들은 이런 권리를 포기한다. 그렇게 함으로써 더 큰 안전을 확보할 수 있기 때문이다. 그들은 공동의 선을 위해 일하도록 위임된 사람들에게 법률을 제정하고 집행하는 권력을 양도한다.

　개인이 자연적 상태의 자유를 일부 포기할 수 있는 유일한 길은 동의에 의해서만 가능하다. 로크는 어떤 사람이 다른 사람과 맺는 "계약"(compact)에 관해 말하는데, 이때 "계약"이란 개념은 동의(agreement)나 계약(contract)을 의미한다. 이 개념은 소위 사회계약에 대해 그가 사용하는 용어이다. 만일 이 계약이 분명하게 명문화된다면, 그것은 "명시적"(express) 동의이며, 명시적으로 동의되기보다는 오히려 행동에 의해 암시되기만 한다면 그것은 "묵시적"(tacit) 동의이다.

---

[1] "공익단체"란 국가에 의한 보호의 대가로 암묵적으로든 명시적으로든 그들의 자유를 일부 포기한 개인들이 결성한 단체를 말한다.

당신은 자연적 상태에서 태어난 것이 아니라 이미 입법체계와 행정체제가 형성되어 있는 조직사회 한 가운데 존재한다고 이의를 제기할 수도 있다. 그런데 어떻게 당신이 기본권의 일부를 포기하는데 동의했다고 할 수 있겠는가? 당신이 현재 상태에 의식적으로 동의하지 않았다면, 동의에 의한 행정조직이란 개념은 타당하지 않을 수도 있다. 로크에 의하면 시민사회에서 재산권을 보호받는 혜택을 누리는 사람이나 그런 조직이 제공해 줄 수 있는 다른 혜택을 누리는 사람은 누구든지 그런 혜택을 누림으로써 이미 자연권의 일부를 포기하기로 암묵적 동의를 했다는 것이다. 일단 사회계약이 이루어지면, 개인은 다수의 결정에 따르기로 동의한다.

그렇지만 이것이 시민사회의 개인이 독재자의 독단적인 명령에 순종해야 할 의무가 있음을 의미하는 것은 아니다. 로크의 『정부론 2부』가 출간될 당시 가장 논란거리가 된 것은, 그리고 당연히 그가 이 책을 익명으로 출간하기로 결심한 이유들 중 하나는 시민들이 통치자를 타도하여 다른 지도자로 대체하는 것이 때로는 옳다는 그의 견해 때문이었다.

6) 저항권

시민들이 연합하여 시민사회를 구성하는 가장 중요한 목적은 생명과 자유와 재산의 보호이다. 로크에 따르면 무자비한 정부나 통치자가 정당하게 행사할 수 있는 역할의 한도를 무시하고 시민의 생명과 자유와 재산을 보호하기 위해 활동하지 않는다면, 시민들은 봉기하여 정부나 통치자를 전복시킬 수 있다. 정부나 통치자의 지위는 신뢰성에 기초해 주어진 것이다. 그런 신뢰성이 무너질 때 시민들 편에서도 의무를 이행할 당위성이 사라진다. 공공의 선을 위해 활동하지 못함으로써 정부나 통치자는 시민들이 계약에 의해 그에게 부여해 준 권력을 박탈당한다. 따라서 로크의 주장에 의하면 정부는 동의에 의한 정부이다. 이런 주장이 반역을 부추기는 것처럼 보인다는 비판에 대해 로크는 강도나 해적에게 경의를 표하는 것은 절대로 옳을 수 없다고 대답한다. 시민의 동의가 없이 통치하고 공공의 선에 반하는 행동을 하는 사람들은 범죄자들과 같으며 따라서 그들에게는 복종할 필요가 없다는 것이다. 로크의 설명에 의하면 어떤 정부나 통치자도 시민들에 대해 절대적 권력을 가질 권리가 없다. 공동의 선을 위해 일하지 않을 때 권력은 제한될 수 있다.

7) 『정부론 2부』에 대한 비판들

a. 신의 역할

로크는 기독교의 하나님 또는 적어도 구약성서의 하나님의 존재에 지나치게 의존하고 있다. 정부론의 이론적 토대가 되는 자연법 개념은 전통적인 기독교 교리에 기초한다. 하나님이 존재하지 않는다면 자연적 상태는 홉스가 묘사하는 "만인의 만인에 대한 투쟁" 상태와 훨씬 더 가까울 수도 있다. 로크가 『정부론』을 쓸 때는 무신론이 상당히 드문 현상이었지만, 오늘날에는 일반화된 현상이다. 많은 사람들은 신이 존재하지 않는다고 믿는다. 그 신이 기독교의 신이든 아니면 다른 종교의 신이든 간에 말이다. 무신론자들이 볼 대 로크의 주장은 설득력이 없을 것이다. 그의 설명이 비신학적인 전제들을 통해 다시 설명된다면 모르지만 말이다.

b. 자연법에 대한 이견의 여지

기독교인이라 할지라도 로크의 자연법 이론을 쉽게 인정하기 어려울 것이다. 그의 설명에 따르면 자연법은 하나님에 의해 주어진 것이며, 따라서 합리적으로 행동하는 것이 어떤 것인지 반성하기만 하면 쉽게 발견할 수 있다는 것이다. 그러나 그런 법이 존재한다고 단정적으로 말할 수는 없다. 로크에 의하면 자연법은 존재하며 쉽게 식별될 수 있다. 그렇지만 다양한 철학자들이 반성에 의해 발견했다고 주장한 행동원리들이 서로 모순된다는 점에서 볼 때 그렇게 주장된 자연법이 실제로 지시하는 내용이 무엇인지 분명하지 않다. 만일 자연법이 없다면, 또는 자연법의 내용에 관해 심각한 혼란이 있다면, 정부에 관한 로크의 이론은 실패할 것이다.

c. 계급적 편견?

로크를 비판하는 사람들 중 일부는 특히 재산권에 관한 그의 주장에 대해 비판적이다. 그들의 주장에 의하면 로크는 재산권에 관한 주장에서 노동력을 파는 것 이외에는 아무것도 할 수 없는 사람들을 외면하고 지주계급들의 이익을 대변함으로써 토지의 소유권과 관련하여 기존의 상태를 정당화하고자 했다는 것이다. 이런 비판을 뒷받침하는 몇 가지 증거들이 있다. 특히 로크가 하인에 의해 관리되어 온 토지는 하인의 토지가 아니라 자신의 토지가 된다고 주장할 때 그렇다. 게다가 자연적 상태에서 모든 사람은 자유롭고 평등하다는 주장에도 불구하고『정부론 2부』는 재산의 소유권에 관해 극단적인 불평등을 정당화하는 것처럼 보인다.

David Hume(1711 ~ 1776)

흄은 1711년 스코틀랜드의 에든버러에서 태어났으며 에든버러대학에서 공부했다. 아버지의 뒤를 이어 법률가가 되려고 했으나 단념하고 28세에 『인성론』 1, 2권을 세상에 내놓는다. 그러나 이 책은 당시 호응을 얻지 못한다. 흄은 다시 『율리우스 케사르의 침입에서 1688년 혁명까지의 영국 역사서』를 통해 당대의 역사가로서 상류층 진입에 성공한다. 1776년에 66세의 나이로 생을 마감할 때까지 부유하게 살았다. 주요 저서로는 『인간본성론』, 『도덕에 관하여』, 『기적에 관하여』 등이 있다.

습관은 인간 생활의 위대한 안내자다.

『인간 오성에 관한 탐구』 중에서

11. 흄의 『인간 오성에 관한 탐구』(An Enquiry Concerning Human Understanding)

흄은 회의론자이다. 그러나 그는 고대 그리스의 일부 회의론자들과 달리 모든 쟁점들에 관해 판단중지를 주장하지는 않았다. 그는 자연이 인간의 삶을 위해 잘 정비되어 있으며, 특정한 어떤 점에서는 본능과 감정이 효과적이며, 철학적 의심들이 터무니없는 것이라고 믿었다. 그는 인간이 본질적으로 이성적이라는 전통적인 견해에 의문을 제기했으며, 인간의 삶에서 이성의 역할은 대단히 제한적이라고 - 이전의 많은 철학자들이 제기했던 것보다 훨씬 더 제한적이라고 - 주장했다.

저작에 있어서 흄의 엄격성과 독창성은 놀랍다. 특히 그가 철학적 사상을 개진했을 당시의 나이가 불과 25세였다는 사실에 비추어 볼 때 더 그렇다. 그의 첫 번째 저서인 『인간 본성에 관한 논고』(*A Treatises of Human Nature*)는 그가 기대했던 것보다 주목을 받지 못했다. 그의 표현대로 이 책은 "출판부터 사생아"로 태어났다. 『인간 오성에 관한 탐구』(*The Enquiry Concerning Human Understanding*)는 『인간 본성에 관한 논고』의 내용을 보다 잘 이해할 수 있도록 하기 위한 개정증보판이다. 그는 독자들이 그의 표현 스타일에 대해 지루함을 느낀다고 생각했지만 스스로는 책의 내용에 대해 대체로 만족했다. 오늘의 철학자들이라면 독자들을 위해 그렇게까지 배려하지는 않을 것이다.

로크와 마찬가지로 흄은 일반적으로 경험론자로 분류된다. 그는 모든 의식내용들은 궁극적으로 경험에서 온다고 믿는다. 그는 인식의 기원에 관해서 뿐만 아니라 방법론에 있어서도 경험론자이다. 그는 인간의 본질을 제1원리들로부터 추론하기보다는 오히려 내적 성찰에 의한 관찰에 의존한다. 그는 인간성에 관해 명석한 과학적 견해를 제시하고자 한다.

인간의 의식, 세계와 의식의 관계에 관한 그의 많은 견해들은 로크의 『인간 오성론』에 의해 영향을 받았다. 그러나 그는 로크의 견해를 한 단계 더 발전시켰다. 그는 관념에 관한 로크의 견해를 그대로 수용하지만, "지각"(perception), "인상"(impression), "관념"(idea)이란 새로운 개념들을 도입하여 로크의 견해를 보완한다.

1) 관념의 기원에 관해

흄은 경험의 모든 내용들에 관해 "지각"이란 개념을 사용하는데, 이 개념은 로크의 "관념"과 동일한 개념이다. 지각은 우리가 보고, 느끼고, 기억하고, 상상할 때 일어난다. 흄에게서 이 개념은 오늘날 우리가 생각하는 것보다 훨씬 넓은 의식영역을 의미한다. 그에게서 "지각"은 "인상"과 "관념"으로 구성된다.

"인상"은 우리가 보고, 느끼고, 사랑하고, 미워하고, 어떤 것을 바라거나 의지할 때 경험하는 내용이다. 그런 경험으로서의 인상은 관념보다 더 생생하다. 이때 생생하다는 것은 보다 명석하고 보다 상세하다는 의미이다. 관념은 인상의 복사물이다. 관념은 우리가 경험한 내용을 다시 회상하거나 상상할 때 생각된 것이다.

그러므로 예를 들어 나는 지금 펜으로 글씨를 쓸 때 그 펜이 움직이고 있다는 생각을 하며, 도서관 안에서 누군가 내 뒤에서 책장을 넘기고 있는 관념을 가진다. 나는 또한 내 손 아래 있는 종이의 감촉에 대한 인상을 가진다. 이런 감각적 경험들은 생생하다. 즉 이런 감각적 경험들의 경우에는 단순히 이전의 경험들을 회상하고 있다거나 내가 꿈을 꾸고 있다고 확신하는 것은 어려울 것이다. 후에 이런 경험들을 컴퓨터에 기록할 때 나는 이 순간을 다시 생각하고 나의 인상들을 회상할 것이다. 그렇게 회상할 때 나는 인상보다는 오히려 관념을 가지고 있을 것이다. 그리고 이렇게 회상된 관념은 감각적 인상처럼 그렇게 생생하지는 않을 것이다. 관념은 인상의 복사물이기 때문이다.

흄은 본유관념이 없다는 로크의 단언을 보완하여 '우리의 모든 관념은 인상의 복사물'이라고 주장한다. 다시 말해 우리가 이전에 인상으로서 경험한 적이 없는 어떤 것에 관해 관념을 가진다는 것은 불가능하다.

나는 '황금 산'을 본 적이 없고, 따라서 그런 산에 관한 인상을 가지고 있지 않음에도 불구하고 그런 산을 상상할 수 있다. 흄은 이런 문제를 어떻게 해결할 것인가? 그는 "단순관념"(simple idea)과 "복합관념"(complex idea)을 구분함으로써 이런 난제를 해결한다. 단순관념은 모두 단순한 인상으로부터 유래한다. 그런 관념은 색이나 모양과 같은 것들에 관한 관념으로 더 이상 하부 구성요소들로 분해될 수 없는 관념이다. 복합관념은 단순관념들의 결합물이다. '황금 산'에 관한 나의 관념은 '산'이란 단순관념과 '황금'이란 단순관념으로 구성된 복합관념이다. 그리고 이런 단순관념들은 궁극적으로 산과 황금에 관한 나의 경험에서 유래한다.

우리의 모든 관념은 이전의 인상에서 유래한다. 왜냐하면 우리의 모든 관념들을 역으로 추론해 보면 인상에서 유래했다고 볼 수 있는 구성성분들로 분해될 수 있기 때문이다. 더 나아가 태어나면서부터 눈이 먼 사람은 빨간색에 대한 관념을 가질 수 없을 것이다. 그는 그 색에 대한 생생한 인상을 가지지 못했을 것이기 때문이다. 마찬가지로 흄은 이기적인 사람은 관대한 느낌에 관한 관념을 가질 수 없을 것이라고 더 단호하게 단언한다.

하지만 흄은 관념에 관한 로크의 이론을 수정 보완함으로써 어떤 특정한 관념의 기원을 설명할 수 있을 것이라고 생각하기는 하지만 이런 원리에 예외가 있음을 인정한다. 예를 들어 청색의 색조를 보지 못하는 경우이다. 광범위한 청색 색조를 보아 온 사람은 어떤 특정한 색조에 관한 인상을 가진 적이 없을 수도 있다. 그럼에도 불구하고 그는 이렇게 직접 보지 못한 청색 색조에 관한 관념을 가질 수 있다. 흄의 이론에 따르면 이것은 불가능하다. 그 사람은 그 색의 관념에 상응하는 어떤 단순한 인상도 가지지 못할 것이기 때문이다. 하지만 흄은 이런 분명한 반증사례에 관해 크게 걱정하지 않는다. 그런 반증사례는 아주 예외적이기 때문이다. 따라서 그는 그런 사례 때문에 그의 기본적인 원리를 수정하지 않는다.

2) 관념연합

흄에 의하면 관념들 사이의 연합은 세 가지 유형으로 이루어진다. 관념연합 유형은 하나의 생각에서 다른 생각으로의 이동이 어떻게 일어나는지 설명해 준다. 관념연합은 유사성(resemblance), 시간적·공간적 근접성(contiguity), 그리고 인과성(cause and effect)이라는 세 유형을 통해 일어난다. 만일 두 개의 사물이 서로 유사하다면, 그 중 한 사물에 대한 우리의 생각은 자연스럽게 다른 사물을 연상시킨다. 예를 들어 나는 내 딸의 사진을 볼 때, 자연스럽게 내 딸 자체를 연상하게 된다. 만일 두 사물들이 시간적으로나 공간적으로 연속적이라면, 즉 만일 그것들이 서로 가까이서 일어난다면, 그 중 한 사물에 관한 관념은 다른 사물을 연상시킨다. 그러므로 만일 내가 부엌을 생각한다면 나의 생각은 곧 부엌에 인접해 있는 거실을 연상할 것이다. 마지막으로 만일 두 사물들이 인과적 관계에 있다면, 원인에 대한 생각은 결과에 대한 생각으로 이어질 것이다. 예를 들어 만일 내가 발가락이 돌모서리에 부딪힌 관념을 가진다면, 그것이 고통의 원인이기 때문에 나의 생각은 쉽게 고통을 연상하게 될 것이다.

이렇게 관념과 인상을 구분하고 관념연합의 세 원리들을 제시함으로써 흄은 우리의 의식작용 전체를 설명할 수 있다고 믿었다.

3) 인과관계

하나의 당구공이 다른 공을 때려 움직이게 했다. 우리가 보고 기술하는 것은 그런 현상이다. 그러나 어떤 것이 다른 것의 원인이라고 말하는 것은 무엇을 의미하는가? 이것은 흄에게 있어서 근본적으로 중요한 물음이다. 왜냐하면 그가 지적하듯이 사실의 문제들에 관한 우리의 모든 생각은 이미 알려진 원인들로부터 예상되는 결과를 논증하는 것이거나, 아니면 지각된 결과들로부터 개연성 있는 원인들을 추론하는 것이기 때문이다. 예를 들어 만일 내가 무인도에서 하나의 시계를 발견했다면, 나는 그 시계가 거기에 있는 이유는 어떤 사람이 언젠가 그것을 그 섬에 남겨두고 떠났기 때문이라고 추측할 것이다. 만일 내가 어두운 곳에서 말하는 소리를 들었다면, 누군가 거기 있다고 추측할 것이다. 이런 사례들은 결과로부터 원인을 추론하는 경우들이다. 내가 하나의 당구공이 다른 공을 향해 굴러가는 것을 본다면, 나는 원인으로부터 개연성 있는 결과를 추론함으로써 그 공이 다른 공을 때렸을 때의 결과를 예측한다. 과학적 추론도 마찬가지로 인과론적 추리에 근거한다.

그렇지만 흄은 우리가 대체로 그렇게 하듯이 원인과 결과 사이의 관계를 당연시하기보다는 오히려 인과율에 관한 관념을 어디서 얻게 되는지 묻는다. 당구공들이 서로 부딪히는 현상을 아무리 여러 차례 관찰한다 할지라도, 나는 두 번째 공이 어느 특정한 방향으로 움직일 수밖에 없음을 암시하는 어떤 것도 첫 번째 공에서 발견할 수 없을 것이다. 흄에 의하면 인과관계에 관한 우리의 모든 지식은 선험적이 아니라 경험에서 유래한다. 두 개의 당구공이 서로 부딪히는 것을 관찰할 때까지 (또는 적어도 어떤 유사한 일이 발생할 때까지), 우리는 무슨 일이 일어날지 전혀 알지 못한다. 최초의 인간 아담은 머리가 물속에 잠기면 익사하게 될 것을 알지 못했을 것이다. 물에 관한 경험을 할 때까지 그는 결과를 전혀 알지 못했을 것이다.

아담이 물 속에 머리가 잠길 때 그 결과에 관해 어느 정도 알았다면, 그는 물이 계속해서 동일한 방식으로 작용할 것임을 예측했을 것이다. 과거의 규칙적인 사건들에 근거하여 미래를 추론하는 이런 유형의 추리는 귀납추리이다. 유사한 원인들에 유사한 결과들이 따른다. 우리는 이 점에서 미래가 과거와 같을 것이라고 생각하지 않을 수 없다. 그렇지만 소위 귀납법의 문제점이 분명하게 드러나는 것도 바로 이 점에서이다. 미래가 과거와 같을 것이라고 주장하는 것은 정당화될 수 없다. 그렇지만 그런 주장이 우리의 모든 생각의 기초이다. 자연에서의 합법칙성이 과거에 유효했다고 해서 그것이 미래에 관한 귀납적 추리의 정당성을 보장해준다고 생각해서는 안 된다. 그것은 귀납법을 정당화하기 위해 귀납법을 사용하는 악순환일 것이다. 사실 미래가 과거와 같을 것이라는 추론은 우리가 가지고 있는 습관에 불과하다. 비록 그것이 대체로 도움이 되기는 하지만 말이다. 우리의 삶을 이끌어 가는 것은 관습과 습관이지 이성의 능력이 아니다.

　엄밀한 의미에서 인과율이란 결국 하나의 사건이 일어나면 다른 사건이 뒤이어 일어나는 일이 지속적으로 반복될 때 첫 번째 사건을 두 번째 사건의 원인이라고 부르는 것이다. 흄이 "지속적 연합"(constant conjunction)이라 부르는 것과 원인이 결과에 시간적으로 앞선다는 사실 이외에는 원인과 결과 사이에 아무런 필연적 연관성도 없다. 그렇다고 원인과 결과 사이의 관계를 불신하도록 만드는 것이 흄의 의도는 아니다. 그것은 우리에게 결코 가능하지 않을 것이다. 오히려 그는 우리의 행위가 얼마나 적게 이성에 의존하는지, 그리고 우리의 유전된 본성과 습관에 얼마나 많이 의존하는지 논증하고 있다.

4) 자유의지

　전통적으로 인간의 자유는 어떤 원인에 의해 촉발된 행위와 양립 불가능하다고 생각되었다. 만일 인간의 모든 행위가 단지 어떤 원인에 따른 결과에 불과하다면, 우리가 자신의 행위를 통제한다고 생각하는 것은 착각이다. 이런 견해에 의하면 자유의지는 환상에 불과하다. 그리고 자유의지가 없다면 도덕적 책임과 비난은 불가능하다. 만일 우리의 모든 행위가 인과율에 따라 행해지고 따라서 우리가 통제할 수 없다면, 그런 행위들을 칭찬하거나 비난하는 것은 적합하다고 할 수 없다.

흄은 이런 생각에 반대하여 우리의 모든 행위는 어떤 의미에서는 인과율에 따라 행해지지만 동시에 우리는 자유의지를 가지기도 한다고 주장한다. 이런 견해는 일반적으로 '호환주의'(compatibilism)라고 알려져 있다. 흄의 논증은 약간은 불완전하다. 그에 의하면 인간은 물질적 요소를 가지기 때문에 여타의 물리적 사물들과 마찬가지로 자연법에 종속된다. 예를 들어 유사한 동기들은 유사한 행동을 유발시키는 경향이 있다. 즉, 물질계에서와 마찬가지로 인간의 세계에서도 원인과 결과 사이에 "지속적 연합"이 있다. 어떤 사람이 금화가 가득한 지갑을 도로 위에 놓아두었다면, 그가 돌아와서 그 지갑을 다시 발견하리라고 기대할 수 없는 것은 그 지갑에 날개가 달려 날아가는 것을 기대할 수 없는 것과 마찬가지일 것이다. 인간의 행위에는 예측 가능한 규칙성이 있다. 이것은 역사 전체를 통해 그리고 모든 나라에서 분명히 알 수 있다. 그러나 인간성에 작용하는 이런 규칙성으로 인해 우리가 무엇을 할 것인지 선택할 수 있는 가능성이 훼손되는 것은 아니다. 흄은 우리의 행위가 예측 가능하다는 사실과 그 행위가 자유로이 선택된다는 사실 사이에는 어떤 모순도 존재하지 않는다고 생각한다.

인간의 행동에 대한 흄의 설명에 따르면 모든 행위의 원인은 신에게까지 소급될 수 있기 때문에 어떤 행위도 악하지 않다고 주장하거나, 아니면 우리의 악한 행위는 궁극적으로 신에게서 유래되었다고 주장할 수도 있을 것이다. 그러나 이율배반적이게 도 흄은 이런 두 가지 가능성을 모두 거부하고 이런 문제에 대한 대답은 그의 철학의 영역 밖이라고 주장한다. 하지만 이 책을 읽 는 대다수의 독자들은 그가 신의 개념을 은연중에 비판하고 있 음을 감지했을 것이다. 만일 신이 존재하지 않는다면, 또는 신이 신학자들이 주장하는 그런 신이 아니라면, 악에 대한 책임을 인 간의 행위에 돌리는 것은 전혀 문제가 되지 않을 것이다.

신의 존재를 증명하는 다양한 논증들에 관한 흄의 회의적인 견해는 소위 '목적론적 논증'을 다루는 장과 기적에 관해 다루는 장에서 계속 발견된다. 이 두 장은 『인간 본성에 관한 논고』에 서는 다루어지지 않았다. 『인간 오성에 관한 탐구』에서 이 두 장 이 출판되었을 때 엄청난 논쟁거리가 되었다. 그리고 기적에 관 한 논의는 분노한 신학자들이 많은 소책자들에서 다룬 주제였 다. 존재론적 증명에 관한 장의 내용은 『자연종교에 관한 대화』 (Dialogues concerning natural religion)에 있는 논증과 겹치기 때문에 여기서는 다루지 않는다.

5) 기적에 관하여

흄이 요구하는 가장 기본적인 원리에 따르면 지혜로운 사람은 언제나 어떤 쟁점에 대해서도 유효한 증거를 통해 그의 믿음을 논증할 것이다. 이런 분명한 원리에 입각하여 그는 기적을 체험 했다고 주장하는 사람들의 정직한 설명을 믿어야 한다는 제안을 일축한다.

흄은 기적에 관해 아주 분명한 관점을 가지고 있다. 기적은 일반적으로 신에 의해 일어났다고 간주되는 자연법의 파괴이다. 기적은 단순히 상식적으로 납득하기 어려운 특별한 사건과 혼동되어서는 안 된다. 예를 들어 만일 내가 아무런 물리적 도움도 없이 갑자기 날아다니기 시작했다면 그것은 기적일 것이다. 만일 내가 로또에 당첨되었다면 그것은 단순히 특별한 사건일 것이다. 기존의 물리학적 법칙에 따르면 사람이 땅 위를 날아다니는 것은 불가능하다. 로또에 당첨되는 것은 기적이 아니다. 로또 티켓을 사지 않았는데도 당첨되었다면 모르지만 말이다. 로또에 당첨되는 일은 상대적으로 확률이 희박한 사건이다.

많은 사람들은 기적을 목격했다고 주장한다. 하지만 흄에 의하면 우리는 그들의 증언을 믿어서는 안 된다. 그들이 거짓말을 했거나 감각적 기만을 당했다는 것이 기적이 일어난 것보다 더 기적적이었다면 몰라도 말이다. 우리는 언제나 기적을 덜 믿어야 하며, 기적적인 어떤 것의 발생에 근거한 설명보다는 단순히 특이한 사건에 의존하는 설명을 더 선호해야 한다. 이것은 타당한 증거를 통해 자신의 확신을 입증하는 사람이 취하는 합리적인 정책이다.

흄에 의하면 증거는 언제나 어떤 기적도 일어나지 않았음을 믿게 할 것이다. 왜냐하면 모든 자연법은 수많은 관찰을 통해 믿을 만한 것으로 확인되었기 때문이다. 흄은 타당한 증거에 비례하여 믿는다는 원리를 전제로 하여, 기적에 대한 특별한 목격은 자연법이 깨어졌다는 견해를 지지하기에 충분한 증거가 되지 못한다고 주장한다. 그의 입장은 인간은 놀라움과 불가사의의 정서로부터, 특히 기적에 관한 보고에 의해 야기되는 유형의 정서들로부터 커다란 즐거움을 얻는다는 심리학적 사실들에 의해 지지된다. 이것은 당신이 증언하는 사건이 기적인지 아닌지와 관련하여 자기기만을 야기할 수 있다. 기적을 목격했다고 주장하는 대다수의 사람들은 큰 이익을 얻을 수 있다. 그들은 특별한 대우를 받을 가능성이 있고 신에 의해 특별히 선택되었다고 생각될 수도 있다. 그렇게 때문에 그들은 다른 사람들을 속이거나 자신을 속이려는 강한 유혹을 받을 수 있다.

이 모든 요소들을 종합해 볼 때 어떤 경우에도 기적이 일었나는 것보다는 일어나지 않았다는 사실이 훨씬 더 설득력이 있다. 흄은 기적이 일어날 논리적 가능성을 배제하지는 않는다. 그러나 그는 현명한 사람은 결코 기적에 관한 보고를 믿어서는 안 된다고 주장한다.

6) 흄의 포크

흄은 그가 제시하는 엄격한 경험론적 원리들을 충족시키지 못하는 철학적 주장들을 강하게 비판하면서 책을 마무리한다. 어떤 책에 관해서도 그는 두 가지 물음을 제기한다. 이런 두 가지 물음에 의해 수립된 이분법은 '흄의 포크'라고 알려지게 되었다. 이 물음들은 다음과 같다. 그것이 수학이나 기하학에서와 같은 추상적 추론에 의해 지지되는가? 그렇지 않다면 그것이 관찰되거나 입증될 수 있는 사실적 진술들에 의해 지지되는가? 만일 이것도 저것도 아니라면, 흄은 다음과 같이 선언한다. "그것을 불에 던져 버려라. 그것은 궤변과 망상에 불과하기 때문이다."

7)『인간 오성에 관한 탐구』에 대한 비판

a. 관념에 관한 이론을 전제함

흄의 철학, 특히 그의 인과론은 비판에 직면하여 놀라울 정도로 탄력성이 있다. 하지만 그의 철학 중에서 거의 모든 현대 철학자들에 의해 비판의 대상이 된 부분은 관념에 관한 이론이다. 흄이 의식에 관한 이런 이론을 실제로 주장하지는 않았다. 오히려 그는 그런 설명을 당연한 것으로 받아들여 체계화했을 뿐이다. 그렇지만 이런 종류의 표상이론에 대해서는 많은 어려움들이 발생한다. 그런 어려움들 중 일부는 난쟁이 문제와 같은 것인데, 이런 문제는 로크의『인간 오성론』을 다루는 장에서 언급되었다.

b. 청색 색조를 보지 못하는 반증사례

이미 언급했듯이 흄은 모든 관념은 선행하는 인상으로부터 온다는 견해를 반박할 수 있는 반론으로서 청색 색조를 보지 못하는 예를 제시한다. 그러나 그는 그런 예를 예외적인 경우라고 일축한다. 하지만 그와 동일한 종류의 사례가 다른 오감들에 대해서도 구성될 수 있을 것이다. 음악의 음계에서 잃어버린 음표, 두 맛 사이에서 잃어버린 맛, 잃어버린 감촉, 두 종류의 향수 사이에서 잃어버린 냄새 등등. 흄도 이런 사례들이 그의 이론에 위협이 된다는 사실을 느끼고 있는 것처럼 보인다. 하지만 이런 사례들이 진지하게 받아들여진다면, 그런 사례들은 마음에 관한 흄의 설명에 대해 그가 생각하는 것보다 더 큰 위협이 된다.

하지만 흄에게는 이런 비판에 대응할 수 있는 최소한 두 가지 방안이 있다. 첫째, 그는 잃어버린 청색 색조에 관해 관념을 가질 수 있는 가능성을 단순히 부정할 수 있을 것이다. 그러나 그는 이런 대안을 택하지 않는다. 둘째, 그는 잃어버린 색조에 관한 관념을 복합관념, 즉 청색에 관한 관념들과 보다 밝음의 관계가 연합된 관념이라고 생각할 수도 있다. 하지만 색에 관한 관념은 언제나 단순관념이라고 전제했기 때문에 그는 이것도 대안으로 채택하지 않는다.

David Hume(1711 ~ 1776)

흄은 1711년 스코틀랜드의 에든버러에서 태어났으며 에든버러대학에서 공부했다. 아버지의 뒤를 이어 법률가가 되려고 했으나 단념하고 28세에『인성론』1, 2권을 세상에 내놓는다. 그러나 이 책은 당시 호응을 얻지 못한다. 흄은 다시『율리우스 케사르의 침입에서 1688년 혁명까지의 영국 역사서』를 통해 당대의 역사가로서 상류층 진입에 성공한다. 1776년에 66세의 나이로 생을 마감할 때까지 부유하게 살았다. 주요 저서로는『인간본성론』,『도덕에 관하여』,『기적에 관하여』등이 있다.

어떻게 하면 우리는 끝없이 나아가지 않고 스스로를 만족시킬 수 있는가? 게다가 그 무한한 행보 끝에 도대체 어떤 만족이 있겠는가?

『자연종교에 대한 대화』중에서

12. 흄의『자연종교에 관한 대화』(Dialogues Concern-ing Natural Religion)

플라톤을 제외하면 대화형식으로 글을 쓴 철학자들 중에서 성공한 사람들은 극히 드물다. 흄은 가장 예외적인 철학자이다. 흄의 『자연종교에 관한 대화』는 철학적 논증은 물론이고 문학작품으로서도 걸작이다. 최선을 다해 소크라테스를 변호한 플라톤과는 달리, 흄은 세 명의 등장인물인 데메아(Demea), 클레안데스(Cleanthes) 그리고 필론(Philo) 사이에서 이루어지는 논증들을 모두 긍정적으로 평가한다. 비록 전체적으로 볼 때 그가 필론의 의견에 동조함이 분명하기는 하지만 말이다. 이것은 독자들을 논쟁에 끌어들이기 위한 전략이다. 이 대화에는 누구의 논증이 '올바른' 견해인지 직접 언급되지 않는다. 독자들은 대화에서 일어나는 공방을 통해 누구의 의견이 올바른지 찾아내야 한다. 이것은 흄이 로마의 철학자 키케로에게서 차용한 기법이다.

흄은 이 작품을 그의 생전에 출간하지 않았다. 종교 지도자들의 박해를 두려워했기 때문이다. 이 책의 주제는 기독교 하나님의 존재에 대한 '목적론적 증명'(Design Argument)이다. 자연종교를 옹호하는 사람들, 즉 과학적 증거에 기초한 신앙을 강조하는 사람들은 목적론적 증명에 심혈을 기울였다. 자연종교는 일반적으로 계시종교와 대립적인 입장을 취했다. 계시종교에 의하면 계시는 예수에 의해 행해진 기적들, 특히 그의 부활에 관해 설명하는 복음서들이 제시하는 하나님의 존재와 속성들에 관한 증거이다. 흄은 이미 『인간 오성에 관한 탐구』에 들어있는 그의 논쟁적 에세이 "기적에 관하여"에서 계시에 관한 주장들을 강하게 공격했다. 『자연종교에 관한 대화』에서는 자연종교가 비판의 대상이 된다. 비록 그 주장들이 흄 자신의 목소리가 아니라 가상 인물들에 의해 개진되고 있기 때문에 비교적 완곡한 방식으로 비판되기는 하지만 말이다.

1) 등장인물들

　비록 이 대화에 다섯 명의 인물들이 거명되기는 하지만, 논쟁은 모두 클레안데스, 데메아 그리고 필론이라는 세 명의 주요 인물들에 의해 진행된다. 전체 대화는 팜필루스(Pamphilus)가 그의 친구인 헤미푸스(Hemippus)에게 보고하는 형식으로 진행되지만, 그들은 아무도 그 철학논쟁에 직접 가담하지는 않는다.

　세 명의 인물들은 각자 자신의 분명한 입장을 방어한다. 클레안데스는 우주에서 발견되는 분명한 목적은 신의 존재를 입증한다고 주장하는 목적론적 증명을 믿는다. 그는 자연종교의 옹호자이다. 데메아는 이성을 신뢰하지 않고, 하나님은 존재하며 그의 고유한 속성들을 가진다는 믿음을 신봉하는 신앙주의자이다. 하지만 그는 또한 소위 '제1원인 논쟁'(First Cause Argument)[1]이 하나님의 존재에 대한 결정적인 증거라고 믿는다. 필론은 온건한 회의론자이다. 필론의 주장들은 하나의 예외가 있기는 하지만 흄 자신도 기꺼이 주장했을 내용들이다. 대화에서 필론의 핵심적인 역할은 다른 두 인물들에 의해 제시된 입장들을 비판하는 것이며, 그렇게 함으로써 이성은 하나님의 속성에 관해 중요한 아무것도 드러낼 수 없음을 천명하는 것이다. 특히 목적론적 논증과 그 논증으로부터 도출될 수 있는 결론들에 대한 그의 비판은 통렬하다. 이 책 전체에서 볼 때 필론을 무신론자라고 생각하기 쉬울 것이다. 그럼에도 불구하고 그는 하나님이 존재한다고 생

---

1) 이것은 어떤 다른 것에 의해서도 기인되지 않는 최초의 원인자가 모든 것의 원인으로서 존재해야 한다는 주장에 근거한 신 존재 증명이다.

각하며, 가장 중요한 물음은 하나님의 속성들에 관한 물음이라고 생각한다. 이것이 인종주의라는 비난을 피하기 위해 흄이 첨가한 풍자적인 마무리인지는 분명하지 않다.[2]

2) 디자인 논증 또는 목적론적 논증(The Design Argument)[3]

클레안데스는 목적론적 증명으로 알려진 '아포스테리오리 증명'(Argument a posteriori)[4]을 주장한다. 이 논증은 경험으로부터의 논증이다. 이것은 자연계를 관찰함으로써 전능하고 전지하며 자비로운 하나님의 존재를 입증할 수 있다는 논증이다. 주변을 둘러보면 우리는 자연계의 모든 부분들에 분명한 목적의 흔적이 있음을 발견한다. 그것은 모두 하나의 기계처럼 조화를 이루고 있다. 예를 들어 인간의 눈은 보는데 아주 적합하다. 수정체, 각막과 망막은 최고의 지성적 존재자에 의해 고안된 것처럼 보이며, 눈의 디자인과 구조는 인간의 손으로 만든 어떤 것보다 더 정교하다. 클레안데스는 이런 관찰로부터 자연계는 지성적인 창조자에 의해 기획되었음이 분명하다고 추론한다. 이 창조자는 그의 창조물의 위대함과 장엄함에 필적하는 지성을 가지고 있었음이 분명하다. 그는 전통적으로 이해된 하나님이었음이 분명하다. 다시 말해 클레안데스는 자연과 인위적 제작물 사이에 유비

---

2) *필론은 유대인 철학자였기 때문에 그를 무신론자로 묘사하는 것은 유대인에 대한 인종적 편견 때문이란 비난을 받을 수도 있었을 것이다.

3) *'Teleological Argument'라고도 함.

4) 경험으로부터의 논증. 흄에게서 이 개념은 디자인 논증(또는 목적론적 논증)을 가리킨다.

관계가 있음을 도출해 내며, 이런 결론에 근거하여 단지 하나님이 존재한다는 사실뿐만 아니라 그가 전능하고 전지하며 자비롭다는 사실도 주장한다.

클레안데스는 자신의 논증을 뒷받침하기 위해 다양한 사례들을 이용한다. 만일 우리가 어두운 곳에서 사람의 말소리를 들었다면, 우리는 분명히 아주 합리적으로 누군가 거기 있다고 생각했을 것이다. 어두운 곳에서 들리는 사람의 말소리는 이런 결론을 내리기에 충분한 증거이다. 클레안데스에 따르면 어두운 데서 들리는 말소리가 말하는 사람의 존재를 입증하는 것과 마찬가지로 자연의 작용은 적어도 하나님의 존재에 대한 증거를 제시해 준다.

클레안데스가 제시하는 또 다른 예는 식물처럼 성장하는 도서관이다. 책이 식물처럼 생식할 수 있는 생물이라고 상상해 보라. 만일 우리가 표식이 붙어있는(의미 있는 순서대로 배열된 단어들을 가진) 책을 발견한다면, 우리는 그 책이 어떤 지식인에 의해 써졌다는 결정적인 증거라고 생각할 것이다. 책들이 스스로 번식했다 할지라도, 이것은 그 책들에 생각의 흔적이 들어 있다는 증거를 손상시키지는 못할 것이다. 마찬가지로 클레안데스가 주장하듯이 우리는 자연의 활동에서 지성과 목적을 읽을 수 있다. 맹목적인 독단론자가 아니라면 아무도 하나님의 존재와 속성들을 입증하는 자연의 증거를 부인하지 않을 것이다. 클레안데스는 그렇게 믿는다. 하지만 『자연종교에 관한 대화』의 많은 부분은 주로 필론의 관점에서, 그리고 어느 정도는 데메아의 관점에서 클레안데스의 논증을 공격한다.

3) 목적론적 증명에 대한 비판

a. 유비추리의 약점

필론이 목적론적 증명에 대한 반론으로 제시하는 논증에 따르면 목적론적 논증은 자연계 또는 자연계의 일부와 인간 사이에 존재하는 비교적 약한 유비관계에 의존한다. 유비적 논증은 비교되는 두 사물들 사이에 현저한 유사성들이 있다는 사실에 의존한다. 만일 유사성들이 비교적 피상적이라면, 그런 유사성들로부터 도출된 모든 결론은 설득력이 약할 것이며 따라서 독자적인 증거나 논증의 도움을 필요로 할 것이다.

만일 우리가 집을 검사한다면, 집의 구조를 보고 그 집이 건축가에 의해 설계되었다고 생각하는 것은 상당히 합리적이다. 우리는 이런 유형의 원인에 의해 야기된(어떤 건축가에 의해 설계된) 유사한 결과들(다른 건물들)에 관한 경험을 한 적이 있기 때문이다. 우리가 유비관계로부터 논증할 때 여기까지는 확신할 수 있다. 그러나 온 우주가 집과 같은 어떤 것에 비교될 때는 비교되는 것들 사이의 차이가 엄청나게 크기 때문에 둘 사이의 유비관계에 근거한 어떤 결론도 억측에 불과할 수 있다. 그렇지만 클레안데스는 유비관계로부터의 이런 논증을 하나님의 존재와 속성들에 대한 결정적인 증거라고 생각한다.

b. 결론의 한계들

목적론적 논증을 지탱하는 근본적인 원리는 '유사한 결과는 유사한 원인에 의해 일어난다'는 것이다. 자연계의 부분들과 전체는 여러 면에서 기계와 유사하기 때문에 자연계는 기계와 마찬가지로 동일한 원인, 즉 지성적 설계자에 의해 제작되었다고 결론짓는 것은 합리적이다. 하지만 필론이 지적하듯이 이런 원리가 엄격하게 적용된다면 클레안데스는 인간의 속성들이 신에게도 있다고 생각하는 극단적인 '신인동형동성론'(神人同形同性論; Anthropomorphism)에 빠질 수밖에 없을 것이다.

예를 들어 전통적인 신학은 하나님이 완전하다고 가르친다. 그러나 만일 우리가 신적인 설계자와 인간 설계자 사이의 유비관계를 진지하게 생각한다면, 우리는 하나님이 완전하다고 주장할 수 없다. 왜냐하면 인간 설계자들은 완전하지 않기 때문이다. 어떤 경우이든 비록 목적론적 논증이 창조자의 존재를 입증한다 할지라도 그의 속성들에 관해서는 특별한 내용을 제시해 줄 수 없다.

또 다른 예를 들면, 전통적 신학은 유일신론(monotheism)이다. 인간이 계획한 대부분의 복잡한 대규모의 사업은 설계자들과 건축가들의 협력을 통해 성취된다. 만일 우리가 우주 창조를 설명하려 할 때 유비관계를 엄격하게 사용한다면, 우주가 신들의 협력을 통해 창조되었다고 주장해야 할 것이다.

c. 대안적 설명들

필론은 또한 세상에서의 명백한 질서와 설계에 관해 다양한 대안적 설명들을 제시한다. 이런 설명들 중 일부는 목적론적 증명의 부당성을 에둘러 비판하기 위한 것이다. 필론은 만일 우리가 목적론적 증명에 의해 제시된 증거를 자세히 살펴보면 그 논증이 이런 대안들보다 더 나을 것이 없음을 보여주고자 한다. 기독교의 하나님이 우주의 질서와 설계의 근원이라는 증거만큼이나 대안적 설명들의 타당성을 입증할 증거가 많다.

예를 들어 어떤 점에서 필론은 자연선택(natural selection)에 입각한 진화론을 주장하는 것처럼 보인다. 그는 환경에 잘 적응하지 못하는 동물들은 쉽게 죽는다는 사실에 근거하여 살아남음이 하나의 명백한 목적으로서 발생할 수 있었을 것이라고 추측한다. 따라서 환경에 잘 적응하는 동물들을 보고 놀랄 필요는 없다. 흄이『자연종교에 관한 대화』를 출간한 지 거의 1세기가 지난 후 다윈이 진화론을 발표하자 대다수의 과학자들은 일반적인 자연선택을 동물과 식물에서 발견되는 명백한 목적에 관한 최선의 설명이라고 생각했다.

필론이 제시하는 또 다른 설명은 배에서 실을 뽑아 우주를 만드는 거대한 거미에 관한 설명이다. 필론의 요점은 질서와 명백한 목적이 필연적으로 지성적 두뇌로부터 유래하는 것은 아니라는 것이다. 거미는 질서와 목적을 가지고 거미줄을 뽑는다. 그렇지만 거미는 두뇌가 아니라 배에서 실을 뽑는다. 개미와 우주창조자 사이의 유비관계는 불합리해 보일 수도 있다. 그러나 만일 거미들만 사는 행성이 있다면, 그런 유비가 질서에 관한 가장 자연스런 설명일 수도 있을 것이다. 모든 명백한 목적이 인간의 생각에서 유래한다는 것이 우리에게 자연스럽게 보이듯이 말이다.

4) 악에 관하여

목적론적 논증에 대한 가장 치명적인 비판은 악의 문제와 관련하여 제기된다. 어떻게 자비로운 하나님이 그렇게 고통이 많은 세상을 디자인할 수 있었는가? 필론은 고통에 시달리는 인간의 삶에 관해 묘사한다. 클레안데스는 두 종류의 악 중에서 그런 고통은 더 작은 악일 수도 있다고 대답한다. 클레안데스에 의하면 그렇게 많은 고통과 고난의 가능성을 가지는 세상을 하나님이 디자인한 이유는 다른 모든 대안적 세상은 훨씬 더 악했을 것이기 때문이다. 그러나 필론이 주장하듯이 전능한 하나님은 더 나은 세상을 창조할 수 있었을 것이다. 아니면 적어도 그것은 유한한 인간들에게는 그렇게 보인다. 필론은 고난을 당하는 4가지 본질적인 원인들을 제시하는데, 그 중 어느 것도 필연적인 것처럼 보이지는 않는다. 그러나 그 모든 원인들은 인간이란 존재자의 존재조건의 일부이다.

첫째, 인간의 기질에서 볼 때 고통과 즐거움은 어떤 경우에는 인간을 행동하도록 자극하는데 필요하다. 예를 들어 인간은 극단적 갈증에서 오는 불편함을 해결하기 위해 물을 찾도록 설계되어 있는 것처럼 보인다. 이와 달리 필론에 의하면 순전히 다양한 쾌락을 추구하고자 하는 욕망이 인간을 행동하도록 몰아쳤을 수 있다.

둘째, 인간세계를 포함하여 세계는 철저하게 필론이 "보편적 법칙들"이라 부르는 법칙들을 따른다. 이런 법칙들은 물리학적 법칙들이다. 모든 종류의 재난들은 이런 보편적 법칙들에 따라 발생한다. 그렇지만 선하고 전능한 하나님은 그런 재난들을 멈추기 위해 개입할 수 있었음이 분명하다. 20세기에 스탈린과 히틀러 같은 지도자들 중 일부를 제거하는 것과 같이 약간의 조정만으로도 더 나은 세상이 이루어졌을 것이다. 그러나 하나님은 개입하는 것을 선택하지 않았다.

셋째, 자연은 우리의 생존에 필요한 최소한의 자원만 제공해 준다. 그렇기 때문에 우리는 환경의 변화에 대단히 취약하다. 필론은 아버지처럼 자비로운 하나님은 우리를 위해 식량과 천연자원을 훨씬 더 넉넉하게 마련해 주었을 것이라고 주장한다.

넷째, 필론은 우주 디자인에 뚜렷이 보이는 서투른 솜씨를 - 적어도 인간의 관점에서 보면 그렇게 보이는 - 지적한다. 따라서 우리는 비가 식물이 자라는데 필수적이고 식수를 제공해 주기는 하지만 너무 많이 내려 홍수가 나는 일이 빈번함을 발견한다. 이외에도 많은 '디자인의 결함' 때문에 필론은 우주의 창조자가 인간의 고통에 무관심했었음이 분명하다고 결론짓는다. 확실히 디자인 논증은 자비로운 창조자에 대한 믿음을 보증하기에 충분한 증거를 마련해 주지 못한다.

5) 제1원인 논증 또는 우주론적 증명(The First Cause Argument)

『자연종교에 관한 대화』에서 이루어지는 논의의 대부분은 '디자인 논증'에 집중되어 있지만, 신의 존재와 창조된 자연에 관한 증명은 이것만이 아니다. 데메아는 그가 "단순하고 고상한 아프리오리 논증"이라고 부르는 논증을 열렬하게 지지한다. 이 논증은 '우주론적 논증' 또는 '제1원인 논증'으로 더 잘 알려져 있다. 이 논증은 존재하는 모든 것은 그의 존재에 선행하는(a priori) 원인을 가지고 있음에 틀림없다는 가정과 함께 시작한다.[5] 만일 우리가 결과와 원인의 사슬을 시간적으로 역으로 추론해가면, 우리는 무한퇴행(infinite regress)에 빠지든가, 아니면 '스스로 존재하는 원인'(uncaused cause; causa sui), 즉 필연적으로 존재하는 원인에 도달할 것이다. 데메아는 무한퇴행은 불합리하다고 생각하며, 따라서 필연적으로 존재하는 최초의 원인이 바로 만물의 제1원인이며 신이라고 결론짓는다. 클레안데스는 만일 우리가 만물의 제1원인을 찾고 있다면 우주 자체보다 더 멀리 역추론할 필요가 없다고 주장한다. 다시 말해 우주 자체보다 앞서는 원인을 전제할 필요가 없다는 것이다. 그러나 다른 관점에서 보면 비록 '제1원인 논증'에 의해 필연적으로 존재하는 존재자가 있음이 논증된다 할지라도, 그 원인이 기독교의 하나님이라는 것은 입증되지 않는다.

6) 흄은 무신론자인가?

이미 언급했듯이 『자연종교에 관한 대화』에 근거해서 볼 때 흄이 종교에 관해 어떤 입장을 가지고 있었는지 정확하게 밝히는 것은 어렵다. 필론은 - 비록 그가 지성적으로는 흄과 가장 가까운 인물이지만 - 단순히 흄의 대변자는 아니다. 흄과 동시대의 많은 사람들

---

5) 이런 논증은 경험보다는 이성으로부터 논증하는 '아프리오리 논증'(Argument a priori)이다. 흄에게서 이 논증은 '제1원인 논증' 또는 '우주론적 논증'을 가리킨다.

은 그가 당연히 무신론자였다고 생각했다. 그리고 만일 이 책이 그의 생전에 출판되었다면, 이 책은 그가 무신론자라는 결정적인 증거로 간주되었을 것이다. 하지만 비록 그의 견해가 말년에 변했을 수도 있긴 하지만, 그가 1760년대에 파리에서 뻔뻔한 무신론자를 만났을 때 크게 놀랐다는 사실은 흥미로운 일이다.

그의 공식적인 입장은 온건한 회의주의였다. 온건한 회의주의란 아무것도 액면대로 믿지는 않지만, 극단적인 회의주의자들처럼 아무것도 인정할 수 없다고 생각하지는 않는 완화된 회의주의이다. 종교적 물음들과 관련하여 온건한 회의주의는 무신론적 경향을 가지지만 무신론에까지 이르지는 않는다. 온건한 회의주의자는 목적론적 논증을 기독교적 하나님의 존재나 속성들의 증거로 받아들이지는 않는다. 그러나 하나님의 존재를 증명하는 증거로서 불충분하다고 말하는 것과 하나님이 결정적으로 존재하지 않는다고 단언하는 것은 다르다. 아마도 흄은 필론과 마찬가지로 우주가 어떤 지성적 창조자에 의해 창조되었다는 것을 믿었을 것이다. 하지만 그는 인간의 이성은 창조자가 어떤 속성을 가지고 있는지에 관해 자세한 지식을 제시해 줄 수 없다고 믿었음이 분명하다. 그는 사후 세계에 대해 아무런 희망도 품지 않고 죽었다.

Jean-Jacques Rousseau(1712 ~ 1778)

루소는 1712년 스위스의 제네바에서 태어났다. 어린 시절 집을 떠나 방랑하다가 바랑 (Warens) 부인을 만나게 된 후 공부에 전념하게 된다. 이후 디드로와 달랑베르, 콩디야 크 등 당대의 지식인들과 교류했다. 1778년 프랑스의 에흐메농빌(Ermenonville)에서 67세의 나이로 생을 마감했다. 주요 저서로는 『에밀』, 『인간 불평등 기원론』, 『고독한 산책자의 몽상』 등이 있다.

자유를 포기한다는 것은 인간이기를 포기하는 것이다. 이는 인간으로서의 권리뿐 만 아니라 의무를 포기하는 것이다.　　　　　　　　　　　『사회계약론』 중에서

13. 루소의 『사회계약론』(The Social Contract)

"인간은 자유로운 존재로 태어났지만, 모든 곳에서 속박되어 있다." 『사회계약론』 첫 구절의 이 문장은 과거 200여 년 동안 많은 혁명가들의 가슴을 격동시켰다. 그렇지만 그는 같은 책에

서 전혀 상반되는 의견을 제시한다. 그는 국가의 보편적 선을 위해 행동하지 못하는 사람들은 "강제로 자유로워져야 한다"고 주장한다.[1] 이 주장은 국가의 선을 위해 중요한 것을 실행하기 어려울 경우에는 억압이 정당함을 인정해 주는 것처럼 들린다. 이런 두 견해들에서 우리는 루소 철학의 완고함을 잘 알 수 있다. 그는 결코 논란의 여지가 있는, 그리고 심지어 위험스러운 생각들을 주저하지 않고 발표했다. 이런 견해들을 익명으로 출판하는 것이 관례인 시기에도 루소는 실명으로 글을 썼다. 결과적으로 그의 많은 저서들은 판매 금지되었다. 그는 끊임없는 박해의 위험을 안고 살았으며, 여러 차례 안전을 위해 집을 떠나 있어야 했다. 이런 환경에서 그가 과대망상증 환자가 되어 자신이 국제적 공모의 희생물이라고 생각한 것은 놀라운 일이 아니다.

『사회계약론』에서 루소의 가장 중요한 목표는 정당한 권위의 원천과 한계를 밝히는 것이다. 그에 의하면 국가에 대한 의무의 원천은 사회계약 또는 '사회적 협정'인데, 이런 계약 또는 협정에 의해 개인들이 모인 단체들은 정치적 단체, 즉 자신의 고유한 일반의지를 가지는 통일체로 변형된다. 물론 이때 일반의지가 반드시 그 단체 구성원들의 개별적 의지들의 총화일 필요는 없다.

1) 사회계약

---

1) * 여기서 "강제로 자유로워져야 함"(should be forced to be free)은 계약관계로 이루어진 사회체제로부터 격리되어야 한다는 의미로 이해되어야 할 것이다. 첫 문장의 "모든 곳에서 속박되어 있음"이란 표현을 사회적 조직에 속해 있음이란 의미로 이해한다면 이 두 주장들은 모순되지 않는다.

홉스와 로크를 포함하여 사회계약 전통에 서있는 대다수의 사상가들과 마찬가지로 루소도 사회계약이 마치 하나의 역사적 사건인 것처럼 기술한다. 하지만 이런 기술의 의도는 현재의 국가들이 어떻게 조성되었어야 하느냐 하는 당위성을 주장하는 것이라기보다는 오히려 국가의 근간이 되는 구조가 무엇인지 제시하기 위한 것이다. 그는 사람들이 실제로 모여 서로 타협하는 어떤 역사적 시점이 있었다고 말하지 않는다. 그는 단지 시민들과 국가 사이의 관계를 가장 잘 이해하기 위해서는 연합의 가설적 기원을 생각해야 한다고 주장한다.

국가 구성원들이 기본적으로 동의하는 것은 그들이 공동선을 위해 연합할 것이라는 점이다. 혼자 사는 것보다는 사회의 일원이 되어 협동함으로써 커다란 이득을 얻게 될 것이기 때문이다. 사회는 생명과 재산을 보호해 줄 수 있다. 그러므로 개인들은 서로 협력하여 국가를 건립하고자 하는 대단히 강한 동기를 가진다.

언뜻 보면 루소는 모순되는 주장을 하는 것처럼 보인다. 왜냐하면 그는 자유를 모든 인간의 기본권으로 주장하면서 동시에 사회적 제도권 내에서의 삶이 주는 커다란 혜택을 강조하기 때문이다. 인간의 생래적 자유는 인간성의 본질적인 부분이다. 자유를 완전히 포기하거나 노예가 된다면 우리는 더 이상 온전한 인간이 아니다. 사회가 우리의 자유를 완전히 박탈한다면 사회의 일원이 되어도 아무런 의미가 없을 것이다. 왜냐하면 자유를 박탈당하는 과정에서 우리는 인간성을 상실할 것이기 때문이다. 루소는 자유를 희생하지 않고 국가를 세울 수 있는 방안을 제시해 주는 것이 자신의 과제라고 생각한다. 이것은 불가능한 과제인 것처럼 보인다. 사회로부터 보호받는 혜택을 누리기 위해서는 생래적 자유의 대부분을 포기하는 것이 사회에서 삶의 본질이기 때문이다. 하지만 루소는 자신의 사회계약론이 생래적 자유와 사회적 혜택들을 조화시키는 방안을 마련해 준다고 믿는다. 그가 제시하는 사회계약론의 핵심은 일반의지에 관한 이론이다.

2) 일반의지

　일단 개인들이 사회계약에 의해 국가의 일원으로 편입되면, 그들은 공동의 목표를 위해 연합한다. 일반의지는 전체로서의 국가가 원하는 것이다. 즉, 일반의지는 공동의 선을 목표로 한다.
　일반의지란 개념은 만인의 의지란 개념과 비교하면 쉽게 이해될 수 있을 것이다. 국가를 세운 모든 개인들은 그로 인해 그들이 개별적으로 이익을 얻을 것이라고 예상하기 때문에 어떤 성과를 바랄 수도 있다. 예를 들면 그들은 모두 세금감면의 혜택을 바랄 수도 있다. 하지만 많은 세금을 냄으로써 국가 전체가 이득을 얻을 수 있는 가능성이 있다면, 세금을 많이 내는 것이 일반의지이다. 비록 그와 관련하여 사적 이해관계가 있는 개인들이 이런 정책을 따르려 하지 않는다 할지라도 말이다. 공동의 선을 위해서는 세금을 많이 내야 한다. 이런 정책을 거부하는 사람은 누구든지 "강제로 자유로워져야"한다. 마찬가지로 나는 한 개인으로서 새로운 길이 나의 뒤뜰을 통과해 건설되지 않기를 내심 바랄 수도 있다. 하지만 만일 그렇게 건설될 새 길이 공동의 선을 위해 최선임이 드러난다면, 나는 국가의 일원으로서 어느 정도 이것을 감수해야 한다.

루소의 철학은 사적 이해관계와 이기심에 사로잡힌 개인과 국가의 일원으로서의 개인을 철저하게 구분한다. 후자의 공적인 역할에서는 일반의지를 따르지 않을 명분이 없다. 일반의지를 따르지 않는 것은 자신의 더 나은 이익을 거부하는 꼴이 될 것이기 때문이다. 일반의지는 공동의 선을 위한 것이다. 그리고 국가의 존속을 위해서는 국민들의 사적 이해관계가 국가의 이익과 상충될 때 국가의 이익을 우선시 하는 것이 중요하다.

3) 자유

국민이 국가의 이익을 위해 사적 이익을 포기해야 한다면 자유를 위한 여지가 거의 남아있지 않은 것처럼 보일 수도 있다. 적어도 자유라는 개념의 일반적인 의미에서 볼 때는 그렇다. 만일 당신이 국가의 이익을 위해 자신의 사적 욕심을 희생한다면, 당신의 행동할 수 있는 자유가 때로는 제한되는 것처럼 보일 수도 있다. 이미 언급했듯이 루소는 사람들이 일반의지를 인정하지 않을 때는 그 사람들을 강제로 자유롭게 해야 한다고 강하게 주장한다. 하지만 루소는 국가조직은 자유를 축소시키지 말고 보장해주어야 한다는 입장을 견지한다. 일반의지에 따라 행동하는 것은 자유의 가장 중요한 형식이다. 그것은 사회제도를 떠나서나 허용될 수 있는 단순한 욕구충족과 대립되는 시민적 자유이다. 루소는 강제력에 의해 그런 자유를 성취하는 것에는 아무런 모순이 없다고 생각한다.

4) 입법자

국가의 성공과 장기적인 존속은 헌법에 의존한다. 공정하고 합리적인 법률은 국가의 지속적인 생존을 위해 가장 중요하다. 루소에 의하면 이런 법률은 입법자에 의해 제정되어야 한다. 훌륭한 입법자는 융성한 국가를 가능하게 함으로써 국민을 변화시키는 뛰어난 인물이다. 입법자는 오직 국가의 법률을 제정하는 역할만 해야 한다. 통치자가 동시에 입법자의 기능도 할 수 있게 되면, 그는 자신의 이익을 위해 법률을 왜곡하려는 유혹을 받을 수도 있다. 그는 이렇게 법률을 왜곡함으로써 이득을 얻을 수 있는 힘을 가지게 될 것을 알기 때문이다. 입법자는 그가 일하는 나라와 국민의 본성을 고려하지 않고 이상적인 법률들을 입안해서도 안 된다. 법률은 상황에 맞게 제정되어야 한다.

5) 정부

정부(government)는 주권자(sovereign)와 명확히 구분되어야 한다. 정부는 오직 행정적인 역할만 해야 한다. 정부는 주권자에 의해 마련된 일반적인 정책들을 집행하는 부서이기 때문이다. 주권자는 국가가 일반의지를 실제로 추구할 때 루소가 그 국가에게 부여하는 명칭이다. 완전하지 못한 국가에서는 다른 형태의 주권자도 가능할 수 있다. 그러나 루소가 생각하는 이상적인 국가에서 주권자는 시민들로 구성된다. 그가 사용하는 "주권자"라는 개념은 오해의 여지가 상당히 많다. 일반적으로 이 단어는 단순히 '군주'(monarch)를 의미하기 때문이다. 그러나 루소는 주권이 군주에게 있어야 한다는 생각을 철저히 거부하였다. 『사회계약론』이 그렇게 위험한 책으로 간주된 단 하나의 이유는 이 책이 국민에 의한 통치를 지지하면서 세습군주제를 노골적으로 비판했기 때문이다.

6) 정부의 세 유형들

루소에 의하면 세 유형의 정부가 가능하다. 비록 대다수의 국가들이 실제로는 혼합적인 체제를 선택하고 있기는 하지만 말이다. 기본적인 정부 형태들은 민주주의, 귀족정치 체제 그리고 군주제이다. 많은 정치학자들과 달리 루소는 모든 국가들에게 단하나의 정부형태를 일률적으로 권장하지 않는다. 지정학적 조건, 국가의 규모, 국민성과 관습 등을 고려하여 어느 정도의 유연성이 필요하다는 것이다. 하지만 그는 효율적으로 운영되기만 한다면 귀족정치 체제가 최선의 정부형태라고 생각한다.

a. 민주주의(democracy)

영국과 미국의 정부형태를 흔히 "민주주의적"이라고 생각하지만, 루소에 의하면 그들의 정부형태는 선거제도에 기초한 귀족정치 체제라고 보는 것이 더 타당하다. 루소가 생각하는 '민주주의'는 직접민주주의, 즉 모든 시민이 모든 쟁점에 대해 투표할 권리를 가지는 체제이다. 당연히 그런 체제는 아주 작은 국가에서 비교적 간단하게 결정할 수 있는 사안에 대해서만 작동될 수 있는 제도이다. 그렇지 않고 모든 시민이 정책결정에 직접 참여하여 정부의 사업을 의결하게 되면 다른 사업들은 전혀 할 수 없을 것이다. 루소에 의하면 직접민주주의 체제는 현실적인 어려움들이 제거될 수 있다면 매력적이긴 하지만, "그렇게 완전한 정부"는 신들의 세계에서나 가능하다.

b. 귀족정치 체제(aristocracy)

루소에 의하면 귀족정치 체제는 자연적 귀족정치, 선거에 의한 귀족정치 그리고 세습적 귀족정치의 세 유형으로 분류될 수 있지만, 일반적으로 귀족정치라 하면 세습적 귀족정치 체제를 가리킨다. 선거제도에 기초한 귀족정치 체제는 정치적 역량에 근거하여 선출된 사람들에 의해 구성된 정부이다. 선거는 공동의 선보다 사적 이익을 우선시 하는 사람들이 권력을 장기적으로 남용하는 위험을 최소화 한다.

c. 군주제(monarchy)

군주제는 정부의 권력을 개인에게 위임한다. 이런 체제에는 많은 위험요인들이 내재한다. 예를 들어 루소에 의하면 군주들은 유능한 관리들을 지명하지 않고, 직업적 적합성보다는 오히려 궁중에서 좋은 느낌을 주는 사람들을 선택하는 경향이 있다. 결과적으로 군주제에서는 나쁜 정부가 구성될 수밖에 없다. 루소는 특히 세습적인 군주제도를 신랄하게 비판했다. 세습적 군주제에는 언제나 잔인하거나 우둔한 자식들에게 최고의 권력을 이양할 위험성이 있기 때문이다. 루소의 이런 견해는 세습적 군주제가 신의 뜻이라고 생각하여 왕의 신적 권위를 믿는 사람들에게 적대감을 불러 일으켰다.

7) 사회계약론에 대한 비판들

a. 자유

루소의 사회계약론에 대해 제기되는 일반적인 비판은 이 이론이 극단적인 억압을 정당화해주는 경향이 있다는 것이다. 이 이론은 자유의 요건들을 마련해 주기는커녕 오히려 전체주의 정부가 자유의 요건들을 제거할 수 있도록 명분을 제공해준다는 것이다. 이런 비판은 "강제로 자유로워져야 하는"이란 표현에 함축되어 있는 폭력적인 점에서는 물론이고 국가는 도덕성 강화를 담당하는 감독관을 고용해야 한다는 루소의 제안에서 볼 때도 정당하다. 루소가 제안하는 시민의 자유는 극단적인 억압으로 끝날 수도 있다. 그런 자유는 "자유"라는 단어가 약속하는 관용을 내포할 필요가 없다. 이것이 그런지 그렇지 않은지는 전적으로 일반의지의 본질에 의존한다.

그렇다고 루소가 의도적으로 억압의 틀을 마련해 주었다는 것은 아니다. 그의 진정한 목표는 자유와 사회의 이익을 모두 마련해줄 상황을 기술하는 것이었다. 하지만 그가 제안하는 체제가 억압을 조장할 수 있다는 사실은 이 체제의 약점이다.

b. 어떻게 일반의지를 발견하는가?

일반의지를 위해 개인의 이익을 희생해야 한다는 사실에 동의한다 할지라도, 그런 일반의지가 무엇인지 찾아내는 것은 여전히 문제로 남는다. 루소는 만일 사람들이 어떤 쟁점에 관해 서로 상의하지 않고 투표할 수 있다면, 다수표가 일반의지에 해당되고 소수의 이해관계의 차이들은 서로 상쇄될 것이라고 주장한다. 하지만 이런 주장은 납득하기 어렵다. 그것은 최소한 국민들 전체가 충분한 정보를 공유한 상태에서나 가능할 것이다. 게다가 국민들이 분열되지 않은 상태에서 투표하기를 기대할 수가 없다. 그러므로 무엇이 공동의 선을 위한 것인지 결정하는 현실적인 문제가 남아 있다. 공동의 선을 발견할 가능성이 없다면 루소의 전체 이론은 성립할 수 없을 것이다.

Immanuel Kant(1724 ~ 1804)

칸트는 1724년 프러시아의 쾨니히스베르크에서 태어났으며 평생을 이곳에서 살았다. 1755년에 쾨니히스베르크대학을 졸업하고 15년 동안 대학 강사로 활동했다. 이후 1770년에 정교수로 임명되고, 대학 총장으로 두 번이나 역임하였다. 72세에 대학에서 은퇴한 후 1804년 사망했다. 주요 저서로는『실천이성비판』,『판단력비판』,『영원한 평화』등이 있다.

철학의 의무는 오해에서 생긴 환영(幻影)을 제거하는 일이다. 그렇게 해서 설령 대단히 칭송되고 애호되던 망상이 소실된다 해도 말이다.

『순수이성비판』중에서

14. 칸트의 『순수이성비판』(*Critique of Pure Reason*)

칸트는 그의 철학적 방법론을 "코페르니쿠스적 전회"라고 표현했다. 코페르니쿠스는 태양이 지구 주위를 도는 것이 아니라 지구가 태양의 주위를 돈다고 주장했다. 칸트의 혁명적인 사상에 의하면 우리가 거주하고 인식하는 세계는 단순히 우리와 무관하게 존재한다기보다는 오히려 인식하는 사람의 특수한 마음 상태에 의존한다.

만일 당신이 장밋빛 안경을 쓰고 세상을 본다면, 모든 사물이 핑크빛으로 보일 것이다. 칸트 이전의 많은 철학자들은 대체로 우리는 세계에 관한 정보를 단지 수동적으로 수용할 뿐이라고 생각했다. 이와 반대로 칸트는 우리가 세계를 인식할 때 모든 경험대상에 일정한 특징들을 부여한다고 주장했다. 우리는 세계를 시간적으로 정돈된 원인과 결과의 인과체계에서 경험하며, 우리가 인식하는 대상들은 공간적으로 서로 연관되어 있다. 원인과 결과 그리고 시간과 공간은 우리와 무관하게 대상세계에 객관적으로 존재하는 것이 아니라 인식주체에 의해 대상들에게 부여된 형식들이다. 우리가 쓰고 있는 이런 "안경들"이 경험된 대상의 색깔에 영향을 준다. 더 나아가 만일 우리가 어쨌든 안경을 쓰지 않았다면, 우리는 아무것도 경험할 수 없을 것이다.

『순수이성비판』은 제목이 암시하듯이 이성에 의해서만 실재의 본질을 발견할 수 있다는 사상에 대한 비판이다. 칸트에 의하면 인식을 위해서는 감각적 경험과 인식주체에 의해 부여된 개념들이 모두 필요하다. 둘 중 어느 하나라도 결여되면 인식은 불가능하다.[1] 특히 현상을 초월하는 것에 관한 형이상학적 사유는, 만일 그것이 경험에 근거하지 않는다면 무의미하다. 순수한 이성만으로는 초월적 실재의 궁극적 본질을 여는 열쇠를 제공해주지 못할 것이다.

---

1) *칸트에 의하면 "직관 없는 개념은 공허하고, 개념 없는 직관은 무의미하다."

이 책은 면밀하게 설계된 "건축술" 또는 구조에도 불구하고 복잡하고 이해하기 어렵다. 그런 어려움들 중 하나는 이 책의 주제에 태생적으로 내재하는 어려움, 즉 칸트가 인식의 한계를 탐구하고 있다는 사실에 기인한다. 그러나 가장 큰 어려움은 칸트가 사용하는 전문적인 용어와 복잡한 문체이다. 이 책을 이해하기 어렵게 만드는 또 다른 특징은 부분들의 상호연관성이다. 이 책을 완전히 이해하기 위해서는 모든 부분들을 알아야 하며, 그 부분들이 어떻게 상호연관되어 있는지 알아야 한다. 여기서는 이 책의 중요한 몇몇 주제들을 개관하는 것으로 만족할 수밖에 없다.

1) 선험적 종합판단

흄과 같은 경험론자들은 인식을 두 종류로 구분한다. 관념들의 관계와 사실의 문제가 그것이다. 관념들의 관계는 '모든 캥거루는 동물이다'와 같이 정의에 의해 참인 인식을 제공해 준다. 우리는 캥거루에 대한 아무런 경험이 없이도 캥거루가 동물이라는 사실을 확신할 수 있다. 그런 사실은 '캥거루'에 대한 정의로부터 단순하게 추론된다. 만일 어떤 사람이 동물이 아닌 캥거루를 발견했다고 주장한다면, 우리는 그의 이야기를 미리 조사해 보지 않고도 그가 '캥거루'라는 개념의 의미를 잘못 이해하고 있음을 안다. 칸트는 '모든 캥거루는 동물이다'와 같은 명제를 "분석명제"[2]라고 부른다.

---

2) '분석명제'란 정의에 의해 참인 명제를 가리킨다.

흄이 구분하는 또 다른 종류의 인식은 '어떤 총각들은 판화 수집물들을 가지고 있다'와 같은 것이다. 이런 진술의 사실여부는 직접적인 관찰에 의해서 결정될 수 있다. 직접 관찰해 보지 않고는 그런 주장이 사실인지 말할 수 없다. 그런 진술은 세계의 현실적 상태에 관한 진술이다. 흄에 의하면 오직 이렇게 두 가지 가능성들만이 있다. 즉, 진술들은 분석적이든지 아니면 경험적(종합적)이어야 한다. 만일 진술들이 분석적이지도 않고 경험적이지도 않다면 지식에 조금도 기여하지 못한다.

흄의 저서를 읽다가 "독단의 선잠"에서 깨어났다고 고백하는 칸트는 세 번째 유형의 인식, 즉 '선험적 종합인식'이 가능하다고 생각했다. "종합명제"는 "분석명제"와 대립되는 개념으로 사용된다. 만일 어떤 진술이 정의에 의한 참이 아니라면, 그 명제는 종합명제이다. "선험적"(a priori)이란 표현은 경험과 무관하게 참으로 인정된 모든 인식을 가리키는 라틴어 개념이다. 이와 반대로 "경험적"(a posteriori)이란 개념은 경험에 의해 획득된 것을 의미한다. 흄과 같은 경험론자에게는 "선험적 종합인식"이란 개념이 낯설게 보였을 것이다. 흄에 의하면 만일 어떤 진술이 선험적이라면 그 진술은 분석명제이어야 한다. 그러나 칸트는 다르게 생각했다.

몇 가지 예를 더 들어 설명하는 것이 칸트의 생각을 이해하는 최선의 방법일 것이다. 흄이 오직 두 가지 인식 가능성들만 인정하는데 반해, 칸트는 선험적 분석명제, 경험적 종합명제 그리고 선험적 종합명제라는 세 가지 인식가능성들을 인정한다. 선험적 분석명제는 '모든 캥거루는 동물이다'와 같은 유형의 판단들을 포함한다. 그런 명제는 세계에 관해 새로운 지식을 제공해 주지 않는다. 칸트가 주장하듯이 동물이라는 관념은 캥거루라는 관념에 이미 포함되어 있기 때문이다. 이와 달리 경험적 종합명제는 '모든 철학자들은 안경을 쓰고 있다'와 같은 경험적 판단들의 영역이다. 이런 주장의 진위를 입증하기 위해서는 관찰이 필요하기 때문이다. 『순수이성비판』에서 칸트의 주된 관심사인 선험적 종합명제는 필연적으로 참이며, 경험에 의존하지 않고도 참으로 입증될 수 있으며, 세계의 다양한 모습들에 관해 정확한 지식을 제공해주는 판단들이다. 칸트가 예로 드는 선험적 종합명제들은 (7+5=12와 같은) 대다수의 수학적 명제들과 '모든 사건은 원인을 가진다'는 명제이다. 칸트에 의하면 '모든 사건은 원인을 가진다'는 명제와 '7+5=12'라는 명제는 모두 필연적으로 참이지만 세계에 관해 정보를 제공해 준다. 따라서 그 명제들 중 어느 것도 분석명제는 아니다. 『순수이성비판』의 목표는 어떻게 그런 선험적 종합판단이 가능한지 조사하는 것이다. 이런 물음에 대한 대답은 결국 우리가 또는 이성을 가진 어떤 존재자들이 도대체 경험할 수 있으려면 반드시 참이어야 하는 것이 무엇인지 해명하는 것이다.[3]

2) 현상과 물자체

칸트는 우리가 경험하는 현상들(phenomena)의 세계와 그 세계

---

[3] 칸트에 의하면 반드시 참이어야 하는 것은 카테고리의 "초월론적 연역"과 "형이상학적 연역"을 통해 도출된 12개의 "순수오성개념들"(카테고리들)이다.

의 근거가 되는 실체세계를 구분한다. 실체세계는 물자체들(nou-mena)의 세계인데, 우리는 물자체들에 관해 아무것도 알 수 없다. 물자체에 접근할 수 없기 때문이다. 우리는 현상들에 대해서만 인식할 수 있다. 물자체는 우리에게 영원히 신비이다. 따라서 실체의 본질에 관한 대부분의 형이상학적 주장은 잘못된 것이다. 그런 주장은 물자체의 세계에 관해 설명하려고 시도하기 때문이다. 우리는 전적으로 현상계에 머물 수밖에 없음에도 불구하고 말이다.

하지만 우리는 세계에 관한 감각적 정보를 단순히 수동적으로 수용하는 것만은 아니다. 인식은 단순히 감각적 자료들을 수용하는 것 이상의 작용이다. 수집된 자료들은 인지되고 정리되어야 한다. 칸트의 표현에 따르면 직관된 내용들은 개념화 되어야 한다. 개념들이 없다면 경험은 무의미하다. 칸트의 표현에 따르면 "직관 없는 개념은 공허하고, 개념 없는 직관은 맹목적이다." 직관(사물에 대한 감각적 경험)이 없다면 나는 앞에 있는 사물을 인식할 수 없을 것이다. 그러나 나는 또한 그 사물이 무엇인지 인지하고 다시 인지할 수 있어야 한다. 그런 인지과정은 직관내용을 개념화하는 것을 의미한다. 직관과 관련된 마음의 능력은 감성이며, 개념화하는 능력은 오성이다. 인식은 감성과 오성의 공동 작업을 통해 가능하다.

3) 시간과 공간

시간과 공간은 직관의 형식들이다. 그것들은 인식대상에서 발견된 속성들이 아니라 경험의 필연적 특징들로서 인식주체에 의해 부여된 것이다. 다시 말해, 내가 창문 밖 거리에서 노는 아이들을 볼 때, 아이들이 노는 공간은 내가 부여하는 어떤 것이 아니라 사실적인 공간처럼 보인다. 그렇지만 칸트의 논점은 어떤 일이 일어나고 있는지 인식하기 위해서 나는 감각적으로 지각된 것을 공간의 형식을 통해 정돈해야 한다는 것이다. 나는 비공간적 지각을 가질 수 없을 것이다. 마찬가지로 사건들의 시간적 배열도 지각된 것의 내적 속성이라기보다는 오히려 내가 직관내용들을 시간적 순서에 따라 정돈한 결과이다.

4) 카테고리들

칸트에 의하면 지각된 자료들은 실체, 원인과 결과의 카테고리들을 포함하여 12개의 카테고리들을 통해 정돈되어야 한다. 12개의 카테고리들을 매개로 직관내용들이 정돈되어 개념이 형성된다. 카테고리들은 선험적(a priori) 개념들이다.[4] 그것들은 인식주체가 경험내용들에 부여하는 형식들이다. 예를 들어 우리의 모든 경험이 원인과 결과의 관점에서 이해될 수 있다는 것은 사실의 문제가 아니다. 이것은 경험을 위한 필연적인 조건이며, 우리가 세계에서 단순히 발견하는 것이라기보다는 오히려 인식주체로서 대상들에 부여하는 어떤 것이다. 카테고리들은 직관형식

---

4) * 카테고리 또는 "범주"는 오성(Verstand; understanding)에 선험적으로 갖추어져 있는 개념이기 때문에 "순수오성개념"(reiner Verstandesbegriff)이라고도 한다.

들(시간과 공간)과 함께 우리가 경험하기 위해서 써야하는 색안경과 같은 것들이다. 그러나 카테고리들은 경험주체와 무관하게 존재하는 세계의 한 특징이 아니다. 그것들은 인식주체에 의해 부여된 것이지 물자체 또는 실체세계의 특징들이 아니다.

5) 초월론적 연역

『순수이성비판』의 가장 중요한 단원들 중 하나는 유감스럽게도 가장 모호하며 따라서 가장 해명하기 어려운 단원이기도 하다. 이 단원은 카테고리들의 "초월론적 연역"을 다룬다.[5] 만일 이 논증이 성공한다면, 외부 세계의 존재에 관한 회의주의, 즉 우리가 지각하는 어떤 것이 객관적으로 존재하는지에 관한 철학적 의심은 성립할 수 없다. 칸트에 의하면 모든 (감각적) 경험은 카테고리에 적용되어 분류되어야 하며, 그렇게 형성된 경험(인식)은 단순히 개인적 창작이 아니라 객관적 타당성을 가진다. 외부 세계와 관련하여 회의론자들은 그들 자신의 경험으로부터 출발하며, 그 경험이 단순한 착각이 아니라 외부 세계에 관한 객관적 경험인지 입증할 수 없다고 주장한다. 칸트에 의하면 회의론

---

5) * 칸트는 "초월론적"(transcendental)이란 개념에 관해 다음과 같이 말한다. "나는 대상들이 아니라 대상들에 대한 우리의 선험적(a priori) 개념들에 관계하는 모든 인식들을 초월론적(transzendental)이라 부른다."(A 12) "나는 대상들이 아니라 대상들(일반)에 대한 우리의 인식방식에 관계하는 모든 인식을 초월론적(transcendental)이라 부른다. 그 인식방식이 선험적(a priori)으로 가능하다고 하는 한에 있어서 말이다."(B 25) 카테고리들은 인식주체의 선험적 개념들이다. 따라서 그 개념들의 존재를 추론하는 것은 초월론적 연역이다. 여기서 우리는 "초월론적"(transcendental)이란 개념과 "선험적"(a priori)이란 개념을 구분해야 한다. "초월론적"이란 현실적 사실로부터 필연적 전제를 추론하는 논증방식이며, "선험적"이란 경험에 앞서 경험대상과 독립적으로 존재하는 존재방식을 가리킨다.

자들은 경험으로부터 출발하기 때문에 자기모순을 범하고 있다. 그에 의하면 언제나 카테고리들에 의해 인식되는 객관적 세계의 존재는 경험을 위한 하나의 조건이다.

카테고리의 "초월론적 연역"(transcendental deduction)은 칸트가 『순수이성비판』 전반에 걸쳐 사용하는 '초월론적 논증'(transcendental argument)[6]의 한 유형이다. 여기서 중요한 것은 '초월론적'(transcendental)이란 개념을 칸트가 현상계 너머에 있는 것을 표현할 때 사용하는 '초월적'(transcendent)이란 개념과 혼동하지 말아야 한다는 것이다. 초월론적 논증은 현실적으로 경험한 것들로부터 필연적으로 그러해야 하는 것을 도출하는 논증방식이다. 필연적으로 그러해야 하는 것을 우리가 경험할 수 있다면 말이다. 다시 말해, 그런 논증방식은 우리가 일상적으로 경험하는 사실의 전제가 되는 것을 추론하는 방식이다.

6) 『순수이성비판』에 대한 비판

a) 초월론적 논증의 부당성

칸트의 초월론적 연역을 해석하고 재구성하려는 많은 사람들의 노력에도 불구하고 그것은 여전히 절망적으로 모호하다. 이것은 불행한 일이다. 만일 칸트가 경험과 경험의 원천에 관한 회

---

6) '초월론적 논증'이란 현실적으로 존재하는 것으로부터 당위적으로 존재해야하는 것을 추론하는 논증방식이다.

의주의를 논박하는데 성공했다면, 그리고 일반인들도 이해할 수 있는 방식으로 그렇게 했다면, 이것은 아주 의미 있는 작업이었을 것이다.

b) 형이상학에 대한 비일관성

『순수이성비판』의 많은 부분은 형이상학에 관한 합리주의의 견해, 즉 순수한 사유만으로 초월적 실체를 알 수 있다는 주장에 대한 비판이다. 그렇지만 칸트는 여러 곳에서 그가 다른 형이상학자들에 대해 가하는 바로 그런 비판의 대상이 될 수 있는 여지를 남긴다. 그는 물자체의 존재를 전제한다. 그러나 버클리가 이미 지적했듯이 물자체는 우리의 경험으로부터 합리적으로 추론될 수 있는 대상이 아니다. 다시 말해, 현상의 배후에 물자체가 존재한다고 가정함으로써, 칸트는 부지중에 그가 다른 곳에서 그토록 혐오한다고 천명한 사변적 형이상학에 빠져들었다.

비록 이런 비일관성이 칸트의 유기적인 사유체계를 철저하게 비판하는 것처럼 보이긴 하지만, 최근의 많은 해석자들은 칸트의 많은 철학적 통찰들은 대단히 유용하며, 따라서 일관되고 분명한 형태로 재구성될 수 있다고 주장했다.

Immanuel Kant(1724 ~ 1804)

칸트는 1724년 프러시아의 쾨니히스베르크에서 태어났으며 평생을 이곳에서 살았다. 1755년에 쾨니히스베르크대학을 졸업하고 15년 동안 대학 강사로 활동했다. 이후 1770년에 정교수로 임명되고, 대학 총장으로 두 번이나 역임하였다. 72세에 대학에서 은퇴한 후 1804년 사망했다. 주요 저서로는『실천이성비판』,『판단력비판』,『영원한 평화』등이 있다.

네 의지의 준칙이 언제나 동시에 보편적 입법의 원리가 되도록 행위하라.

『도덕형이상학의 기초』중에서

15. 칸트의『도덕형이상학의 기초』(Groundwork of the Metaphysic of Morals)

선한 의도는 가치가 있다. 행위의 도덕성은 그 행위의 결과에 의해서가 아니라 오직 행위의 발단이 되는 의지에 의해서만 결정된다. 도덕성은 객관적이다. 도덕성은 취향이나 문화의 문제가 아니라 모든 이성적 존재자들에게 동등하게 적용되기 때문이다. 칸트의 『도덕형이상학의 기초』는 그가 "도덕의 최고 원리"라고 부르는 정언명령을 확립함으로써 이런 주장들이 타당함을 천명하고자 한다. 이 책은 도덕철학에 대한 보다 복합적이고 자세한 저술을 위한 간단한 서론이었다. 이 책은 의무에 기초한 또는 의무론적(deontological) 도덕이론에 관한 간명한 진술로서 시대를 초월하여 그 가치를 인정받아 왔다.

1) 선의지

이 세상에서 제한 없이 선한 유일한 것은 선의지뿐이다. 다시 말해 선의지는 무제약적으로 선하다는 것이다. 그밖에 우리가 선하다고 생각하는 것은 모두 특정한 상황에서만 선한 것이다. 그러므로 용기는 선한 속성을 가진다고 생각될 수도 있지만, 그 자체만으로는 필연적으로 선하다고 할 수 없다. 즉 용기는 그의 선을 보증해 줄 선의지를 필요로 한다. 마찬가지로 권력, 부와 명예도 선할 수는 있지만 선의지가 없다면 악한 목적을 위해 사용될 수 있다.

선의지는 결과적으로 발생하는 어떤 다른 것 때문이 아니라 그 자체로 선하다. 그러므로 칸트에 의하면 만일 우리가 선한 의도를 가진다면, 비록 '계모같이 인색한 천성'을 가진 사람이 우리가 하려는 일이 성취되지 못하도록 방해한다 할지라도 도덕적 관점에서 볼 때 그것은 중요하지 않다. 심지어 우리의 선한 의도들이 우리가 통제할 수 없는 사건들에 의해 모두 좌절된다 해도 선의지는 여전히 보석처럼 빛난다.

이런 견해는 밀(John Stuart Mill)의 공리주의와 같은 결과론적 도덕론과 날카롭게 대립한다. 결과론적 도덕론은 행위의 현실적이거나 가능한 결과들에 의해 그 행위의 도덕적 가치를 평가한다. 하지만 칸트의 입장에서 볼 때 이런 방식의 가치판단은 잘못이다. 결과를 통해 도덕적 가치를 평가하는 것은 부적절하다. 물론 그런 평가가 삶의 다른 측면들에 대해서는 대체로 타당할 수도 있긴 하지만 말이다.

2) 의무와 성향

도덕적 행위를 위한 유일하게 적합한 동기는 의무감이다. 어떤 사람들의 행위는 표면적으로는 그들의 의무에 부합하는 것처럼 보인다. 그러나 그들은 내면적으로는 오직 자기이익을 위해서만 일한다. 예를 들어 영리한 가게주인은 물가를 모르는 손님에게 바가지를 씌우지 않을 것이다. 그것이 궁극적으로는 장사를 망치게 된다는 것을 알기 때문이다. 그러나 그가 이렇게 하는 것은 그것이 의무이기 때문이 아니다. 그것은 신중한 분별력(prudence), 즉 계몽된 자기이익에 의해 동기화되어 행한 행위일 뿐이다. 의무 때문에 행동하는 것은 단지 그렇게 행동하는 것이 옳기 때문이지 다른 어떤 동기에서 비롯된 것이 아니다.

의무는 단순한 심리적 성향과 다르다. 어떤 사람들은 동정적인 천성을 가진다. 그들은 궁핍한 사람들을 보면 돕고 싶어 한다. 칸트에 의하면 순전히 동정적인 성향에서 비롯된 행위는 전혀 '도덕적' 가치가 없다. 의무의 동기가 가장 중요하다. 동정이나 연민을 느끼는 어떤 자연적 성향도 없지만, 의무감 때문에 다른 사람들을 돕는 사람은 도덕적으로 칭찬받을 만하다. 순전히 성향 때문에 행동하는 사람들은 그 성향이 아무리 칭찬할 만하다 할지라도 전혀 도덕적으로 행동하는 것이 아니다.

칸트가 이렇게 의외의 주장을 하는 이유는 도덕은 모든 합리적 존재자들이 의지에 따라 선택할 수 있지만 성향은 우리가 의식적으로 통제할 수 있는 것이 아니기 때문이다. 결국 당신이 우연히 동정적 천성을 가지고 있느냐 아니냐 하는 것은 운의 문제이다. 칸트는 "네 이웃을 사랑하라"는 기독교의 이웃사랑 개념을 재해석한다. 그의 주장에 따르면 여기서 요구하는 사랑은 우리가 일반적으로 사랑이라고 생각하는 정서적 태도로서의 '정념적인'(pathological) 사랑이라기보다는 오히려 그가 "실천적" 사랑이라고 부르는 사랑, 즉 의무감 때문에 행동하는 사랑이다. 다시 말해 예수 그리스도가 "네 이웃을 사랑하라"고 말했을 때, 그는 이웃에 대해서 어떻게 느껴야 하느냐 하는 것이 아니라, 의무감에 따라 행동하라고 지시하는 것이다.

3) 준칙

행위의 도덕적 가치를 결정하는 것은 그 행위의 동기가 되는 근본원리이지 최종결과가 아니다. 칸트는 이런 원리를 "준칙"(maxim)이라 부른다. 동일한 행위라도 아주 다른 준칙의 결과일 수 있을 것이다. 당신이 '언제나 진실을 말하라'는 준칙에 근거하여 행동할 때 당신은 진실을 말할 수도 있다. 그러나 이 경우 당신의 행동은 '당신이 거짓말하고도 들키지 않을 수 있다는 확신이 없는 한 언제나 진실을 말하라'는 준칙에 따라 행동하고 있었다 할지라도 당신의 행위는 다른 준칙에 따른 행위와 구별될 수 없을 것이다. 오직 첫 번째 준칙만이 도덕적이다. 칸트는 정언명령을 사용하여 도덕적 준칙을 다른 준칙들과 구별하는 방안을 제시한다.

4) 정언명령(Categorical Imperative)

도덕적 의무감은 도덕법칙을 존중할 때 발생하며, 도덕법칙은 칸트가 정언명령이라 부르는 것에 의해 규정된다. 가언명령은 '다른 사람들의 존경을 받고자 한다면 약속을 지켜야 한다'와 같은 진술이다. 그것은 조건적 진술이다. 이와 달리 정언명령은 '약속을 지켜라'와 같은 명령이다. 이런 명령은 당신의 목적과 관계없이 무조건적으로 적용되는 명령이다. 칸트에 의하면 우리의 모든 도덕적 행위를 장려하는 하나의 근본적인 정언명령이 있다. 칸트는 이런 명령을 다양한 방식으로 설명한다.

a. 보편적 도덕법칙

정언명령의 첫 번째 형식은 '오직 당신이 의지할 수 있는 것이 보편적 법칙이 되어야 한다는 준칙에 따라서 행위하라'는 것이다.[1] 여기서 '의지하다'(will)는 '원하다'(want)와 아주 다르다. 그것은 합리적으로 의도함을 뜻한다. 또한 여기서 '법칙'은 법률적인 법칙이라기보다는 도덕적 법칙을 뜻한다. (도덕법칙을 위반하는 많은 행위들도 완벽하게 합법적일 수는 있다.) 하나의 준칙이 순수하게 도덕적인 준칙이라면, 그것은 유사한 상황에 있는 모든 사람에게 적용되어야 한다. 즉, 준칙은 보편적일 수 있어야 한다. 준칙은 어떤 특정인에게만 예외적으로 적용되어서는 안 되기 때문에 비개인적이어야 한다. 만일 어떤 행위가 도덕적으로 잘못된 것이라면, 그것은 당신을 포함한 모든 사람에게도 마찬가지로 도덕적으로 잘못이다. 만일 어떤 행위가 도덕적으로 옳다면, 그 행위는 관련된 유사한 상황에 있는 누구에게나 도덕적으로 옳다.

이런 형식의 정언명령에 함축된 의미를 설명하기 위해 칸트는 지킬 의도가 없는 약속을 예로 든다. 당신은 그렇게 약속하는 것이 때로는 편리하다는 것을 느낄 수도 있다. 그러나 칸트에 의하면 만일 당신이 합리적이라면 '당신이 어려운 사정에 있을 때는 약속을 깨뜨리라'는 준칙을 모든 사람에게 적용하려 할 수는 없을 것이다. 만일 그런 준칙이 보편적으로 인정된다면, 약속하는 관습 전체가 무너질 것이다. 이런 준칙은 자기 파괴적이다. 당신은 어느 누구에 대해서도 그들이 한 약속을 지킬 것이라고 신뢰할 수 없을 것이다. 따라서 그런 준칙은 도덕적 준칙일 수 없다. 당신은 그런 준칙을 보편적 법칙으로서 원할 수 없을 것이다. 따라서 정언명령은 도덕적인 준칙과 비도덕적 준칙을 구분하는 방

---

1) * 이 형식의 정언명령에 관해 칸트는 『실천이성비판』에서 다음과 같이 말한다. "당신의 의지의 준칙(Maxim)이 언제나 당신의 의지의 준칙일 뿐만 아니라 보편적 입법의 원리(Prinzip)로서도 타당하도록 그렇게 행동하라."(KpV A 54)

법을 제시해준다. 만일 당신이 어떤 준칙을 합리적으로 보편화할 수 없다면 그것은 도덕적 준칙이 아니다.

b. 인간을 목적으로 대하라

두 번째 형식의 정언명령은 '다른 사람과 당신 자신을 결코 단순히 목적을 위한 수단으로서가 아니라 언제나 목적으로서 대하라'는 것이다.[2] 이성적 존재자들은 인간이며, 인간은 그 자체가 목적이다. 인간은 자신의 삶의 주인이다. 따라서 우리는 인간을 우리의 목적을 위해 이용해서는 안 되며, 스스로 자신의 삶을 이끌어 갈 수 있는 개인으로서 인정해야 한다. 어떤 사람을 단순히 나의 목적을 위한 수단으로서 취급하는 것은 그들의 인간성을 부정하는 것이다. 다시 말하면 우리는 다른 사람들의 자율성을 존중해야 한다. 만일 내가 어떤 사람에게 빌린 돈을 갚겠다고 약속했지만 실제로는 갚을 의도가 없었다면, 이것은 그 사람을 하나의 수단으로 취급하는 것이다. 그 사람 자체를 목적으로 인정한다면 약속을 지킬 의도가 있고 또 실제로 지켜야 할 것이다.

c. 목적의 왕국

칸트는 정언명령의 또 다른 형태를 "목적의 왕국"과 관련하여 다음과 같이 표현했다. "당신의 준칙을 통해 당신이 목적의 왕

---

2) * 두 번째 유형의 정언명령에 관해 칸트는 다음과 같이 말한다. "인간은 그리고 모든 이성적인 존재자는 단순히 어떤 임의의 목적을 위한 수단으로서가 아니라 목적 자체로서 존재한다. (...) 인간은 언제나 동시에 목적으로서 간주되어야 한다."KpV IV 428)

국의 입법자인 것처럼 행동하라." 목적의 왕국은 개인의 자율성
이 법에 의해 보호되어 모든 사람이 목적을 위한 수단으로서가
아니라 목적으로서 취급되는 이상적인 국가이다. 이 정언명령에
서 칸트는 도덕은 단순히 개인적인 행위의 문제일 뿐만 아니라
사회의 기초이기도 하다는 사실을 천명한다. 칸트의 의도는 합
리적 행위자들이 그들의 이상적인 국가를 위해 선택할 원리들과
그들이 거부할 원리들을 구분하는 것이다. 당신이 이런 이상적인
국가에서 법률이 되기를 바랄 수 없는 원리는 이런 시험을 통과
할 수 없으며, 따라서 도덕적 원리가 아니다.

5) 칸트, 아리스토텔레스 그리고 밀

도덕적 행위에 대한 칸트의 견해는 아리스토텔레스와 밀의 주
장과 정면으로 대립된다. 칸트에 의하면 감정은 도덕적 행위에
불합리하거나 부적절하다. 통상적인 의미의 감정이 아닌 실질적
으로 유용한 감정만이 도덕성에서 조금이라도 직접적인 역할을
한다. 이와 달리 아리스토텔레스에 의하면 적절한 감정조절 방법
을 계발시켜 주는 것은 도덕교육의 중요한 목표이다. 아리스토
텔레스의 철학은 융통성이 있어 상황에 민감하다. 칸트의 철학
은 예외를 허용하지 않는 보편적 원리를 고수한다.

도덕성에 대한 칸트의 입장은 밀과 같은 공리주의적 견해와노
대립된다. 칸트는 행위의 결과에 의해 그 행위의 도덕적 가치를
평가하는 것은 잘못이라고 생각하여 결과를 무시하는데 반해,
밀은 행위의 결과가 도덕적 가치를 결정한다고 주장한다. 밀의

입장은 상반되는 두 주장들을 구분하는 지침들을 제시해 준다. 그 지침에 따르면 결과들을 미리 평가하여 행복을 최고로 증대시킬 선택지를 선택하는 것이 중요하다. 칸트의 도덕철학은 동시에 도덕적인 두 행위들 사이에 또는 동시에 비도덕적인 두 행위들 사이에서 선택할 방안을 제시해 주지 않는다.

아리스토텔레스와 칸트 그리고 밀은 도덕성에 관해 서로 다른 견해를 가진다. 그러나 아리스토텔레스와 밀의 이론과 마찬가지로 칸트의 이론에도 비판의 여지가 많이 있다.

6) 『도덕형이상학의 기초』에 대한 비판들

a. 윤리적 내용의 부재

칸트의 도덕이론에 대한 공통적인 비판은 이 이론이 윤리학에 아무런 내용도 제공해 주지 않는다는 것이다. 그의 이론은 우리가 해야 할 것이 정확하게 무엇인지 알 수 있도록 도와주기보다는 도덕적 판단들의 구조, 그 판단들의 보편성과 감정에 흔들리지 않는 객관성에 초점을 맞추고 있다. 도덕적 판단에 대한 칸트 자신의 판단기준을 적용할 때 더 심각한 문제는, '동물보호에는 신경 쓰지 말고 언제나 가장 효과적인 경작수단을 이용하라'와 같이 아주 명백하게 비도덕적인 원리들이 쉽게 일반화될 수 있을 것처럼 보인다는 사실이다. 대다수의 동물들은 칸트가 제시하는 합리성의 기준을 통과하지 못할 것이기 때문에, 다른 존재자들을 수단이 아니라 목적으로 대하라는 정언명령을 달리 해석한다 할지라도 동물들이 수단으로 간주되는 것을 막을 수는 없을 것이다. 그러므로 칸트는 이 준칙이 도덕적 준칙이라고 말해야 했을 것이다.

칸트가 예로 제시하는 약속파기조차도 비판을 피할 수 없다. 만일 당신이 '약속을 파기하고도 무사할 수 있을 때는 언제든 약속을 파기하라'는 준칙을 가지고 있다면, 어느 누구도 이것이 당신의 전략임을 알지 못한다는 전제에서 그렇게 약속을 파기하는 것에는 전혀 모순이 없는 것처럼 보인다. 만일 모든 사람이 동일한 준칙에 따라 행동했다면, 약속의 관습은 여전히 유효할 수 있었을 것이다. 하지만 칸트는 약속을 파기하는 것은 절대적으로 잘못이며, 당신이 합리적 사고를 한다면 문제의 그 준칙을 원할 수 없을 것이라고 대답할 것이다. 왜냐하면 그런 준칙을 원하는 것에는 약속을 파기하고도 무사할 수 있을 때 내가 약속을 파기한다는 사실 뿐만 아니라 다른 사람들도 나에게 그렇게 할 것이라는 사실이 함축되어 있기 때문이다. 그러므로 만일 내가 그런 준칙을 원한다면 그것은 결과적으로 다른 사람이 나에게 한 약속이 깨지기를 원하는 것이다.

b. 감정의 역할

칸트의 도덕철학에 따르면 감정과 개인의 성격적 특성을 기준으로 하여 개인의 도덕성을 평가하는 것은 부적절하다. 만일 당신이 도덕법칙을 존중하여 행동한다면 당신이 몰인정한지의 여부는 중요한 문제가 아니다. 그렇지만 일반적으로 많은 사람들에게 있어서 순수한 동정심은 개인의 일시적인 심적 상태가 아니라 도덕성의 핵심이다. 우리는 동정과 연민의 정을 특별히 많이 가지고 있는 사람들을 칭찬한다. 그리고 이런 칭찬은 그들이 가진 도덕적 품성에 대한 칭찬일 것이다. 모든 이성적 존재자가 행해야 하는 것에 초점을 맞추는 칸트의 도덕철학은 인간의 도덕적 상호작용에서 감정의 중요성을 간과한다. 그가 병적인 감정 대신 권장하는 '실천적' 감정은 거의 '감정'이라 할 수 없을 것이다.

감정에 대한 칸트의 입장을 풍자적으로 표현한다면, 그는 언제나 감정을 순수한 도덕적 행위에 방해가 된다고 생각한다. 하지만 실제로 그가 주장하는 것은 감정과 심적 성향은 당신이 도덕적으로 행동하고 있는지 아닌지의 문제를 모호하게 할 수 있다는 것이다. 이것은 정언명령이 어떤 방향으로 지시하든지 그대로 행동하려는 강한 감정적 성향을 느끼게 되는 상황에 있다면 특히 그렇다.

예를 들어 당신은 런던을 산책할 때 돈을 구걸하는 어떤 사람을 만날 수도 있다. 이 사람의 몰골을 보고 당신은 동정심을 느껴 돈을 꺼내려고 주머니에 손을 넣는다. 그러나 당신은 동시에 이 사람에게 돈을 주라고 명령하는 정언명령 때문에 도덕적 의무를 인지한다. 그런 상황에서 돈을 주게 된 실제적인 동기가 무엇인지 말하기 어렵거나 심지어는 불가능할 수도 있다. 그 동기는 감정적 경향성인가? 아니면 도덕법칙에 대한 존중인가? 하지만 돈을 요구받을 때 당신이 혐오감과 노여움을 느꼈음에도 정언명령에 따라 돈을 주었다면, 당신은 당신이 도덕적으로 행동했었다는 사실을 아는데 조금도 어려움을 느끼지 않을 것이다. 칸트는 동정심을 느끼는 사람이 동시에 도덕법칙 때문에 행동하는 가능성을 배제하지 않는다. 그가 말하는 것은 동정심 때문에 행하는 것만으로는 당신의 행동이 도덕적 행동이라고 판단할 수 없다는 것이다.

그럼에도 불구하고 칸트가 감정을 배제한 것은 도덕적 관계들을 탈인간화 한 것이다. 그가 도덕적 행위의 모델로서 제시하는 냉정하게 이성적인 관계는 적절하게 감정적인 관계보다 인간적이지 못하고 바람직하지 않은 것처럼 보인다.

Thomas Paine(1737~1809)

페인은 1737년 영국 노퍽(Norfolk) 주의 셋포드(Thetford)에서 태어났다. 1774년 영국에서 필라델피아로 건너와 기자 생활을 했으며, 후에 독립전쟁에 참가했다. 그 후 프랑스 혁명에도 뛰어들어 로베스피에르 집권 당시 투옥되었으나, 이듬해에 풀려났다. 1802년 영국으로 돌아갔으나 환영받지 못했고, 1809년 뉴욕에서 72세의 나이로 굶어 죽었다. 주요 저서로는 『상식론』, 『이성의 시대』, 『미국의 위기』 등이 있다.

이 세상이 나의 모국이고, 인류는 모두 나의 형제이며, 선을 행하는 것이 나의 종교다.

『인권』 중에서

16. 토마스 페인의 『인권』(*The Rights of Man*)

토마스 페인은 위험한 시기에 위험한 삶을 살았다. 그는 1776
년의 미국혁명과 1779년의 프랑스 혁명에서 적극적인 역할을 했
다. 그는 10개월 동안 프랑스에서 수감되어 있었는데, 무능한 교

도관들 덕에 가까스로 단두대형을 피할 수 있었다. 그는 무신론을 주장하는 책자를 출간하면 신성모독법에 의해 가혹한 형벌을 받게 되는 시대에 제도화된 종교를 공격했기 때문에 무신론자로 간주되었다. 그러나 사실 그는 무신론자가 아니라 이신론자(deist)였다.[1] 그는 제도화된 기독교의 위선과 불합리성을 신랄하게 비판했다. 그는 군주제를 반대했기 때문에 조국인 영국에서 곤경에 처하게 되었으며, 중년의 나이에 조국을 떠나 다시는 돌아올 수 없었다. 그때부터 그의 삶은 평탄하지 못했다. 그는 코르셋 재단사, 세관원 그리고 다리 설계사 등 다양한 직업을 전전하며 힘들게 생계를 유지했다. 그러나 그는 저술가이자 사상가이며 자칭 '세계시민'으로서 탁월한 능력을 발휘했다. 명성이 최고조에 달했을 때 그는 영국, 프랑스와 미국에서 유명 인사였으며, 세 나라에서 모두 그를 열렬하게 추종하는 사람들이 있었다. 그렇지만 그는 『이성의 시대』(The Age of Reason)에서 종교를 공격했기 때문에 프랑스에서 미국으로 돌아올 때 환영받지 못했다. 그는 가난하고 쓸쓸하게 뉴욕에서 생을 마감했다. 단지 여섯 명의 지인들만이 그의 장례식에 참석했다. 그가 죽고 10년 후에 윌리엄 코벳(William Cobbett)이 그의 유골을 수습하여 영국으로 가져가, 그곳에서 페인에게 어울리는 기념비를 세우고자 했다. 그러나 그는 이를 위한 비용을 조달할 수 없었다. 그래서 페인의 유골은 가방에서 꺼내지도 못한 채 코벳의 다락방에 방치되어 있었다. 코벳이 죽은 후 페인의 유골은 사라졌다.

---

1) '이신론'(理神論; deism)은 성서의 권위보다는 오히려 이성과 경험을 통해 신의 존재를 증명할 수 있다는 사상이다. 이신론자들은 종교적 경전과 기적을 통한 계시의 권위를 거부한다.

페인은 직설적이고 재치가 넘치며 논쟁적인 문체로 글을 썼기 때문에 생전에 수십만의 독자들이 있었다. 이전과 이후의 많은 철학자들과 달리, 그는 모든 세대는 이전 세대로부터 물려받은 체계를 단순히 수용하기보다는 국가의 정책방향에 대해 책임을 져야 한다고 믿었기 때문에 당시의 정치적 싸움에 적극적으로 가담했다. 그가 급진적 성향을 가지게 된 것은 바로 이런 믿음 때문이었다. 그는 기존의 사회체제가 불평등을 야기하는 곳에서는 어디서든 그 체제에 도전하는 것이 옳다고 믿었다. 그리고 그는 자신이 속한 정치계에 만족하지 못했기 때문에 새로운 사회 조직 방안들을 모색하게 되었다. 페인은 합리적인 원칙들에 근거하여 사회를 재조직하고자 했다. 왜 그가 당시에 파괴적인 혁명가로서 두려움의 대상이 되었는지 쉽게 알 수 있다. 그의 말은 폭동을 야기할 수 있었다. 비교적 보수적이었던 많은 사람들은 당시의 정책방향에 만족하였으며, 전통을 점진적으로 개선하는 것이 중요하다고 생각했다. 그러나 페인은 삶이 가능한 한 속히 개선되기를 강력하게 요구했다. 그는 보다 이상적이고 보다 합리적인 정치체제를 발견하고 공정하게 부를 분배하는 방안들을 증진시키고자 노력했다. 그의 견해를 공식적으로 표명하는 것이 위험한 상황에서도 용감하게 그렇게 했다. 당연히 특권층과 현재의 상황이 그대로 유지되기를 바라는 사람들은 페인이 조용하기를 바랐다. 많은 사람들은 그가 죽었을 때 기뻐했을 것이다.

1)『상식』

두 권으로 편집된 페인의 가장 중요한 저서인『인권』의 첫 번째 책은 1791년에 출간되었다. 그러나 페인이 처음 명성을 얻게 된 것은『상식』(Common Sense)이란 제목의 소책자를 통해서였다. 이 소책자는 출간되자마자 베스트셀러가 되었다. 1776년에 출간된 다음 해에 15만부 이상이 팔렸다. 이 책에서 그는 자유, 평등 그리고 민주주의에 관한 견해들을 탐구하는 과정에서 미국 동부 13주의 영국 식민지들이 영국의 통치로부터 독립하는 것을 지지하였다. 이 책에는 또한 세습적 군주제를 반박하는 내용들도 들어 있다. 이 소책자에 의해 고무된 많은 독자들이 독립운동에 가담하였다. 페인은 혁명가를 자처하는 미국 사람들의 영웅이 되었지만 동시에 영국 정부와는 원수가 되었다.

『인권』에서 페인은 군주가 없는 사회에서 복지가 성취될 수 있는 방법을 논점으로 도입함으로써『상식』에서 다루어진 주제들을 더욱 발전시켰다.『인권』의 직접적인 배경은 프랑스혁명이었지만, 이 책은 그보다 훨씬 더 많은 의미를 함축하고 있었다.

2)『인권』

a. 에드먼드 버크(Edmund Burke)에 대한 대답

『인권』의 처음 두 편은 거의 모든 형태의 혁명을 반대했으며 혁명을 지지하는 영국인들을 비난한 에드먼드 버크의『프랑스혁명에 관한 반성』(Reflections on Revolution in France, 1790)에 대한 직접적인 대답이다. 런던에 거주하는 아일랜드의 젊은 정치가이자 철학자인 버크는 고상한 가치에 관해 탁월한 저서를 집필한 적이 있었으며, 미국 혁명에 대해 우호적이었다. 페인은 그를 친구이자 동지로 생각했다. 그러므로 버크가 프랑스 혁명과 그 혁명을 고취시킨 사상을 격렬하게 비판했다는 사실은 페인에게 충격적이었다. 그는 버크의 비판이 배신이며 인격모독이라고 느꼈다. 페인은 버크의 책이 "빛을 계몽시키려고 시도하는 어둠"이라고 평가 절하했으며, 심지어 버크가 실제로는 신뢰하지 않는 입장을 옹호함으로써 영국과 프랑스의 적대관계를 지속시키기 위해 자금을 마련한다고 비난하기까지 했다. 페인은 프랑스의 '인권선언'을 지지하였으며, 영국의 혁명을 은근히 기대하고 있었다. 그래서 페인을 비판하는 사람들은 당연히 그를 파괴적인 인물이라고 생각했다.

b. 누가 누구를 위해 결정하는가?

보수적인 버크는 프랑스인들은 국가의 통치체제에 관한 조상들의 결정을 존중해야 했으며, 여러 세대 전에 이루어진 약속을 깨뜨리는 일을 해서는 안 되었다고 주장했다. 조상들의 결정들 중에는 귀족들과 왕에 의해 통치되어야 한다는 내용도 포함되어 있었다. 페인은 어느 누구도 약속에 의해 - 그 약속이 아무리 엄숙하다 할지라도 - 후손을 묶을 수 없을 것이라고 반박했다. 모든 세대는 통치방식에 관해 독자적으로 결정해야 한다. 죽은 자들은 살아있는 자들을 위해 그런 중요한 문제들을 결정할 수 없다. 한 나라가 오늘 선택하는 것은 무엇이든 실행되어야 한다. 페인에 의하면 법의 힘은 죽은 조상들의 약속이 아니라 살아있는 자들의 동의에서 나온다. 페인의 이런 주장은 강력한 파급력을 가지고 있었으며, 지나치게 권력이 집중된 소수에 의해 자유를 억압받는 사람들로 하여금 봉기할 수 있도록 격려하는 힘이 있었다.

c. 군주제에 대한 비판

버크에 대한 페인의 대답의 요지는 국민들 위에 군림하는 세습적 군주제를 옹호하는 사상에 대한 비판이었다. 오늘날과 달리 18세기의 유럽에는 왕, 여왕, 공주, 왕자는 물론 심지어는 퇴출된 왕족들도 과도한 권력을 가지고 있었으며, 국가와 개인의 운명을 결정하는데 적극적으로 개입하였다. 자신을 세계시민으로 생각하였으며 모든 인간은 평등하다고 믿었던 페인은 사회가 이렇게 조직되어 운영되는 것을 납득할 수 없었다. 예를 들어 그는 입법자의 지위를 세습하는 제도는 수학자의 지식이나 계관시인의 영예를 세습하는 제도와 마찬가지로 불합리하다고 조롱하였다. 통치자에게 요구되는 자질이 세습에 의해 보증되지 않는 것은 수학적 능력이나 시를 쓰는 능력이 세습되지 않는 것과 마찬가지이다. 우연히 어떤 지도자의 후손이라는 이유만으로 지도자가 되기를 바란단 말인가? 지도자의 직위를 잘 수행할 수 있는 능력이나 적어도 기초적인 경쟁력이 검증된 사람을 지도자로 세우는 것이 세습보다 나을 것이다. 더 나아가 페인의 견해에 의하면 모든 군주들은 백성을 군주의 후손에게 물려줄 재산 정도로 취급하는 폭군들이다. 프랑스의 전제군주였던 루이 16세에 대한 시민들의 공격은 야만적이었으며 그 왕의 행위들에 의해 부당함이 입증되었다는 버크의 주장에 대해 페인은 버크가 프랑스 혁명의 본질을 완전히 잘못 이해했다고 반박했다. 프랑스 혁명은 어떤 특정한 군주에 대한 공격이 아니라 군주제 자체에 대한 저항이었다는 것이다. 어떤 점에서 보면 여론이 끓어올라 행동으로 폭발했을 때 하필이면 루이 16세가 그 지위에 있었다는 것은 그의 불운이었다. 페인의 주장에 따르면 왕의 지위에 부여된 권력은 비록 비교적 자비로운 개인이 그 지위를 차지한다 할지라도 악한 것이다. 혁명은 인권의 결과로 일어나며, 특히 평등과 정의의 권리의 결과로 일어난다.

d. 자연권과 평등

페인에 의하면 우리는 모두 자연권에 있어서 평등하게 태어난다. 이런 권리가 우리의 존재방식을 결정하고 고양시킨다. 이런 권리는 우리가 연합하여 시민사회를 형성하기 이전부터 선험적으로 존재한다. 자연권은 생존권, 자신의 신념을 가질 권리, 자유로운 의사표현의 권리 등 우리가 인간이기 때문에 가지는 권리들이다. 우리는 사회생활을 하고 그로부터 혜택을 누리기 위해 자유의 일부를 포기해야 한다. 그리고 정부는 강자의 착취로부터 약자를 보호해야 한다. 그러나 우리의 자연권은 인간으로서 누릴 수 있는 거의 모든 것의 원천이다.『인권』 2권에서 페인은 당시로서는 파격적인 노인연금, 결혼수당, 자선기금, 의무교육, 그리고 세금징수를 통해 재원을 조달하는 많은 다른 진보적인 정책들을 통해 정부가 사회 구성원들 모두의 기본적인 복지를 보증할 수 있는 방안들에 관해 많은 긍정적인 제안들을 제시했다.

3) 『인권』에 대한 비판들

a. 인간의 본성에 관한 지나친 낙관주의

『프랑스 혁명에 관한 반성』에 나타나는 버크의 입장은 페인이 생각했던 것보다 더 미묘한 것이었다. 그는 인간성에 대한 페인의 낙관론에 동조하지 않았으며, 이성에 의지해 사회적 변화를 시도하는 것에 대해 대단히 회의적이었다. 버크에 의하면 인간의 이성은 한계가 있으며, 따라서 개인들이 기존의 토대가 없이 무로부터 사회를 형성하는 것은 위험하다. 사회를 재조직할 때 따르는 폭력과 파괴의 위험을 감수하고 삶을 새로이 계획하고자 시도하는 것보다는 연속적인 세대들의 지혜, 즉 반드시 의식적이어야 할 필요가 없는 지혜에 기초하여 건설하는 것이 훨씬 더 낫다는 것이다. 지혜는 선행하는 확고한 삶의 방식들에서 보존된다. 다시 말해 버크는 프랑스에서 진행되고 있는 대대적인 혁명과 대규모의 사회개혁을 반대하였다. 프랑스 혁명에 의해 야기된 학살과 테러는 버크가 예견하고 염려한 바로 그런 결과였다. 버크는 페인이 그렇게 열광적으로 지지했던 급진적인 혁명보다는 여러 세대에 걸친 온건한 개혁을 선호했다. 발전에 관한 버크의 보수적인 견해는 페인의 저서들에 나타나는 보다 이념적이고 낙관적이며 격렬한 주장에 반대하는 많은 사람들에 의해 지지되고 있다.

b. 논쟁보다는 수사학에 의존함

『인권』은 뻔뻔스러운 논쟁이다. 이 책은 주로 수사학에 의존하며, 군주제에 대한 비판에서처럼 풍자적이다. 페인은 독학으로 정치학을 공부했다. 그리고 그의 입장은 홉스나 로크와 같은 철학자들의 입장처럼 복잡하고 미묘하지 않다. 그는 버크를 조롱하고 희화화하지만, 버크의 주장에 거의 맞대응하지 않는다. 그의 스타일이 그렇다. 그는 종종 자신의 입장을 논증하기보다는 단적으로 단언한다. 그렇지만 그를 변호하는 입장에서 보면 페인은 결코 모호하지 않으며, 그의 글은 언제나 흥미롭게 읽을 수 있으며, 광범위한 독자들을 위해 아주 적절한 표현방식을 찾아냈다. 더구나 군주제를 반대하는 것과 같은 많은 주장들은 체계적이고 정교한 정치철학 서적에서 표현될 때보다 조롱을 통해 표현될 때 훨씬 더 인상적이고 효과적이다. 이 책은 학술논문이 아니라 정치적 소책자이다.

Arthur Schopenhauer(1788 ~ 1860)

쇼펜하우어는 1788년 단치히에서 태어났다. 1809년 21살의 나이로 괴팅겐대학 의학부에 들어갔으나 슐체의 강의에 감명을 받고 철학으로 진로를 바꾼다. 32살에는 베를린대학의 강사로 채용되나 헤겔과 같은 강의시간을 택하는 정면 대결에서 무참하게 패한다. 1831년 헤겔이 죽은 후에야 비로소 명성을 얻기 시작했으며, 1860년 72살의 나이로 생을 마감했다. 주요 저서로는 『문장론』, 『인생론』 등이 있다.

개개인의 삶은 총체와 일반의 관점에서 가장 중요한 요소들만 보았을 때 비극에 다름 아니다. 그러나 구체적으로 들여다보면 삶은 희극의 성질을 지니고 있다.

『의지와 표상으로서의 세계』 중에서

17. 쇼펜하우어의 『의지와 표상으로서의 세계』(The World as Will and Idea)

『의지와 표상으로서의 세계』는 종종 4악장으로 구성된 심포니에 비교되었다. 4단원으로 구성된 이 책의 각 단원은 독특한 음계와 박자를 가진다. 쇼펜하우어는 이전 단원들에서 다루어진 주제들로 돌아가 그 주제들을 발전시킨다. 이 책은 우리가 경험하는 세계, 즉 우리가 표상하는 세계(표상으로서의 세계)와 우리의 관계를 추상적으로(난해하게) 논의하면서 시작한다. 두 번째 단원은 이 논의를 더 확장하여 과학이 설명하는 세계보다 더 깊은 실재성이 있다고 주장한다. 우리의 의지에 의해 움직이는 몸의 운동을 관찰하면 물자체의 세계(의지로서의 세계)를 희미하게나마 알 수 있다는 것이다. 세 번째 단원에서는 예술에 관한 긍정적이고 세부적인 논의가 제시된다. 쇼펜하우어는 여기서 예술은 보통 사람들이 빠져 있는 무제약적 욕망으로부터 벗어나 더 깊은 실재성인 의지로서의 세계를 볼 수 있게 해준다고 주장한다. 네 번째 단원의 주제는 어두운 염세주의이다. 이 단원에서 쇼펜하우어는 왜 우리가 우리 자신의 본성에 의해 고통을 당하게 되는지 설명한다. 그렇지만 만일 우리가 우리의 욕망을 줄이고 절제의 삶을 산다면 희미한 희망의 빛이 있다.

1) 표상으로서의 세계

쇼펜하우어가 『의지와 표상으로서의 세계』를 "세계는 나의 표상"이라는 구절과 함께 시작할 때, 그가 의도하는 것은 경험은 언제나 지각하는 의식이 어떤 관점에서 보느냐에 따라 달라진다는 사실이다. 우리는 실재의 근원적 본성에 직접 접근하기보다는 오히려 세계를 우리 자신에게 표상한다. 그러나 표상으로서의 세계를 통해서는 사물들의 참된 속성을 알 수 없다. 만일 우리가 드러난 현상들에 만족한다면, 우리는 입구를 찾으려고 성 주위를 돌다가 가끔씩 멈춰 서서 성벽의 그림을 그리는 사람과 같다. 쇼펜하우어에 따르면 지금까지 모든 철학자들은 그렇게 했다. 하지만 그의 철학은 그 성벽 뒤에 무엇이 있는지 알게 해주고자 한다.

실재의 궁극적 본성에 관한 물음은 형이상학의 핵심적 물음이다. 쇼펜하우어는 우리가 경험하는 세계, 즉 표상으로서의 세계와 표상세계의 토대가 되는 물자체를 구분하는 칸트의 견해를 수용한다. 칸트는 경험의 배후에 있는 실재를 "실체세계"(noumenal world)라고 부르고, 쇼펜하우어는 그 세계를 "의지의 세계"라고 부른다. 우리는 감각정보들을 단순히 수동적으로 받아들이지 않는다. 오히려 우리는 모든 경험에 시간, 공간과 인과관계의 카테고리들을 적용한다. 그러나 의지의 세계인 물자체의 차원에서는 이런 범주들이 적용되지 않는다. 의지로서의 세계는 감각적으로 볼 수 없는 총체성이다. 쇼펜하우어가 "개별화의 원리"(principium individuationis)[1]라고 부르는 것, 즉 개별적 사물들로 분할함은 현상세계에서만 일어난다. 의지로서의 세계는 존재하는 모든 것의 총체성이다.

2) 의지로서의 세계[2]

---

1) "개별화의 원리"란 궁극적 실재가 특수한 개체들로 분화되어 나타나는 원리이다. 이런 원리는 물자체의 차원, 즉 의지로서의 세계에서는 일어나지 않는다.
2) 의지는 물자체, 즉 현상의 배후에 있는 궁극적 실재이다. 우리는 그 실재를 거의 알 수 없지만 우리가 몸을 움직일 때 희미하게 감지될 수 있으며, 음악에 반영되어 나타난다.

의지로서의 세계는 인간이 결코 도달할 수 없는 세계인 것처럼 보인다. 그 세계는 경험을 통해 접근할 수 없는 것처럼 보이기 때문이다. 하지만 쇼펜하우어에 의하면 우리가 우리의 자발적 의지, 즉 우리 몸을 움직이기 위해 가지는 힘을 경험할 때 의지로서의 세계가 모습을 드러낸다. 의지는 신체의 움직임과 분리되지 않는다. 의지는 그 움직임의 일부이다. 우리 자신의 의지를 의식할 때 우리는 표상의 세계를 초월하여 물자체를 희미하게 볼수 있다. 우리는 우리 자신의 몸을 표상, 즉 세상에서 우연히 마주치게 된 대상으로서도 경험하고 의지로서도 경험한다.

쇼펜하우어에 의하면 인간만이 의지의 현현(顯現; manifestation)은 아니다. 궁극적으로 볼 때 모든 것은 의지의 현현이다. 다시 말해 그는 "의지"라는 개념을 광범위한 의미로 사용한다. 예를 들어, 한 덩이의 바위도 의지의 현현이다. 그가 설명하는 의지는 지성이 아니라 대다수의 인간들이 고통스러운 삶을 살도록 저주하는 맹목적이고 무분별한 욕구이다.

3) 미술

미술은 쇼펜하우어의 철학에서 중요한 위치를 차지한다. 미술 작품들을 관조함으로써 우리는 무자비하게 돌아가면서 모든 것을 가루로 만드는 욕망의 맷돌로부터 일시적으로나마 벗어날 수 있다. 미술을 통해 우리는 사심 없는 미적 경험을 한다. 미술작품을 감상할 때 우리는 실천적인 모든 관심과 염려, 즉 미술작품이 우리를 위해 기여한다는 모든 생각을 멀리할 수 있으며 또 그렇게 해야 한다. 우리는 관조할 때 우리 자신을 잊는다. 자연의 아름다움을 경험할 때도 마찬가지이다. 우리는 위대한 미술작품을 볼 때와 마찬가지로 폭포나 산을 볼 때도 이렇게 고요한 관조의 상태에 도달할 수 있다.

천재적인 미술가들은 대상들과 사건들을 이렇게 사심 없이 관조하는 단계에 도달할 수 있으며, 그들이 느낀 정서를 작품 애호가들에게 전달할 수 있는 지성적 능력을 가진다. 그들은 순수한 깨달음의 능력을 가지고 있다. 그들은 지각하는 것의 이데아들을 경험할 수 있다. 플라톤에 의하면 내가 지금 앉아있는 의자는 이상적인 의자, 즉 의자의 이데아에 대한 불완전한 복사물이다. 플라톤에 의하면 의자를 그리는 미술가는 이데아로서의 의자부터 멀리 떨어져서 의자를 본다. 이것은 플라톤이 그의 이상국가에서 미술가들을 금지한 이유들 중 하나이다. 미술가들은 실제의 사물에서 먼 복사물들을 취급하며, 우리를 이데아로부터 멀어지게 한다. 이와 달리 쇼펜하우어는 천재적인 미술가들은 그들의 작품을 통해 그들이 그리거나 묘사하는 특별한 사물들의 이데아를 드러내 보여준다고 믿는다. 따라서 천재적인 미술가들은 우리로 하여금 의지의 힘으로부터 벗어나 플라톤의 이데아를 선입관 없이 객관적으로 인식할 수 있도록 해준다.

아름다운 대상들과 장면들은 우리를 무제약적인 욕망의 바다에서 벗어나도록 해주기에 적합하다. 하지만 어떤 그림들은 이런 직접적인 대상들보다 더 효과적으로 그런 역할을 해준다. 예를 들어 우리는 그림으로 그려진 과일의 아름다움을 관조할 수 있다. 그러나 우리의 현실적인 관심은 무심한 마음으로 사과그림을 관조하는 데 방해가 될 수도 있다. 특히 배가 고플 때 그렇다. 마찬가지로 어떤 나체 그림들은 다른 그림들보다 더 쉽게 객관적인 무심의 관조를 가능하게 하지만, 어떤 그림들은 감상자들의 성욕을 자극하여 현실적인 관심을 더욱 강화시키는 경향이 있다.

장엄한 대상들과 장면들은 단순히 아름다운 것들과는 대조적으로 여러 가지 면에서 인간의 의지에 적대적인 것들이다. 그것들은 광대함이나 힘을 가지고 사람들을 위협한다. 천둥치는 검은 먹구름, 거대한 바위, 맹렬한 기세로 흐르는 강물은 장엄할 수 있다. 장엄함에 대한 미학적 경험은 의식적으로 의지로부터 떨어져 위협적일 수도 있는 그것을 유쾌한 마음으로 둘러봄으로써 획득될 수 있다. 그렇게 하면 관조된 대상의 이데아가 다시 드러난다.

미술작품과 자연을 관조할 때 드러난 플라톤적 이데아들은 물자체, 즉 의지로서의 세계를 알 수 있게 해주는 하나의 수단이기 때문에 쇼펜하우어에게 중요하다. 우리는 이런 수단에 의해 물자체를 직접 알 수는 없지만, 플라톤적 이데아들은 "의지를 가장 적절하게 객관화"해준다. 다시 말하면 이데아들이 드러내 보여주는 세계는 주관적으로 왜곡된 세계가 아니며 가능한 한 물자체에 근접한다.

4) 음악

음악은 표상으로서의 세계를 표현하지 않는다는 점에서 다른 예술들과 다르다. 음악은 일반적으로 어떤 것도 표현하지 않는다. 그렇지만 음악이 위대한 예술이라는 사실은 부정할 수 없다. 쇼펜하우어는 그의 사상체계에서 음악을 특별히 중요하게 생각한다. 그에 의하면 음악은 의지 자체의 사본이다. 이것은 음악의 깊이를 말해 준다. 음악은 실재의 본질을 드러낼 수 있다.

슬픈 음악은 특별한 개인의 슬픔을 표현하거나 특별한 상황에서의 슬픔을 연상시키지 않는다. 그런 음악은 특정한 상황과 무관하게 슬픔의 본질을 표현한다. 그렇지만 음악은 결국 의지의 복사물이다. 이런 점에서 볼 때 음악은 무의식적인 형이상학의 일종이다. 음악은 물자체의 그림을 제공해준다. 이것은 형이상학자가 현상의 배후에 있는 것을 설명해주고자 하는 것과 마찬가지이다. 쇼펜하우어는 음악에 관한 그의 견해와 물자체와 음악의 관계에 관한 그의 견해가 입증될 수 없음을 잘 알고 있었다. 베토벤의 현악 4중주를 물자체와 비교하여 쇼펜하우어의 주장이 옳은지 알 수 있는 길은 없다. 하지만 그는 자신의 설명이 음악의 힘을 적절하게 해명해 준다고 생각하며, 독자들이 그 이론을 염두에 두고 음악을 감상할 것을 제안한다.

5) 자유의지

모든 현상들은 '충족이유율', 즉 모든 것에는 그것이 현재 그렇게 존재하는 이유가 있다는 원리를 따른다. 이런 원리는 바위나 풀과 같은 사물들에 적용될 뿐 아니라 인간에게도 마찬가지로 적용된다. 우리의 행동은 전적으로 생태학적 조건, 과거의 사건들, 우리의 성품에 의해 결정된다. 우리는 단지 우리가 자유로이 행동한다는 환상을 가질 뿐이다. 하지만 의지, 즉 물자체는 전적으로 자유하다. 그러므로 인간은 이미 결정된 존재자이면서 동시에 자유롭다. 비록 현상의 차원에서이기는 하지만 우리가 이미 결정되어 있다는 주장은 비관적이다. 이 책 전반에 걸쳐 흐르는 비관주의의 강물은 쇼펜하우어가 고통의 본질을 강조할 때 더욱 거칠어진다.

6) 고통과 구원

쇼펜하우어는 여기서 불교와 힌두교를 포함한 아시아적 전통에 크게 의존한다. 지속적인 행복은 인간에게 불가능하다. 인간은 그의 본성에 있어서 만족을 추구하는 지속적인 욕구를 가진다. 우리가 욕구하는 것이 성취될 때 우리는 일시적으로 행복할 수 있지만, 그런 행복은 우리가 추구하던 것이 충족된 것에 불과하다. 그러나 이런 만족은 일시적일 수밖에 없다. 우리는 강한 권태(ennui)에 빠지거나, 아니면 추구하던 것이 아직 충족되지 않았다고 생각하여 그 욕구들을 충족시키고자 애쓰게 된다. 인생은 고통과 권태의 반복이다.

하지만 우리가 실재의 본질을 통찰한다면, 우리가 '마야의 베일'3)을 통해 실재의 본질을 꿰뚫어 본다면, 즉 의지로서의 세계

---

3) 마야의 베일은 실재하는(참으로 존재하는) 세계인 의지로서의 세계를 보지 못하게 방해하는 장애물이다.

를 알게 된다면, 고통으로부터 영원히 벗어날 수 있는 기회가 있으며, 적어도 예술이 제공해 줄 수 있는 미학적 관조의 순간들처럼 지고한 행복의 단계에 도달할 수 있다.

이런 상태에 도달하기 위한 첫 번째 단계는 다른 사람들을 해치는 것은 일종의 자해라는 깨달음이다. 왜냐하면 의지의 수준에서는 해를 가하는 사람과 해를 당하는 사람은 하나이기 때문이다. 가해자와 피해자가 다르다고 생각하는 것은 현상의 수준에서만 그렇다. 이런 사실을 깨닫는다면 우리는 모든 고통은 어떤 의미에서 우리 자신의 고통임을 알게 될 것이고, 그런 깨달음이 동기가 되어 고통을 막기 위해 노력하게 될 것이다. 어떤 사람이 다른 사람을 해치는 것은 마치 의지가 미친 짐승처럼 이빨로 자기 살을 물어뜯으면서도 그것이 자해임을 알지 못하는 것과 같다.

쇼펜하우어가 『의지와 표상으로서의 세계』 마지막 부분에서 설명하는 더 극단적인 운동은 삶에의 의지를 의도적으로 부정하는 금욕주의이다. 금욕주의자는 성욕을 억제하고 가난한 삶을 사는데, 이것은 다른 사람들을 돕기 위해서라기보다는 오히려 욕망을 제거하고 궁극적으로는 의지를 억제하기 위한 것이다. 그러나 이런 극단적인 정책에 의해 금욕주의자는 다른 방법으로는 피할 수 없는 고통의 상태에서 벗어난다.

7) 『의지와 표상으로서의 세계』에 대한 비판들

a. 취약한 형이상학적 기초들

쇼펜하우어는 취약한 형이상학적 토대에 근거한 사유체계를 제시한다. 이 책의 전체적인 구조는 우리 자신이 의지하는 몸의 운동을 의식함으로써 물자체를 인식하는데 또는 적어도 물자체에 근접하는데 초점을 맞추고 있다. 그러나 만일 쇼펜하우어가 그렇게 하여 의지로서의 세계에 근접할 수 있는 가능성에 관해 오류를 범하고 있다면, 이 책 전체의 토대가 흔들린다. 쇼펜하우어는 자기의 떡을 가지고 그것을 먹고 싶어 하는 것처럼 보일 때가 있다. 그는 한편에서는 마야의 베일(너울)이 실재의 궁극적 본성을 인식하지 못하게 방해한다고 주장하면서, 동시에 다른 한편에서는 우리가 이 너울을 통해 그 안을 볼 수 있다고 주장하는 모순을 범하고 있다.

하지만 비록 쇼펜하우어 사상의 형이상학적 토대를 거부한다 할지라도, 우리는 이 책에서 예술, 경험과 고통에 관한 많은 통찰들을 발견할 수 있다. 이 책 전체의 구조에 결함이 있을 수도 있다는 사실에도 불구하고, 쇼펜하우어는 우리에게 많은 생각거리들을 제공해 준다. 예술가들이 쇼펜하우어의 책에서 영감을 받았다는 것은 놀라운 일이 아니다.

b. 위선.

쇼펜하우어는 금욕이 구원으로 인도하는 길이며, 인간이기 때문에 불가피하게 발생하는 고통에서 해방되는 길이라고 선포했다. 그렇지만 그는 자신이 선포한 것을 실천하지 않았다. 그는 성적 순수성을 실천하지 않았으며, 좋은 음식을 즐겼다. 그렇다면 왜 우리가 그런 위선을 진지하게 받아들여야 하는가?

물론 이런 공격이 쇼펜하우어의 철학을 심각하게 손상시키지 않는다. 어떤 사람이 구원으로 가는 길을 알면서도 실제로는 그 길을 가지 않을 수도 있다. 위선이 바람직한 것은 아니지만, 그것 때문에 주장의 힘이 손상되지는 않는다. 만일 금욕이 고통을 제거하는 길을 마련해 준다는 쇼펜하우어의 주장이 옳다면, 이것은 그가 실제로 어떤 삶을 살았느냐 하는 것과는 전혀 무관하다.

John Stuart Mill(1806 ~ 1873)

밀은 1806년 런던에서 태어났다. 벤담의 제자였던 아버지의 교육 아래 공리주의 학파를 이어갈 후계자로 일찌감치 기대를 한 몸에 받았다. 아버지를 따라 동인도회사에서 35년간 근무하는 한편 1823년에는 공리주의자 협회를 창설, 1843년에는 『논리학 체계』를 발표하는 등 학문 활동도 계속했다. 버트란드 러셀이 태어나자 그의 대부가 되었으며, 1873년 프랑스의 아비뇽에서 생을 마감했다. 주요 저서로는 『여성의 종속』, 『정치경제학 원리』, 『종교에 관하여』 등이 있다.

단 한 사람만이 다른 의견을 가지고 있다고 해도 그 한 사람을 침묵을 강요할 권리는 없다.

『자유론』 중에서

18. 밀의 『자유론』(*On Liberty*)

주먹을 휘두를 수 있는 나의 자유는 당신의 얼굴이 시작되는 곳에서 끝난다. 이것은 『자유론』의 중심사상이다. 내가 원하는 것을 하지 못하게 막을 수 있는, 또는 내가 원치 않는 것을 하도록 강요할 수 있는 유일한 근거는 나의 행위에 의해 다른 사람이 해를 입게 되는 경우이다. 나의 사생활은 나의 권리이다. 나의 행위에 의해 다른 사람을 실제로 해치지 않는 한 국가나 사회가 간섭해서는 안 된다. 성인이 되어 스스로 결정할 수 있는 사람은 누구든지 어떤 간섭도 받지 않고 자기가 좋아하는 삶을 추구할 자유가 있다. 비록 나의 행위를 통해 나 자신이 해를 당한다 할지라도 그것은 국가가 간섭할 충분한 이유가 되지 않는다. 예를 들어 나는 건강을 돌보지 않고 안락의자에 파묻혀 누워 있을 수 있는 자유가 있다. 사람들이 좋다고 생각하여 행하는 것보다 더 나은 것이 있다는 이유로 그들이 행하는 것을 통제하는 간섭정치(paternalism)는 정신적 장애로 인해 스스로 결정할 능력이 없는 사람들과 어린이들에 대해서만 정당화될 수 있다. 밀은 또한 간섭정치는 자신을 위해 최선의 것이 무엇인지 판단할 능력이 없는 "미개한" 사람들에 대해서도 정당화될 수 있다고 생각한다. 하지만 그 밖의 사람들에게는 스스로 자신을 통제할 수 있는 자유가 주어져야 한다. 그것이 세상에서 행복의 전반적 수준을 증진시키는 최선의 길이기 때문이다.

1) 저자 문제

『자유론』이 밀의 저작으로 알려져 있기는 하지만, 밀은 서문과 자서전에서 이 책이 사실은 부인 해리어트 테일러(Harriet Taylor)와의 공동 저작임을 강조한다. 그의 부인은 이 책이 완성되기 전에 죽었다. 철학 역사가들은 그녀가 완성된 책 내용에 어느 정도 영향을 주었는지에 관해 의문을 제기하지만, 밀 자신은 그녀가 공동저자라고 생각했음이 분명하다. 책의 제목에 그녀의 이름을 공동저자로 명기하지는 않았지만 말이다.

2) 상해원리(Harm Principle)

밀은 자서전에서 『자유론』은 "유일한 진리에 관한 일종의 철학 교과서"라고 기록하고 있다. 유일한 진리는 일반적으로 '상해원리' 또는 '자유원리'(Liberty Principle)로 알려져 있다. 이 원리는 이미 언급되었듯이 다른 사람들을 해칠 수 있는 잠재적 가능성이 있을 경우에만 내가 원하는 것을 행하지 못하도록 제한할 수 있다는 견해이다. 이것은 무제한적 자유를 주장하는 것과는 전적으로 다르다. 밀에 의하면 자유를 어느 정도 제한하지 않고는 공동체에서의 삶은 불가능하다. 그가 제기하는 중요한 물음은 어느 선까지 자유가 허용되어져야 하느냐 하는 것이었다.

상해원리는 어떤 상황에서든 올바른 행위는 그 행위의 결과에 대한 평가에 의해서 결정된다고 주장하는 밀의 공리주의에 의해 지지된다. 공리주의에 의하면 가장 큰 행복을 줄 것으로 예상되는 것은 무엇이든 도덕적으로 올바르다. 물론 모든 형태의 행복이 밀의 평가에서 동일한 무게를 가지는 것은 아니다. 밀에 의하면 만일 사회 구성원들이 그들에게 흥미 있는 것을 추구할 수 있도록 허용된다면, 전체 사회가 이익을 얻는다. 나는 어떤 종류의 삶이 나에게 최선인지 다른 사람들보다 더 잘 안다. 비록 내가 잘못 생각했다 할지라도, 스스로 선택하는 것이 훌륭한 삶에 관해 다른 사람의 견해를 그대로 받아들이도록 강요되는 것보다 더 나을 것이다. 밀에 의하면 개인이 양립할 수 없는 다양한 삶의 유형들을 추구하도록 허용되는 상황은 사회적 관습에 순응하도록 강요되는 상황보다 훨씬 더 낫다. 밀은 경험론자이기 때문에 진리를 발견하는 방법은 대부분의 경우 실험에 의한 방법이라고 믿는다. 인간이 처한 곤경에 대해 다양한 해결책들을 시도함으로써만 한 사회는 번영할 것이다. 그것이 사회를 개선하는 길이기 때문이다. 그는 자신이 "생존의 실험들"(experiments of living)이라 부르는 것을 인정했다. 이와 반대로 무비판적인 순응은 사회를 침체의 늪에 빠뜨리고, 선택의 자유를 제한하며, 결과적으로 인간의 잠재력이 발휘될 수 없는 재앙적인 결과를 야기한다. 밀은 우리 모두가 자유에 대해 자연권을 가진다고 주장하지 않는다. 그는 자연권이란 관념이 결코 합리적이라고 믿지 않는다. 편의상 우리는 자유에 대한 '권리'에 관해 말할 수도 있다. 그러나 밀에게 있어서 자유권은 언제나 행복을 최대로 증진시킬 수 있는 것에 관해서 일반화될 수 있어야 한다. 따라서 『자유론』의 핵심적 내용은 자연권 사상이라기보다는 오히려 공리주의이다.

『자유론』은 부분적으로 서로 동의하는 성인들이 사적으로 행하는 것을 법으로 제한하려는 사람들을 비판한다. 결과적으로 이 책은 최근에 영화검열과 동성애와 같은 쟁점들에 관한 법률 개정을 이론적으로 뒷받침해 주었다. 그러나 이 책은 또한 밀이 "다수의 횡포"라고 부르는 것을 비판하기도 했다. 다수의 견해에 의해 부과된 사회적 압력은 사람들이 "생존의 실험"을 행하지 못하도록 할 수 있기 때문이다. 그들이 그렇게 행하는 것을 제한하는 아무런 법이 없음에도 불구하고 말이다. 만일 나의 이웃 사람들이 내가 선택한 특이한 삶의 방식 때문에 기분이 상한다면, 그들은 나의 삶을 용납하지 못할 수도 있으며 결과적으로 내가 합법적으로 가지는 자유를 행사하지 못하게 할 수도 있다. 내가 행하는 것이 그들을 직접 해치지 않음에도 불구하고 말이다. 밀에 의하면 사회적 관습에 순응하기를 바라는 사회적 압력은 자유를 해칠 수 있으며 모든 사람들을 무비판적인 범속한 사람으로 전락시킬 수 있다. 이것은 결국 모든 사람들에게 최악이다.

이상의 논의에서 볼 때 밀의 상해원리를 이용하고자 하는 일부 사람들이 간과하기 쉬운 한 가지 분명한 점은 단순히 다른 사람들의 기분을 상하게 하는 것과 그들을 해치는 것은 다르다는 사실이다. 만일 당신이 내가 많은 동성애자들과 함께 살거나 나체주의자로 살거나 이성의 복장을 하고 사는 등 통상적이지 않은 방식으로 살기로 한 것을 알고 기분이 상한다 할지라도, 그것이 법이나 사회적 압력을 통해 내가 다른 방식으로 살도록 강제할 충분한 이유가 될 수는 없다. 만일 밀의 원리가 기분을 상하게 하는 것과 해치는 것을 동일시했다면 그 원리는 전혀 받아들여지지 않았을 것이다. 거의 모든 삶의 방식들은 다른 사람들의 기분을 상하게 하기 때문이다. 밀이 "상해"라는 개념을 통해 정확하게 무엇을 의미하는지 분명하지 않으며, 따라서 이 개념은 많은 논란의 대상이 되어왔다. 그러나 분명한 것은 그가 다른 사람들의 기분을 상하게 하는 것과 그들을 해치는 것을 동일시하지 않는다는 사실이다. 밀이 주장하는 관용은 당신이 다른 사람들의 특이한 삶의 방식을 허가해야 한다는 것을 의미하지 않는다. 당신은 다른 사람들이 사는 방식 때문에 불쾌할 수도 있다.

당신은 그들이 더 나은 삶의 방식을 선택하도록 교육할 수 있다. 그리고 국가가 어린이들이 어른들처럼 자기파괴적인 삶을 추구하지 않도록 교육시킬 제도를 어린이들에게 부과하는 것은 정당하다. 그러나 다른 성인들이 선택한 삶의 방식에 대한 거부감은 그들의 삶에 개입하여 다르게 살도록 강요하는 것을 정당화 시켜줄 충분한 이유가 될 수는 없다. 교화된 사회는 다양성을 관용할 수 있어야 한다.

밀의 원리는 실생활과 동떨어진 추상적인 철학적 이념이 아니다. 밀은 세계를 더 나은 방향으로 개선하고자 한다. 그런 목표를 위해 그는 상해원리의 실용적 적용을 강조한다. 이런 적용들 중에서 가장 중요한 것은 일반적으로 언론의 자유라고 알려진 사상과 토론의 자유에 관한 그의 논의이다.

3) 언론의 자유

밀은 언론의 자유를 열렬히 옹호한 사람이다. 그는 사상, 연설 그리고 저술은 폭력을 조장할 위험성이 명백할 경우에만 검열되어야 한다고 주장한다. 언어는 그것이 사용되는 상황에 따라 위험할 수도 있고 그렇지 않을 수도 있다. 밀이 지적했듯이, 곡물 중개상인들이 가난한 사람들을 굶어죽게 만든다는 견해를 신문에 기고하는 것은 용인될 수 있을 것이다. 그렇지만 같은 말이라도 곡물상인의 집 밖에 모여 있는 분노한 군중들을 선동하는 것이라면, 말하는 사람을 제지해야 할 것이다. 폭동을 야기할 위험성이 크다면 개입하는 것이 정당할 것이다. 언론의 자유에 관한 오늘날의 논의들에서는 종종 포르노 필름이나 인종주의가 중요한 주제로 등장한다. 19세기의 작가인 밀의 주된 관심사는 종교, 도덕이나 정책들에서 정통적인 견해들을 비판하는 글이나 말이었다. 그에 의하면 어떤 견해가 자유로이 표현될 수 있도록 허용함으로써 야기되는 손실보다는 그 견해를 억압함으로써 - 비록 그 견해가 옳지 않다 할지라도 - 야기되는 손실이 더 크다. 그는 『자유론』에서 이런 입장이 정당함을 자세히 논증한다.

만일 어떤 사람이 논란의 여지가 있는 의견을 제시한다면, 그 견해는 기본적으로 참이거나 거짓일 수 있다. 덜 분명한 제 3의 가능성, 즉 거짓이긴 하지만 진리의 요소를 포함하는 견해도 있을 수 있다. 밀은 이들 세 가지 가능성들에 관해 다음과 같이 주장했다. 만일 그 견해가 참이라면, 그것을 억압하는 것은 우리가 오류를 피할 수 있는 기회를 놓치는 것이다. 밀은 진리는 거짓보다 낫다고 생각한다. 만일 그 견해가 거짓이라면, 그것을 듣지 않고 침묵시키는 것은 그 견해가 공공연하게 논박될 가능성을 차단함으로써 진리가 오류와의 대결에서 승자로 입증될 기회를 박탈하는 것이다. 그러므로 밀은 만일 인종주의적 견해들이 폭력을 조장하지 않는다면 그런 견해들의 표현을 관용했을 것이다. 왜냐하면 그런 견해들이 표현될 기회를 주면 공적으로 논박되어 거짓으로 드러나게 될 수 있기 때문이다. 그 견해들이 실제로 거짓이라는 전제에서 말이다.

만일 표명된 견해가 진리의 요소를 포함하고 있다면, 그것을 침묵시키는 것은 진리의 일부가 알려지는 것을 차단할 가능성 있다. 예를 들어 어떤 인종주의자는 특정한 인종집단에 속한 사람들은 대체로 정상적인 수준에 미치지 못하는 교육수준을 가지고 있었다는 사실을 지적할 수도 있다. 그런 인종주의자는 이런 사실을 근거로 그 인종집단의 사람들은 태생적으로 열등하다고 주장할 수도 있다. 하지만 비록 이런 견해가 거짓일 가능성이 농후하긴 하지만 그 증거는 어느 정도 진리를 내포하고 있다. 이 인종집단의 사람들이 실제로 열등한 수준의 교육을 받는다는 것은 사실일 수도 있다. 그들의 교육수준이 낮다는 증거에 의해 그들이 태생적으로 열등하다고 주장하기보다는 열악한 교육제도 때문에 교육수준이 낮다고 생각하는 것이 올바를 것이다. 밀에 의하면 당신이 거짓이라고 확신하는 견해들을 침묵시킴으로써 당신은 거짓된 의견들도 진리의 요소를 가지고 있을 수 있다는 사실을 간과하는 위험에 빠지게 된다.

어떤 견해를 침묵시키기 위해서는 당신 자신의 무오류성을 확신해야 한다. 그러나 어느 누구도 이 점에 있어서 절대적인 확신을 가질 수 없다. 어떤 인간도 진리에 관해 오류를 범하지 않을 수 없다. 역사에는 억압된 견해가 날조된 거짓이라고 확신하는 사람들에 의해 진리가 억압된 많은 예들이 있다. 지동설이 교회에 의해 억압된 사례가 대표적이다. 갈릴레오와 그의 제자들은 그들의 신념 때문에 박해를 받았으며, 그들을 박해한 사람들은 자신들의 견해가 옳다고 확신했다.

그러나 검열자들이 개연성에 근거하여 판단한 것들은 정당한가? 그들도 오류를 범하지 않을 수 없지 않은가? 어떤 경우에 그들은 자신들이 옳다고 확신할 수 있는가? 우리가 절대적으로 확신할 수 있는 쟁점들은 거의 없다. 확실성에 대한 요구가 우리를 행동하지 못하게 만들지 않을 것인가? 이런 물음들에 대해 밀은 다른 사람들이 우리의 의견을 반박하도록 허용하는 것이야말로 우리의 판단에서 확신을 얻는 유용한 방법들 중 하나라고 대답한다. 우리는 전혀 비판받지 않은 견해보다는 감시와 비판을 거친 견해에 관해 더 큰 확신을 가질 수 있다. 그 밖에도 비록 어떤 견해가 명백하게 사실이라 할지라도, 거짓 견해들에 대해 그 견해를 방어하는 행위는 그 견해가 계속 생존하도록 지켜주며 죽은 도그마가 되는 것을 막아준다.

4) 『자유론』에 대한 비판들

a. 종교적 반론들

밀이 종교적 관용을 장려하기 위해 열심히 노력했다는 사실에도 불구하고, 자유에 관한 그의 견해들은 종종 종교적인 이유들 때문에 비판의 대상이 되고 있다. 어떤 종교들은 국가의 역할 중 일부는 하나님이 부여해 준 도덕규범을 강화하는 것이라고 가르친다. 그런 종교의 신도들은 그들이 자신들의 종교적 의무에 의해 오도될 수 있음을 인정하지 않을 수도 있다. 예를 들어 만일 당신이 동성애를 죄라고 규정하는 종교의 신자이고 당신의 종교가 공식적인 국교라면, 당신은 동성애가 직접적으로 아무도 해치지 않음에도 불구하고 국가는 모든 동성애를 금지해야 한다고 믿을 것이다. 당신은 이런 금지가 행복에 기여하느냐 그렇지 않느냐 하는 것은 중요하지 않다고 생각할 수도 있다. 이와 반대로 밀은 동성애를 금지하는 것은 행복을 저해시키고 인간의 잠재력을 제한하는 경향이 있을 것이기 때문에 그런 금지규정이 있어서는 안 된다고 주장할 것이다. 이 두 견해는 타협의 여지가 없을 정도로 정면으로 대립된다.

b. 상해에 관한 모호한 개념

상해원리는 『자유론』의 핵심적 주제이다. 그러나 밀은 '상해'라는 개념이 무엇을 의미하는지 정확하게 제시하지 않는다. 그는 모욕당하는 것은 상해를 당하는 것이라고 생각하지 않는다. 하지만 이 책의 한 부분에서 밀은 개인적으로는 용납될 수 있고 무해한 어떤 행위들은 - 아마도 그는 성행위를 생각하고 있는 듯한데 - 공적으로 발생하지 못하도록 금지되어야 한다고 주장한다. 이것은 그가 이 책의 다른 부분에서 말하는 것과 일치하지 않는 것처럼 보인다. 거기서 그는 어떤 행위가 상해를 야기할 경우에만 그 행위를 제재하는 것이 정당화될 수 있다고 주장하기 때문이다. 그리고 위에서 언급된 사례에서 발생할 수 있는 유일한 상해 가능성은 대중이 그 행위를 모욕적이라고 생각하는 경우일 것이다. 더 나아가 신체적 상해의 경우라 할지라도 어느 정도의 상해에 대해 제재를 가해야 할지 그 기준이 분명하지 않다.

밀을 변호하는 입장에서 본다면, 그의 책은 상해원리에 대한 결론적 주장으로서 기획된 것이 아니었다는 사실이다.

c. 사회를 해치는 개인의 비도덕성

사적으로 행해진, 그리고 어느 누구도 해치지 않고 단지 동의하는 성인 참여자들에게만 해가되는 활동들에 대해 국가의 제재가 정당화되는 이유는 한 사회는 오직 공동의 기초적 도덕원리들에 의해 존재하기 때문이다. 만일 이런 원리들이 공적으로든 사적으로든 훼손된다면, 사회의 존속이 위험할 수도 있다. 그러므로 개인이 행복할 수 있는 기초가 되는 사회의 존속을 위해 국가의 개입이 필요할 수도 있다.

마지막 유형의 비판의 근거가 되는 전제는 논란의 여지가 있다. 사회는 도덕적 다양성을 파괴하지 않고 관용할 수 있다는 많은 증거들이 있다.

d. 공리적이지 않음

밀은『자유론』의 주장들의 이론적 정당성을 탁월한 방식으로 제시한다. 공리주의는 상해원리가 근본적으로 정당함을 보증해 주는 근거이다. 하지만 상해원리를 비판하는 사람들의 지적에 의하면 밀은 종종 자유가 공공의 행복에 기여하는 것과 무관하게 "내적" 가치를 가진다고 주장하는 것처럼 보인다. "내적" 가치는 일반적으로 "도구적"(instrumental) 가치와 대비된다. 내적 가치는 어떤 것이 자체적으로 가지는 가치인데 반해, 도구적 가치는 어떤 것이 다른 어떤 것을 획득하는데 유용하기 때문에 가지는 가치이다. 예를 들어 돈의 가치는 동전이나 지폐 자체에 있는 것이 아니라 그것을 사용하는데 있기 때문에 도구적 가치를 가진다. 공리주의에 의하면 내적 가치를 가지는 유일한 것은 인간의 행복뿐이며, 그 밖의 모든 가치는 인간의 행복에 기여하는 도구적 가치를 가진다. 그러므로 공리주의자라면 자유의 유일한 가치는 그것이 행복으로 인도한다는 사실에 있다고 말할 것이다. 그러나 이런 견해는 개인의 자유가 다른 사람들을 해칠 가능성이 없다면 우리는 언제나 그 자유를 보장해야 한다는 밀의 결론과 상충된다. 사실 철저한 공리주의자는 예를 들어 언론의 자유와 관련하여 어떤 특정한 경우에는 비록 올바른 견해라 할지라도 그 견해를 통제함으로써 행복이 증가될 수 있다면 그런 견해를 통제할 타당한 근거가 있을 수 있다고 주장할 것이다. 만일 내가 앞으로 몇 주 내에 혜성이 지구와 충돌하여 온 인류가 멸망할 것이라는 믿을 만한 정보를 가지고 있다면, 당신은 나의 표현의 자유를 통제할 충분한 공리주의적인 근거들을 가질 수도 있다. 만일 온 인류가 절멸될 위험에 처해 있다는 사실이 일반에게 공개된다면, 전체적인 불행의 정도가 무지한 행복의 상황과 비교하여 심각하게 증가할 것임은 자명하다.

밀에 의하면 언론의 자유는 절대적으로 보장되어야 한다. 그런 자유로 인해 결과적으로 직접적인 상해가 발생할 심각한 위험이 없다면 말이다. 공리주의가 이런 강한 입장에 대해 이론적 정당성을 제공해 줄 수 있는지는 분명하지 않다. 이런 유형의 반박이 필연적으로 밀의 결론들을 손상시키지는 않지만, 밀이 그런 결론들을 지지해 줄 수 있는 공리주의적 타당성을 제시해 주지 못했음을 정확하게 지적한다.

e. 지나치게 낙관적임

자유와 그 결과들에 관한 밀의 견해들은 많은 경우 낙관적이며, 어느 정도는 지나치게 낙관적이다. 예를 들어 그는 성인은 일반적으로 무엇이 자신의 행복을 증진시킬 수 있는지 가장 잘 알 수 있다고 전제한다. 그러나 과연 그런가? 우리 중 많은 사람들은 자기기만에 있어서 전문가들이며, 장기적인 행복의 기회를 놓치고 단기적인 욕구충족의 유혹에 쉽게 빠진다. 우리를 잘 살게 해 줄 것이라고 생각한 것이 실제로는 착각으로 밝혀지는 경우가 종종 있다. 그렇다면 나의 삶의 문제와 크게 관련이 없는 어떤 사람이 내가 어떻게 살아야 할 것인지에 관해 나보다 더 정확한 판단을 할 수도 있다. 그러나 물론 다른 사람이 나의 삶의 방식을 결정하도록 허용함으로써 어떤 혜택이 발생한다 할지라도 그것 때문에 나 자신의 주체성이 상실되어서는 안 될 것이다.

밀이 지나치게 낙관적으로 생각하는 또 다른 영역은 언론의 자유이다. 밀은 진리와 오류가 충돌할 때 진리가 승리할 것이라고 생각한다. 그러나 그것은 그렇지 않다. 그는 인간 삶에서 비합리성의 힘을 과소평가한다. 우리들 중 많은 사람들은 강력한 동기에 의해 진리가 아닌 일들을 믿는다. 거짓 견해들이 자유로이 회자되도록 허용하게 되면 순진한 사람들 사이에 실제로 뿌리를 내리게 될 수도 있다. 그런 견해들이 제재되었다면 그런 일이 발생하지 않았을 텐데 말이다. 또한 기술의 발달로 인해 훨씬 더 다양한 견해들이 널리 퍼지게 되었다. 다양하고 광범위하게 유포된 견해들 가운데서 진리가 오류에 대해 승리하는 강한 경향성이 있었다는 어떤 증거도 없다. 사실 어떤 사람들은 검열을 할 만한 정당한 근거들이 있다고 생각했을 수도 있다. 하지만 검열을 정당시하려는 사람은 누구든지 밀의 지적, 즉 만일 당신이 다른 사람의 의견을 제재한다면 이것은 당신이 무오하다는 사실과 그 견해를 억압한 긍정적 효과가 유해한 효과들보다 크다는 사실을 전제한다는 주장이 잘못임을 논박해야 할 것이다.

f. 적극적 자유(positive freedom)[1]

밀의 자유론에 관한 또 다른 비판은 밀이 간섭으로부터의 자유에 집중하고 관용을 주장함으로써 "자유"란 개념이 가지는 보다 중요한 의미를 간과했다는 것이다. 밀은 소위 '소극적' 자유(negative freedom), 즉 속박으로부터의 자유(freedom from)를 중요하게 생각했다. 그를 비판하는 사람들은 '적극적' 자유, 즉 목표를 지향하는 자유(freedom to)가 중요하다고 믿는다. 적극적 자유를 옹호하는 사람들의 주장에 따르면, 사회는 불완전하기 때문에 단순히 생존할 수 있는 여지를 허용하는 것만으로는 자유를 보장하기에 충분하지 못하다. 자유를 성취하기 위해서는 물질적인 자원과 교육적 자원의 부족으로부터 심리적 장애들에 이르기까지 많은 장애물들이 있다. 자유의 적극적 의미를 강조하는 사람들은 인간으로서의 잠재력을 성취하고 완전히 자유롭기 위해서는 모든 종류의 국가적 간섭이 필요하다고 믿는다. 그런데 때로는 이런 간섭은 개인의 활동 영역을 축소시키는 결과를 야기할 수도 있다. 개인의 활동이 다른 사람을 직접 해치지는 않음에도 불구하고 말이다. 적극적 자유를 더 극단적으로 강조하는 사람들은 심지어 사람들에게 자유를 강요할 수도 있다고 믿으며, 이런 생각에는 전혀 모순이 없다고 믿는다. 이와 반대로 밀의 관

---

[1] 적극적 자유는 당신이 실제로 하고자 하는 것을 적극적으로 행할 수 있는 자유이다. 적극적 자유를 방해하는 장애물들은 외적인 것일 수도 있고 내적인 것일 수도 있다. 예를 들어 의지박약이 자유의 장애요인일 수 있다.

점에서 보면 만일 당신이 강요되어 어떤 일을 한다면 당신은 단연코 그것을 자유의지에 따라 행했을 수 없다.

John Stuart Mill(1806 ~ 1873)

밀은 1806년 런던에서 태어났다. 벤담의 제자였던 아버지의 교육 아래 공리주의 학파를 이어갈 후계자로 일찌감치 기대를 한 몸에 받았다. 아버지를 따라 동인도회사에서 35년간 근무하는 한편 1823년에는 공리주의자 협회를 창설, 1843년에는 『논리학 체계』를 발표하는 등 학문 활동도 계속했다. 버트란드 러셀이 태어나자 그의 대부가 되었으며, 1873년 프랑스의 아비뇽에서 생을 마감했다. 주요 저서로는 『여성의 종속』, 『정치경제학 원리』, 『종교에 관하여』 등이 있다.

> 만족한 돼지보다 불만족한 소크라테스가 낫다.
>
> 『공리주의』 중에서

19. 밀의 『공리주의』[1] (*Utilitarianism*)

'행복을 극대화하라.' 이것은 공리주의를 풍자하는 표현이지

---

1) 공리주의'(utilitarianism)는 어떤 상황에서도 도덕적으로 옳은 행위는 행복을 극대화할 가능성이 가장 큰 행동이라는 도덕이론이다.

만, 공리주의의 핵심 내용을 정확하게 전달해 준다. 밀은 가장 유명한 공리주의 철학자이다. 그는 『공리주의』에서 그의 스승 벤담(Jeremy Bentham)이 처음 주장했던 공리주의를 더욱 세련되게 발전시켰다. 밀의 관점을 이해하기 위해서는 그의 이론이 벤담의 이론과 어떻게 다른지 아는 것이 중요하다.

1) 벤담의 공리주의

벤담에 의하면 어떤 상황에서도 도덕적으로 옳은 행위는 행복의 총량을 극대화하는 행위이다. 그에 의하면 행복은 '마음이 만족한 상태', 즉 즐겁고 고통이 없는 상태이다. 이런 상태가 세상에서 많이 일어나면 일어날수록 그만큼 더 좋다. 그런 만족감이 어떻게 발생하느냐 하는 것은 중요하지 않다. 벤담은 주점에서의 놀이도 시와 마찬가지로 가치가 있다고 단언한다. 그것들이 모두 동일한 양의 즐거움을 준다면 말이다. 중요한 것은 하나의 행위에 의해 얼마나 많은 즐거움이 생산되었느냐 하는 것이지 그 즐거움이 누구에 의해 생산되었느냐 하는 것이 아니다. 그리고 행복한 기분의 총량에 따라 우리가 어떻게 행동해야 할 것인지가 결정된다. 이것은 가장 단순한 형태의 공리주의이다.

그러므로 만일 어떤 공리주의자가 자신의 돈을 가난한 이웃에게 유산으로 남길 것인지 아니면 상당히 유복한 20명의 친구들에게 나누어 줄 것인지 결정하고자 했다면, 그는 어느 경우에 행복의 총량이 더 많아질지 계산했을 것이다. 비록 그 유산이 가난한 이웃을 대단히 행복하게 했을 수도 있지만, 행복의 총량은 상당히 유복한 20명의 친구들을 보통 정도로 행복하게 하는 것보다 훨씬 적을 수도 있다. 이것이 사실이라면, 그는 돈을 가난한 이웃에게 유산으로 주지 않고 친구들에게 나누어 주어야 할 것이다.

밀은 벤담의 많은 신념들을 공유했다. 밀의 '최대행복의 원리'(Greatest Happiness Principle)에 따르면 "어떤 행위가 행복을 얼마나 증진시키고 불행을 얼마나 생산하느냐에 따라 그 행위의 옳고 그름이 결정된다." 밀과 벤담의 윤리적 견해가 쾌락추구에 근거하고 있었다는 점에서 볼 때, 그들은 모두 쾌락주의자이다. 물론 그들이 주장하는 쾌락은 개인의 쾌락이 아니라 최대의 전체적 쾌락이었다. 그들에 의하면 행위는 결과와 무관하게 행위를 규정하는 어떤 종교적 법이나 일련의 의무규정들에 따라서가 아니라 예상되는 결과들에 따라 평가되어야 한다.

'최대 다수의 최대의 행복'이란 표어는 흔히 공리주의 윤리관을 대표하는 표현으로 사용되지만 사실은 그렇지 않다. 벤담과 밀의 공통적 관심은 행복의 총량을 가장 많이 확보하는 것이었으며, 그 행복이 어떻게 분배되느냐 하는 점에는 관심이 없었다. 이런 윤리관에서 볼 때 많은 사람들에게 적은 행복을 골고루 나누어 주는 것보다는 소수의 사람들이 최대의 행복을 누리도록 하는 것이 더 나을 것이다. 소수의 사람들이 누리는 행복의 총량이 다수의 사람들이 나누어 가지는 행복의 총량보다 더 크다면 말이다.

밀의 공리주의가 벤담의 공리주의와 다른 점은 행복에 관해 벤담보다 더 정교하게 설명한다는 점이다. 밀에 의하면 질적으로 다른 다양한 종류의 쾌락들이 있다. 고차원적인 쾌락이 있고 저차원적인 쾌락이 있다는 것이다. 고차원의 쾌락이 저차원의 쾌락보다 더 낫다. 이와 달리 벤담은 모든 종류의 쾌락을 동일하게 취급한다.

2) 고급쾌락과 저급쾌락

벤담의 공리주의와 같은 단순한 공리주의 이론들에 대한 통상적인 비판은 그런 이론들이 복잡하고 미묘한 인간의 삶을 동물적 쾌락의 양에 따라 계산한다는 것이다. 그 쾌락이 어떻게 산출되느냐 하는 점은 고려하지 않고 말이다. 이런 종류의 공리주의는 돼지에게나 어울리는 이론이라고 조롱을 받았다.

밀은 그런 비판에 직면해 고급쾌락과 저급쾌락을 구분하였다. 그가 주장하듯이 만족한 돼지보다는 불만족한 인간이 더 나으며, 어리석지만 만족한 인간보다는 불만족한 소크라테스가 더 낫다. 인간은 동물적 쾌락은 물론 지성적 쾌락을 즐길 줄 알지만, 돼지는 지성적 쾌락을 즐길 수 없다. 밀은 그가 고차원적 쾌락이라 부르는 지성적 쾌락이 저차원적인 육체적 쾌락보다 본질적으로 더 가치 있다고 주장한다. 이를 뒷받침하기 위해 그는 두 종류의 쾌락을 모두 느낀 사람들은 지성적 쾌락을 더 선호할 것이 분명하다고 주장한다. 그렇지만 고상한 지성적 쾌락을 경험할 줄 아는 사람들 중에도 감각적 만족에 빠져 방탕한 삶을 사는 사람들도 있다. 밀에 의하면 그들은 직접적인 감각적 만족의 유혹에 의해 탈선한 사람들이다. 그러나 그들도 고차원적인 쾌락이 더 가치 있음을 아주 잘 안다는 것이다.

3) 공리주의의 '증명'

'왜 행복을 최대화 하는가?' 이 물음에 대한 밀의 대답은 논란의 여지가 있다. 비록 그는 자신의 대답이 결코 그의 이론에 대해 결정적인 타당성을 입증한다고 주장하지는 않지만 말이다. 그는 공리주의와 같은 이론은 진위가 입증될 수 없다고 믿는다.

밀에 의하면 행복은 목적 자체로서 추구된다. 인간이 행하는 모든 활동의 궁극적 목표는 행복을 추구하고 고통을 피하는 것이다. 그 밖에 추구할 만한 가치가 있는 것이 있다면 그것이 행복한 삶에 기여하기 때문이다. 만일 당신이 아름다운 미술작품을 수집한다면, 이런 수집행위는 기쁨을 추구하는 하나의 방법이다. 만일 어떤 사람이 밀의 주장에 반대하여 자신이 덕을 추구하는 것은 목적 자체 때문이지 덕으로부터 야기되는 어떤 행복 때문이 아니라고 주장한다면, 밀은 그에게 대답할 것이다. 덕은 그의 삶을 행복하게 만드는 하나의 중요한 요소이며, 그 사람의 행복의 일부가 된다고 말이다.

'최대행복의 원리'에 따르면 삶의 목표 또는 목적은 행복을 추구하고 고통의 피하는 것이다. 이렇게 행복을 추구하고 고통의 피하는 것이야말로 유일하게 목표로서 추구할 만한 것들이며, 그 밖의 모든 것은 이런 목표들에 이르는 수단으로서 추구할 만한 것이다. 그러므로 '왜 행복을 최대화 하는가?'라는 물음은 결국 행복을 추구할 만하게 만드는 것이 무엇인가에 관한 물음이다. 밀은 이런 물음에 대해 비유를 들어 설명한다. 어떤 대상이 보일 수 있음을 입증할 수 있는 유일한 방법은 사람들이 실제로 그것을 볼 수 있다는 사실을 입증하는 것이다. 마찬가지로 행복이 추구할 만한 가치가 있음을 입증할 수 있는 유일한 증거는 사람들이 실제로 그것을 추구한다는 사실이다. 모든 사람은 자기 자신의 행복이 바람직한 것임을 안다. 그러므로 보편적 행복은 개인의 행복의 합이며, 따라서 그 자체로 바람직하다.

4) 공리주의에 대한 비판들

a. 부당한 논증에 근거한 '증명'

행복을 최대화해야 한다는 확신을 정당화하려는 밀의 시도에는 몇 가지 부당한 논증들(bad arguments)이 포함되어 있다. 이런 부당한 논증들은 대부분 시지윅(Henry Sidgwick)에 의해 지적되었다. 첫째, 볼 수 있는 것으로부터 바람직한 것으로의 논리적 비약이 그것이다. 밀에 의하면 보여진 것이 무엇인지 확인하면 볼 수 있는 것이 무엇인지 말할 수 있기 때문에, 사람들이 실제로 바람직하게 행동하는 것이 무엇인지 확인하면 바람직한 것이 무엇인지 말할 수 있다는 결론이 나온다. 그러나 엄밀한 의미에서 보면 '볼 수 있음'과 '바람직함' 사이의 유비는 성립할 수 없다. '볼 수 있음'은 '보일 수 있음'을 의미하지만, '바람직함'은 일반적으로 '바랄 수 있음'을 의미하지 않는다. 일반적으로 '바람직함'이 의미하는 것은 '바라야 함' 또는 '바랄만한 가치가 있음'이다. 그리고 밀은 그의 논증에서 '바람직함'이란 단어를 '바랄만한 가치가 있음'과 같은 의미로 사용하고 있음이 분명하다. 그런데 일단 이 두 단어들 사이의 유비관계가 부적절함이 입증되었기 때문에, 사람들이 실제로 바라는 것이 무엇인지 알면 그들이 바라야 하는 것이 무엇인지 쉽게 알 수 있다고 장담할 수는 없다.

그러나 비록 행복이 바람직하다는 사실을 밀이 적절하게 입증했다 할지라도, 필연적으로 그의 이런 주장은 가능한 최대의 행복을 목표로 하는 보다 호의적인 공리주의적 접근을 권장하기보다는 오히려 모든 사람이 저마다 자기 자신의 행복을 추구하는 이기주의적 공리주의를 조장할 것이다. 밀에 의하면 모든 개인은 자신의 행복을 원하기 때문에 개인들이 느끼는 행복의 총량을 합하면 어느 정도가 바람직한지 쉽게 알 수 있다. 그러나 이것은 전혀 그렇지 않다. 밀은 우리 모두가 추구해야 할 목표는 개인적 행복보다는 오히려 보편적 행복임을 입증하기 위해 훨씬 더 설득력 있는 논증을 필요로 한다.

b. 예측의 난점들

비록 밀이 공리주의적 윤리관을 채택할 충분한 근거들이 있음을 확실히 입증했다 할지라도, 그는 여전히 그 이론과 적용에 대한 몇 가지 반박들에 직면하게 될 것이다. 하나의 현실적인 어려움은 많은 가능한 행위들 중에서 전체적으로 최대의 행복을 산출할 가능성이 가장 큰 것이 어떤 행위인지 예상하기 어렵다는 점이다. 이것은 신속한 도덕적 결단이 요구될 때, 예를 들어 불타는 건물에 세 명의 사람들이 갇혀 있는데 단 한 사람만 구출할 수 있는 상황이라면 누구를 가장 먼저 구출해야 할 것인가 하는 딜레마에 직면했을 때, 특히 곤란한 문제이다. 그런 상황에서 당신은 가만히 앉아 예상되는 결과들을 생각할 시간이 없을 것이다.

이런 반론에 대해 밀은 인류 전반에 걸쳐 사람들은 다양한 행위 유형들의 예상되는 과정에 관해 그들의 경험을 통해 배워왔다고 대답하였다. 밀의 해결책은 도덕적 결단에 직면할 때마다 최대행복 원리로 돌아가는 것이 아니라, 어떤 유형의 행위들이 행복을 극대화하는지에 관해 몇 가지 일반적인 원리들을 찾아내는 것이다. 그래서 밀은 가능한 결과들을 끝없이 계산하기보다는 일반적 원리들을 채택하는 것이 합리적인 삶의 방식이라고 주장한다. 따라서 그의 공리주의는 두 단계를 거친다. 첫 번째 단계는 공리주의에 근거하여 일반적 원리들을 추론해 내는 것이며, 다음 단계는 그런 원리들을 특정한 경우들에 적용하는 것이다.

c. 고급쾌락과 저급쾌락

쾌락을 두 가지 범주로 분류하는 밀의 구분은 여러 가지 문제점들을 야기한다. 이런 두 유형의 쾌락들은 정확한 정도에서의 차이라기보다는 오히려 종류에서의 차이이기 때문에, 밀의 이런 구분은 행위의 결과들에 관한 예상과 비교를 훨씬 더 복잡하게 만든다. 고급쾌락과 저급쾌락은 비교 불가능하다. 두 유형의 쾌락들을 동시에 측정하고 비교할 수 있는 공통의 기준이 없기 때문이다. 그러므로 고급쾌락과 저급쾌락이 모두 예상되는 상황에서 우리가 밀의 공리주의적 견해를 어떻게 적용해야 할지 전혀 분명하지 않다.

더 나아가 고급쾌락과 저급쾌락의 구분은 아전인수처럼 보인다. 지성적인 사람은 당연히 지성적 행위는 단순히 육체적인 쾌락보다 더 만족스러운 종류의 쾌락을 산출한다고 생각할 것이다. 이것만으로는 밀의 이론이 잘못이라고 말할 수 없다. 그러나 밀의 이런 구분에서 볼 때 우리는 그가 지성적 쾌락이 다른 쾌락들보다 본질적으로 더 가치 있는 쾌락이라고 생각했었을 수도 있음을 알 수 있다.

d. 납득할 수 없는 결과들

공리주의 원리들을 엄격하게 적용할 때 납득할 수 없는 결과들이 생기는 경우들이 종종 있다. 예를 들어 잔인한 살인사건이 있었고, 경찰은 혐의가 있는 사람을 찾았지만 그가 실제로 살인을 저지르지 않았음을 알고 있었다면, 그에게 누명을 씌워 처벌하는 것은 공리주의적 관점에서 보면 타당할 수도 있다. 아마도 대다수의 사람들은 죄인이 체포되어 처벌받았다는 사실에 대단히 행복했을 것이다. 그 죄인이 실제로는 죄가 없음을 아무도 알지 못하는 한 그들은 여전히 행복할 것이다. 죄가 없는 사람이 당하는 고통은 당사자에게는 크겠지만, 결과를 계산할 때는 그가 당하는 고통보다는 수백만의 사람들이 정의가 실행되었음을 보고 느낄 쾌락의 총량이 훨씬 크다. 그렇지만 대다수의 사람들은 공리주의 도덕성이 야기하는 이런 결과를 납득하지 못할 것이다. 무죄한 사람을 처벌하는 것은 옳지 못하며, 그 결과가 아무리 유용하다 할지라도 허용되어서는 안 된다는 사실을 직관적으로 알기 때문이다.

이런 비판에 대한 대안으로 등장한 것이 소위 '규범 공리주의'(rule utilitarianism)이다. 규범 공리주의에서는 무죄한 사람을 처벌하면 일반적으로 행복보다 더 많은 불행이 뒤따른다는 사실과 같은 실용적인(utilitarian)[2] 근거들에 기초하여 일반적인 행동원리들이 입안되어진다. 그런데 이런 일반적인 원리들은 몇몇 특수한 경우들에도 여전히 적용된다. 예를 들어 죄 없는 한 사람을 처벌하면 실제로 다른 어떤 가능한 선택지들을 선택할 때보다 더 큰 행복이 발생하게 될 그런 경우들 말이다. 어떤 사람들은 밀이 규범 공리주의자라고 주장했다. 하지만 우리가 (현장에서 결과를 예측하기보다는 오히려) 신속하게 행동해야 하는 상황에 직면하기 전에 일반적인 행동지침들을 마련하는 것에 관해 밀이 말하는 것의 의도는 단지 일반적인 규범들, 즉 특수한 경우에는 파기될 수 있으며 따라서 강제적인 행동원리들이 아닌 일반적인 규범들을 제정하기 위한 것이다.

---

2) 밀에게 있어서 '실용성'(utility)은 유용성보다는 오히려 행복을 의미하는 특수한 용어이다. 만일 어떤 행위가 실용성을 증진시킨다면, 이것은 단순히 그 행위가 행복을 증가시킨다는 의미이다.

Søren Kierkegaard(1813 ~ 1855)

키에르케고르는 1813년 덴마크의 코펜하겐에서 태어났다. 어렸을 적 어머니와 다섯 누이를 모두 잃고, 아버지가 우울증에 빠지는 등 불우한 유년을 보냈다. 그는 일생동안 직업 없이 유랑하다가 길에서 졸도하여 1855년에 42살의 나이로 생을 마감했다. 주요 저서로는 『불안의 개념』, 『죽음에 이르는 병』, 『공포와 전율』 등이 있다.

죽음으로부터 되돌아온 자는 아무도 없고, 울지 않고 이 세상에 태어난 자는 아무도 없으며, 언제 태어나고 싶고 언제 떠나가고 싶은지 질문을 받아본 자는 아무도 없다.

『이것이냐 저것이냐』 중에서

20. 키에르케고르의 『이것이냐 저것이냐』(Either / Or)

『이것이냐 저것이냐』(Either/Or)는 전문적인 철학서기보다는 오히려 소설에 더 가깝다. 그리고 대다수의 소설들처럼 이 책도 쉬운 말로 바꿔 설명할 수 없을 정도로 난해하다. 그럼에도 불구하고 이 책의 주된 관심사는 분명하다. 이 책의 주제는 "우리는 어떻게 살아야 할 것인가?"라는 아리스토텔레스의 물음이다. 이 물음에 대한 키에르케고르의 대답은 대단히 완곡하기 때문에 그에 대한 해석들도 서로 모순적이고 때로는 당황스럽기도 하다. 적어도 표면상으로 볼 때 이 책은 심미적 삶과 윤리적 삶이라는 근본적으로 다른 두 종류의 삶의 방식을 탐구한다. 그러나 이런 탐구는 내부로부터 이루어진다. 즉, 삶의 그런 방식들에 대한 견해들이 단적으로 제시되는 것이 아니라 이 책의 허구적 저자들인 두 명의 인물들을 통해 표현된다.

1) 익명의 저자

키에르테고르의 저술은 연극대본과 같은 특징을 가진다. 익명으로 글을 쓴다는 점이 그 중 하나이다. 이것은 그가 다양한 필명을 가지고 글의 쓴다는 의미가 아니라, 자신과 다른 허구적 인물들을 창작하여 그들의 목소리로 말한다는 뜻이다.

『이것이냐 저것이냐』의 논조는 서문에 잘 나타난다. 빅토르 에레미타(Victor Eremita)라는 해설자는 『이것이냐 저것이냐』란 제목으로 출간된 원고들을 어떤 경로로 입수하게 되었는지 말한다. 그는 오래 전부터 갖고 싶어 했던, 서랍이 달리고 뚜껑을 접어 넣는 중고 책상 하나를 가구점에서 샀다. 어느 날 막 휴가를 떠나려 하는데 책상의 서랍이 열리지 않았다. 어쩔 수 없이 책상을 발로 차자 갑자기 비밀 판자가 열리면서 원고뭉치 하나가 드러났다. 이 원고들은 두 사람에 의해 작성된 것처럼 보였다. 그는 이 두 사람에게 'A'와 'B'라는 명칭을 붙이고 그 원고들을 정리하여 출간했다. 이 책을 읽어 가면서 'B'는 빌헬름이란 재판관임이 드러나지만, 'A'가 누구인지는 전혀 확인되지 않는다. 물론 이 이야기는 허구이며, 'A'와 'B'는 가상의 인물들이다. 서랍이 달리고 뚜껑을 접어 넣는 책상(escritoire)에 관한 이야기는 책의 핵심 주제를 은유적인 방법으로 제시해 준다. 책상은 현상과 실재 사이의 괴리, 또는 키에르케고르가 표현하듯이 "내면은 외면이 아님"을 상징한다.

익명의 저자들을 사용하는 기법을 통해 키에르케고르는 이 책에서 탐구되고 표현된 견해들로부터 거리를 두고 가공의 인물들 뒤에 자신의 입장을 숨길 수 있다. 그러나 이런 기법을 통해 그는 또한 자신이 일깨우는 다양한 입장들의 내적 의미를 정확하게 제시할 수 있으며, 철학자들이 전형적으로 이용하는 냉정한 추론에 의해서가 아니라 허구적 개인들의 내적 삶의 관점으로부터 그 입장들을 탐구할 수 있다. 이것은 키에르케고르가 사용하는 간접화법 방법론이다. 즉, 그것은 추상적이고 비인격적인 개념들을 설명하기보다는 오히려 사람들이 현장에서 살아가는 다양한 양상들을 보여줌으로써 인간의 실존적 진리를 전달해 주려는 의도적인 노력이다.

2) 『이것이냐』

이 책의 1부를 이루고 있는 『이것이냐』는 일반적으로 널리 읽혀지는 부분이다. 대다수의 독자들은 B가 쓴 딱딱하고 약간은 난해한 단원보다는 A의 문장이 더 재미있고 다양하다는 것을 발견한다.『이것이냐』를 즐겨 읽는 사람들 중에서도『저것이냐』를 처음부터 끝까지 인내를 가지고 정독하려는 사람들은 거의 없다. 심지어 이런 현상은 요약본 형태로 출판된 책의 경우에도 마찬가지이다. 그럼에도 불구하고『저것이냐』의 여러 부분들은 B 자신의 윤리적 관점을 견지하면서도 A의 심미적 인생관에 관해 비록 편파적이긴 하지만 상세한 논평을 제시해 준다. A의 글은 자신의 인생관을 직접 기술하지 않으며, 오히려 글의 관심사와 문체를 통해 그의 인생관을 간접적으로 드러낸다.

3) 심미적 인생관

간단히 말해 심미적 인생관의 핵심은 감각적 즐거움에 대한 쾌락주의적 탐닉이다. 그러나 이런 정의는 키에르케고르가 사용하는 심미적이란 용어에 대한 정확한 설명이 아니다. 그것은 육체적 만족에 대한 동물적 갈망을 연상시키기 때문이다. 그러나 키에르케고르에게 있어서 심미적 접근은 지성적 심미주의자의 보다 세련된 쾌락추구를 포함한다. 심미주의자의 쾌락은 미에 대한 관조와 예술작품에 대한 고상한 가치평가로부터 오는 쾌락일 수도 있으며,『이것이냐』에 들어있는「유혹자의 일기」란 단원에 나타나듯이 가학적인 권력행사에서 느끼는 즐거움일 수도 있다. 이런 모든 쾌락들은 A에 의해 추구된다.

키에르케고르에게 있어서 심미적 인생관은 끊임없는 새로운 쾌락추구를 의미하기도 한다. 이런 삶의 방식을 선택하는 사람들에게 일어날 수 있는 최악의 상황은 지루함을 느끼는 것이기 때문이다. 심미주의자에게 권태는 모든 악의 뿌리이다. 그래서 A는 권태를 피하는 적당히 진지한 전략을 제안하면서, 이 전략에 농담으로 '돌려짓기'라는 명칭을 붙인다.

4) 돌려짓기(윤작)

'돌려짓기'는 삶에 대한 당신의 태도 또는 당신이 우연히 연루된 모든 것에 대한 태도를 자의적으로 바꾸는 것을 포함한다. 농부가 토질을 개선하기 위해 사용하는 방법처럼 관점을 자의적으로 바꾸는 것은 개인에게 활력을 재충전시켜 주며 지루함을 없애는데 도움을 준다. 'A'의 예는 지루하게 말하는 사람의 말을 들어야 하는 것에 관한 것이다. A가 지루하게 말하는 사람의 코에서 흘러내리는 땀방울들에 주목하자마자 지루함은 즉시 사라진다. 지금 키에르케고르는 삶에 대한 자의적이고 비일상적인 접근방식들을 찬양한다는 점에서 초현실주의를 주장하는 것처럼 보인다. 즉, 그는 연극의 중간 지점으로 바로 가거나 책의 세 번째 부분만 읽으라고 제안한다. 그렇게 하면 자칫 지루해지기 쉬운 것에 대해 새롭고 자극적일 수 있는 시각을 가질 수 있다는 것이다.

『이것이냐』를 구성하고 있는 에세이들에서 주제들과 문체들을 지체 없이 바꾸는 것은 심미적 삶의 자세를 특징짓는 새로운 자극에 대한 부단한 탐닉을 암시적으로 보여준다. 이것은 일련의 단편적 논평들과 격언들로 이루어진 '디아프살마타'(Diapsalmata,

그리스어로 '후렴구들')라는 첫 단원에서 가장 분명하게 나타난다. 『이것이냐』의 다른 부분들은 준(準)학술적인 논문들이며, 그렇지 않으면 아주 특이하게도 한 경우에는 일기 형식으로 제시되어 있다.

5)「유혹자의 일기」

「유혹자의 일기」는 『이것이냐』에 들어있는 단편소설이다. 그것은 코르델리아(Cordelia)라는 젊은 여자의 유혹을 기술한 탁월한 작품으로 제목이 암시하듯이 하나의 일기이지만 그 여인이 유혹자에게 쓴 편지들도 들어 있다.「유혹자의 일기」는 문학작품이지만, 『이것이냐 저것이냐』 내에서 보면 심미적인 삶의 한 방식, 즉 윤리적이라기보다는 오히려 시적으로 살고자 하는 시도에 관한 사례연구이다.

『이것이냐 저것이냐』의 서문에서 전체 작품의 허구적 편집자인 에레미타는 책상 서랍에 있는 문서들 가운데 그 일기가 있는 것을 발견했다고 소개한다. 그러나 (『이것이냐 저것이냐』 전체의 서문 이외에) 일기에 등장하는 인물들을 알고 있던 어떤 사람이 썼다고 추정되는 서문이 그 일기 자체에 들어 있다는 점에서 볼 때 저자를 은폐하려는 또 다른 의도가 있음을 알 수 있다. 에레미타는 그가 '중국 상자'라고 부르는 상자에 독자의 주의를 환기시킴으로써 그 일기의 편집자는 유혹자가 편지의 내용과 자신이 무관함을 보이기 위해 꾸며낸 가공의 인물일 수도 있음을 암시한다. 물론 『이것이냐 저것이냐』의 독자인 우리는 에레미타보다 한 단계 더 높은 차원에서 그 사건들을 볼 수 있으며, 따라서 에레미타는 단순히 케에르케고르에 의해 설정된 또 다른 가공인물이라는 사실과 일기에 기록된 사건들은 실제로 일어난 어떤 일에 대한 기록이 아니라 케에르케고르의 상상의 산물임이 거의 확실하다는 사실을 잘 안다. 우리는 또한 거리두기 기법을 이용한 에레미타의 설명을 키에르케고르 자신에게도 그대로 적용하여 그가 저자를 은폐하기 위해 『이것이냐 저것이냐』 전체에 걸쳐 사용하는 가명들과 수수께끼들의 비밀을 풀 수도 있다. 에레미타는 「유혹자의 일기」에 대한 A의 태도를 어떤 사람이 무서운 꿈을 얘기할 때 놀라는 것과 같다고 묘사하는데, 이것은 그가 가상의 편집자를 통해 자신을 은폐해야 하는 이유가 무엇인지 암시해 준다.

유혹자의 목표는 어떤 특별한 여자가 자기와 사랑에 빠지도록 유혹하는 것이다. 그는 이 일에 성공한 다음 모든 애정을 거두어들인다. 그의 즐거움은 단순한 육체적 만족이 아니라 심리학적 사디즘이다.

유혹은 심미적 인생관을 선택하는 사람들의 전형적인 오락이다. 『이것이냐』에 들어 있는 초기 논문인 「호색가의 당면한 단계들」은 어느 연쇄 유혹자의 운명을 추적하는 오페라인 모차르트의 「돈 조반니」에 관한 연구이다. A가 볼 때 「돈 조반니」는 위대한 작곡가의 최고 걸작이다. A가 이 오페라에 이렇게 매료되는 이유는 오페라 주인공의 삶의 스타일이 중요한 여러 면에서 자기 자신의 삶을 반영하기 때문일 것이다.

6) 윤리적 인생관

『이것이냐』에서 독자는 작품이 설명하고 제시하는 견해의 의미를 찾아내기 위해 고도의 집중력을 발휘해야 한다. 『저것이냐』에서는 견해들이 명시적으로 진술되며, 주로 A의 삶의 스타일이 여러 측면에서 반박된다. 『저것이냐』의 익명의 저자인 B 또는 빌헬름 판사는 단순히 자신의 인생관을 제시할 뿐만 아니라 A의 인생관을 비판하기도 한다. 따라서 『저것이냐』를 읽을 때 비로소 『이것이냐』의 의미가 훨씬 더 명료하게 드러난다.

쾌락을 추구하는 A의 삶과 대조적으로 B는 개인이 자신의 행위를 선택하는 삶을 옹호한다. B가 기술하듯이 심미주의자의 삶은 외부의 사건들과 환경의 변화에 따라 흔들린다. 쾌락의 원천을 단적으로 선택할 수 없고 우리를 자극하는 세상의 다양한 풍조에 의존해야 하기 때문이다. 이와 반대로 윤리적 삶의 방식은 언제나 내적 동기에 의해 움직인다. 내면으로부터 동기가 주어지는 윤리적 삶에서 중요한 것은 일단의 규범들을 배워 그 규범들에 복종하는 것이 아니라 자신의 선택이 의무와 일치하도록 삶의 방식을 바꾸는 것이다. 이런 관점에서 볼 때 심미주의자인 A는 단순히 다양한 가공의 인물들 뒤에 자신의 정체를 숨기면서 그의 자유를 위해 책임을 회피하고 있다. B에 의하면 그런 삶의 방식은 일종의 자기기만이다. 윤리적 삶은 자기인식을 요구한다. 윤리적 삶을 선택한다는 것은 B가 주장하는 "보편적 개인"으로 바뀌는 것이며, 어떤 방식으로든 모범적 인간이 되기로 결심하는 것이다. B에 의하면 이렇게 될 때 인간성의 진정한 아름다움이 드러나는데, 이런 아름다움은 심미주의자가 추구하는 아름다움과는 전혀 다른 것이다.

7) 『이것이냐 저것이냐』에 대한 해석들

a. 실존주의적 해석

『이것이냐 저것이냐』에 대한 실존주의적 해석에 따르면 독자는 극단적으로 다른 두 가지 인생관을 접하게 된다. 어떻게 선택해야 하는가를 지시하는 어떤 지침들도 없다. 우리는 둘 중에 하나를 선택하고, 그런 선택을 통해 우리 자신을 창조해야 한다. 하지만 계몽기의 주도적 견해들과는 달리 실존주의에서는 '내가 어떻게 살아야 할 것인가?'란 물음에 대해 '올바른' 대답이 없다. 심미적인 삶을 떠나 윤리적 삶을 선택하는 이유들은 오직 당신이 이미 윤리적 인생관에 따라 살고 있다면 의미가 있을 뿐이다. 심미적 삶이 악이라고 주장하는 것은 당신이 이미 선과 악의 구별을 전제하기 때문이다.

마찬가지로 심미적 삶의 정당성을 옹호하는 주장들은 오직 심미주의자에게만 설득력이 있다. 윤리적 삶을 사는 사람은 그런 주장들이 불합리하다는 이유로 거부할 것이다. 예를 들어 빌헬름 판사는 유혹의 즐거움이 조금도 가치 있다고 생각하지 않을 것이다. 이런 관점에서 보면 『이것이냐 저것이냐』는 모든 인간이 처한 고민에 가득 찬 모습을 반영하고 있다. 우리는 선택을 강요당하고 있으며, 우리의 선택을 통해 우리를 창조해야 한다. 그것이 인간의 조건이다. 따라서 실존주의자들은 『이것이냐 저것이냐』를 실존주의 역사에서 핵심적인 책이라고 생각했다. 이렇게 볼 때 키에르케고르는 미리 정해진 어떤 가치도 발견될 수 없는 세계에 직면하여 근본적인 선택의 중요성을 인식한 최초의 철학자들 중 하나였으며, 따라서 그는 1세기 후에 사르트르를 사로잡은 많은 주제들을 선구적으로 다루었다고 볼 수 있다. 20세기의 대다수 실존주의자들은 키에르케고르의 저작에 의해 영향을 받았음이 확실하다.

b. 윤리적 삶을 지지하는 입장

키에르케고르의 글에는 실존주의적 입장을 지지하는 많은 내용이 있지만, 어떤 해석자들은 이 책이 은연중에 심미적 삶보다는 윤리적 삶을 옹호한다고 생각했다. B는 A의 심미주의를 간파한 후 근엄하지만 확실한 대안을 제시한다. 당신의 삶을 통제하고 우연적 사건들에 매이지 않음으로써 당신은 본성을 완성할 수 있다. 심미주의자는 우연적 사건들에 휩쓸리기 쉽다. 비록 가변적 사건들이 당시의 목표들과 바라는 것들을 방해한다 할지라도 윤리적 삶의 방식은 자아가 결코 흔들리지 않도록 보장해준다.

이런 해석은 『이것이냐 저것이냐』에는 어떤 교훈적 경향도 없다는 키에르케고르의 주장과 모순된다. 더 나아가 키에르케고르처럼 용의주도한 작가가 그가 선호하는 인생관을 그렇게 무미건조한 방식으로 제시하지는 않았을 것이다. 만일 키에르케고르가 윤리적 삶을 선호했다면, 왜 그가 심미주의자인 A를 그렇게 변호했으며 근엄하고 거만한 빌헬름으로 하여금 자신이 선호하는 견해를 대변하도록 했는지 이해하기 어렵다.

c. 자서전적 저서

키에르케고르는 21세 때 14세에 불과한 처녀 레기네 올센을 만났다. 「유혹자의 일기」에 등장하는 유혹자와 마찬가지로 키에르케고르는 그녀의 가족과 친하게 지냈으며, 심지어 그녀의 약혼자와도 친구가 되었다. 레기네가 17세 되었을 때, 키에르케고르는 그녀에게 청혼하였으며, 그녀는 청혼을 받아들였다. 하지만 키에르케고르는 결혼을 관철시키지 못하고 『이것이냐 저것이냐』가 출간되기 2년 전인 1841년에 파혼했다. 그 결과 레기네는 모욕을 느끼고 극심한 스트레스에 시달리게 되었다. 어떤 논평자들은 『이것이냐 저것이냐』의 여러 부분들은 당시 키에르케고르의 상황을 반영하고 있으며, 따라서 철학적 관심보다는 심리학적 관심이 더 강하다고 보았다.

이런 견해에 의하면 『이것이냐』는 키에르케고르가 추구했었지만 결혼했더라면 중단되었을 감각적 즐거움의 삶을 진술하며, 「저것이냐」는 결혼의 정당성과 그에 따르는 사회적 책임들을 제시한다. 따라서 『이것이냐 저것이냐』는 파혼의 원인이 된 고통을 문학적으로 표현한 것이라 할 수 있다. 철학적인 표현은 그의 생애에서 가장 중요한 선택을 할 수밖에 없었던 순간에 번민하는 영혼을 은폐하려는 또 다른 시도에 불과하다.

『이것이냐 저것이냐』에 관한 이런 해석은 당연히 정확할 것이다. 그러나 그런 해석은 위에서 간략하게 소개된 두 해석들과 전혀 모순되지 않는다. 키에르케고르라는 사람의 자서전적 사실들을 아는 것은 흥미롭기도 하고 유익하기도 하다. 그러나 궁극적으로 그의 저술의 성패는 이 책과 그의 삶과의 관계와 무관하며,

글을 쓸 수 있는 에너지를 공급해 준 심리학적 동기들과도 무관하다.

8) 『이것이냐 저것이냐』에 대한 비판들

a. 위장된 이분법?

A와 B에 의해 예시된 삶의 두 방식이 모든 삶의 양식들을 대표하지는 않을 것이다. C, D, E, F의 방식들도 있을 수 있다. 다시 말해 키에르케고르는 만일 당신이 심미적 삶을 거부한다면 유일한 대안은 윤리적 삶이라는 것을 주장하는 것처럼 보인다. 하지만 이런 생각은 키에르케고르의 입장에 대한 가장 소박한 해석이다. 키에르케고르는, 또는 적어도 빅토르 에레미타라는 인물은 동일한 사람이 동시에 『이것이냐』와 『저것이냐』의 본문을 썼을 가능성을 생각한다. 이것은 두 입장들이 외견상 보기와는 달리 모순되지 않음을 암시한다. 그리고 키에르케고르는 이들 두 입장이 삶의 유일한 방식임을 주장하지도 않는다. 실제로 이후의 저서들에서 그는 제3의 삶의 방식으로서 종교적 삶이 있음을 분명히 말한다.

b. 불확정성

지금까지의 논의에서 분명한 것은 『이것이냐 저것이냐』에 관해서는 다양한 해석의 여지가 있으며, 키에르케고르의 본래 의도가 무엇인지 파악하기는 결코 쉽지 않다는 사실이다. 이 책은 전달하고자 하는 심오한 의미가 있는 것처럼 보인다. 그렇지만 그 의미가 무엇인지에 관해 비평가들은 서로 의견이 일치하지 않는다. 어떤 사람들은 이런 불일치는 키에르케고르 자신이 그가 의미하는 것에 관해 납득하기 어려울 정도로 모호한 입장을 취하기 때문이라고 말한다. 이것은 허구적 인물들과 함께 생생한 철학적 입장들을 탐구하는 그의 글쓰기 방식 때문이다. 등장인물들이 그들의 입장을 직접 진술하기보다는 그 입장의 대표적 인물이기 때문에 해석의 여지가 있다. 모호하지 않은 문장으로 분명하게 진술된 단순한 견해를 원하는 사람들은 철학에 대한 키에르케고르의 비교적 시적인 접근방식에 실망할 것이다.

Karl Marx(1818 ~ 1883)

마르크스는 1818년 프러시아의 트리어에서 태어났다. 23세에 철학박사 학위를 받았으나 좌파적 정치 성향으로 인해 대학 교수로 임명되지 못했다. 당국의 검열을 피해 프랑스로 갔으나 거기서도 쫓겨나 벨기에에서 세계 공산당을 창설하였고, 그것이 또 문제가 되어 런던으로 달아난다. 그곳에서 엥겔스를 만나 비로소 일생의 대작인『자본론』을 집필하게 되었다. 그는 1883년에 사망했다. 주요 저서로는『공산당선언』,『자본론』,『자연변증법』등이 있다.

개인들은 자신들의 삶을 표현하는 대로 존재한다.

『독일 이데올로기』중에서

21. 마르크스와 엥겔스의 『독일 이데올로기 1부』(The German Ideology, Part One)

우리 시대의 경제적 상황에서 우리가 처한 위치에 따라 우리의 존재방식이 결정된다. 특히 물질적 생산수단에 대한 우리의 관계가 우리의 삶과 생각을 규정한다. 무시간적이고 불변적인 인간의 본성은 없다. 우리는 우리가 살고 있는 역사적 시기의 산물이다. 이것은 마르크스와 엥겔스의 『독일 이데올로기』 1부의 핵심 내용이다. 이 책은 사적 유물론을 이론적으로 설명하는 책이다. 이 책의 대부분은 헤겔의 철학을 재해석하는 독일의 일부 해석자들, 즉 젊은 헤겔주의자들의 작품을 부정적인 입장에서 공격한다. 이 책의 많은 부분은 헤겔과 함께 마르크스의 지성적 발달에 강한 영향을 끼친 포이에르바하에 관한 논의에 할애되어 있다.

오늘날 『독일 이데올로기』를 읽는 대다수의 독자들은 저자들이 그들의 적대자들의 작품을 자세히 연구하기 이전에 이 책의 전반부에서 개진된 긍정적인 이론들에 주목한다. 이사야 베를린(Isaiah Berlin)은 『독일 이데올로기』의 고전으로서의 위상을 인정하면서도 지루한 측면들이 있다고 평가한다. 그에 의하면 "오래전에 죽어 지금은 잊혀진 저자들과 그들의 견해를 다루는 장황하고 지루한 이 책은 긴 서문에서 마르크스의 역사관을 가장 상상력이 풍부하고 인상적인 방식으로 설명한다."

『독일 이데올로기』를 읽을 때 중요한 것은 마르크스와 엥겔스가 취하는 급진적 방법론을 인식하는 것이다. 이런 방법론은 마르크스가 『독일 이데올로기』를 집필할 무렵에 쓴 「포이에르바하에 관한 명제들」의 마지막 부분에 잘 요약되어 있다. "철학자들은 단지 세계를 다양한 방식으로 해석했을 뿐이다. 중요한 점은 세계를 바꾸는 것이다." 자본주의가 많은 사람들을 무의미한 노동과 곤궁한 가정생활에서 벗어나지 못하게 만든다는 것을 인식하는 것만으로는 충분하지 못하다. 필요한 것은 혁명, 즉 현재의 상황을 완전히 전복시키는 것이다. 마르크스와 엥겔스가 세계를 변화시키려는 그들의 목표에 성공했음을 부정하는 사람은 아무도 없다. 지금까지 논의된 많은 작가들과 달리, 이들 두 사람은 단지 학계뿐만 아니라 세계 전체에 지대한 영향을 끼쳤다. 거의 불가사의 할 정도로 그들의 저서들은 성공적인 혁명들을 선동하는 역할을 했는데, 그런 혁명들의 후속 결과들은 오늘날에도 여전히 느껴지고 있다.

1) 사적 유물론(Historical Materialism)

마르크스와 엥겔스의 사적 유물론[1], 또는 그들이 즐겨 사용하듯이 "유물사관"(materialist conception of history)이란 개념은 우리의 경제적 상황이 우리의 존재방식을 결정한다는 이론이다. '유물론'이란 개념은 철학에서 다양한 의미로 사용되고 있다. 예를 들어 정신철학에서 볼 때 유물론은 정신이 순전히 물질적 관점에서 설명될 수 있다는 견해이다. 이런 의미의 유물론은 마르크스와 엥겔스가 생각하는 유물론이 아니다. 그들에게 있어서 '유물론'은 생산수단들과 우리의 관계를 경제적 관점에서 설명하는 것이다. 이런 관계는 궁극적으로 우리가 우리 자신과 우리 가족을 부양하기 위해 해야 하는 노동의 문제와 관련된다. 보다 복잡한 사회에서 유물론은 우리가 소유할 수도 있는 또는 그렇지 못할 수도 있는 재산(생산력)과 생산수단들에 대한 우리의 관계를

---

1) '사적 유물론'이란 생산수단에 대한 관계가 삶과 생각을 규정한다는 이론이다.

중요하게 생각한다.

이런 의미에서의 유물론은 실질적인 삶의 본성을 도외시하고 추상적인 일반화의 세계에서 배회하는 철학과 정면으로 대립된다. 이런 유물론은 대다수 사람들이 겪는 삶의 힘든 현실들에 주목하는데, 유물론이 그처럼 광범위한 지지를 받은 것은 바로 이런 이유 때문이었을 것이다. 이런 유물론은 시간이 지남에 따라 물질적 상황이 바뀌고 새로운 기술의 영향에 의해 한 사회와 그 사회를 구성하는 개인들의 삶의 형태가 완전히 바뀐다는 사실을 인정한다. 그리고 바로 이런 의미에서 그런 유물론은 사적 유물론이라 할 수 있다. 예를 들어 노예제도 폐지는 증기기관의 발명에 의해 가능하게 되었다. 하나의 기계가 힘들고 고된 일을 백명의 노예들보다 더 효과적으로 해낼 수 있었기 때문이다.

2) 분업과 노동소외

인간은 생존을 위해 필요한 것을 생산하기 시작하면서 동물과 차별화된다. 인간이 무엇을 생산하며 어떻게 생산하는가와 관련하여 특별히 요구되는 것들이 인간의 삶을 규정한다. 사회의 규모가 확장되면서 성공적인 생산을 위해 필요한 관계들은 점점 더 복잡하게 된다. 사회가 발전하면 할수록 노동은 그만큼 더 크게 분업화된다.

노동의 분업화는 단순히 서로 다른 사람들에게 서로 다른 직업을 할당하는 것이다. 예를 들어 아주 단순한 사회에서는 각자가 자신을 위해 직접 농사를 짓고, 사냥을 하고, 집을 지을 수도 있다. 보다 복잡한 사회에서는 이런 역할들이 각각 서로 다른 사람들에 의해 수행되는 것이 편리할 것이다.

마르크스와 엥겔스는 자본주의의 특징인 극단적인 분업은 인간의 삶의 방식에 대단히 부정적인 영향을 끼친다고 보았다. 분업은 개인의 노동을 노동자의 삶으로부터 멀어지게 하는 노동소외를 야기한다. 분업은 개별적 인격체로서의 인간을 노예로 전락시키고 기계의 부품으로 만드는 조직체의 무기력한 희생물이 되게 한다. 이런 소외현상은 특히 육체노동과 지적노동이 분화될 때 더욱 심화된다. 왜냐하면 그런 분화는 힘들고 지루한 육체노동을 할 수밖에 없는 사람들에게서 만족할 만한 존재실현의 기회를 박탈할 염려가 있기 때문이다. 더 중요한 것은 마르크스와 엥겔스에게 있어서 그런 분화는 공동의 이익을 저해한다는 사실이다. 마르크스와 엥겔스는 이런 분업 대신 사유재산이 완전히 폐지되고 각 개인이 하루에 자유로이 다양한 역할을 하는 세계에 관한 비전을 제시한다. 그런 세계에서 나는 "내가 마음먹은 대로 오늘은 이런 일을 하고 내일은 또 다른 일을 할 수 있을 것이며, 아침에는 사냥을 하고, 오후에는 낚시를 하며, 저녁에는 가축을 돌볼 것이며, 저녁을 먹은 후에는 비평가가 될 수 있을 것이다. 사냥꾼, 어부, 목축업자나 비평가를 고정적인 직업으로 가지지 않고 말이다." 유일한 생계유지 수단으로서 강요된 단조로운 노동이 아니라 자유로이 선택된 자아실현 활동으로서의 노동이야말로 이상적인 노동이다. 마르크스와 엥겔스는 늘 어쩔 수 없이 불만족스런 직업에서 벗어나지 못하고 일하는 노동자 계급에 대해 연민을 정을 가지고 있었다.

3) 이데올로기

모든 종교적, 도덕적 그리고 형이상학적 신념들은 우리 삶의 다른 측면들과 마찬가지로 물질적 관계들의 산물이다. 한 시대의 주도적인 이념들은 전통적으로 계급적 이해관계와 무관한 것으로 간주되어 왔지만, 사실은 주류 계급들의 이익을 과장하여 합리화한 것에 불과하다. '이데올로기'란 개념은 경제적 사회적 체계의 부산물인 이런 이념들을 지칭하기 위해 마르크스와 엥겔스가 사용한 용어이다. 이데올로기에 사로잡힌 사람들은 전형적으로 그들의 판단이 순수한 사상의 결과라고 생각한다. 그들의 이런 생각은 전적인 오해이다. 그들의 사상은 역사적 상황과 사회적 환경의 결과이다.

4) 혁명

프롤레타리아, 즉 재산을 소유하지 못하고 오직 노동력을 제공할 뿐인 노동자 계급이 그들의 노동조건과 그들을 억압하기 위해 이용된 이데올로기들에 대한 불만이 극에 달할 때 혁명이 가능하다. 마르크스와 엥겔스는 열렬한 혁명 옹호자들이었다. 그들은 혁명이 불가피하고 가치 있다고 생각했다. 프롤레타리아의 상황이 극도로 곤궁하고 불안정하게 될 때, 그들은 봉기하여 그들을 노예화하는 사회체제에 저항한다. 혁명 후에는 사유재산이 금지되고, 공동소유의 길이 열릴 것이다. 마르크스와 엥겔스에 따르면 미래에 대한 이런 비전은 이전의 역사적 사건들과 소외의 결과들에 관한 엄격한 경험론적 증거에 기초한 예언이었다. 이 예언은 그들이 주장하는 사적 유물론에 따르는 당연한 결론이다. 사적 유물론에 의하면 사람의 생각을 바꾸는 길은 생각을 야기하는 경제적 생산체계를 바꾸는 것이기 때문이다.

5)『독일 이데올로기』에 대한 비판들

a. 결정론적 견해

마르크스와 엥겔스의 사적 유물론에 대해 종종 제기되는 비판은 이 이론이 결정론적이라는 점이다. 이 이론은 자유의지가 개입할 여지를 전혀 허용하지 않는다. 우리의 행위는 전적으로 원인과 결과의 복잡한 인과체계에서 우리가 맡은 역할에 의해 결정되기 때문이다. 원인들이 개인의 사회-경제적 위치를 결정한다. 당신이 누구이며 직업이 무엇인가 하는 것은 당신의 통제 밖에 있다. 당신은 당신이 처해 있는 환경의 산물이다.

이런 유의 비판은 오직 당신이 인간은 모종의 자유의지를 실제로 가지고 있다는 - 착각이 아니라 - 입장을 견지한다면 의미가 있다. 마르크스와 엥겔스는 기꺼이 그들의 이론이 '결정론'으로 분류되기를 바랐을 수도 있다. 결정론이 '전부가 아니면 아무것도 아님'(all or nothing)의 문제가 아니라 정도의 문제일 수 있다는 사실이 인정된다면 말이다. 그들은 당신이 억압적 체제에 대항하여 혁명을 선택할 수 있다고 믿었으며, 인간의 선택이 역사의 수레바퀴를 더 빠르게 회전시킬 수 있다고 믿었음이 분명하다. 그렇다면 그들은 여기까지는 인간의 행위에 관해 완전한 결정론자들이었다.

b. 비현실적 노동관.

『독일 이데올로기』는 미래의 노동에 관해 지나치게 비현실적으로 설명하며, 따라서 분업의 중요성을 인식하지 못한다는 비판을 받기도 한다. 당신이 완전한 공산주의 사회에서 원하는 대로 직업을 골라 선택할 수 있다는 생각은 불합리한 것이다. 분업은 흔히 기술의 전문화에 기초한다. 어떤 사람은 다른 사람보다 목공일을 더 잘한다. 따라서 목공일을 잘 하는 사람들은 목수가 되게 하고, 목공일에 서툰 사람들은 다른 일을 하도록 조정하는 것은 합리적이다.

만일 내가 식탁을 만든다면, 목수가 그 일을 하는 것보다 대여섯 배는 시간이 더 걸릴 것이다. 그리고 나를 고용하여 나를 믿고 탁자를 만드는 사람은 불량품을 생산할 위험을 감수해야 할 것이다. 목수는 매일 목재를 가지고 일하기 때문에 탁자를 만드는데 필요한 숙련된 기술을 가지고 있다. 나는 아주 가끔 목재를 가지고 작업을 하며, 결코 좋은 제품을 만들지 못한다. 그러므로 가장 적합한 적성에 따라 직업을 분배하는 것은 합리적이다. 당신이 아침에는 외과의사일 수 있고, 오후에는 기차 기관사이며, 저녁에는 프로 축구선수일 수 있다고 주장하는 것은 터무니없는 억지일 것이다.

c. 그들의 이론 자체가 이데올로기이다

마르크스와 엥겔스의 이론은 불가피하게 이데올로기이다. 만일 그들의 이론이 옳다면, 그들의 이론 자체도 물질적 생산체계의 결과물이어야 한다. 그 이론은 전적으로 역사의 본성과 노동의 본질에 관한 합리적 사고의 결과물처럼 보일 수도 있다. 그러나 이것은 착각이다. 그들의 이론은 대다수의 사람들이 저임금으로 고용되어 일하면서 그들 자신의 삶을 거의 누리지 못한 산업경제 체제의 결과물이다.

마르크스와 엥겔스는 그들의 이론이 이데올로기란 사실을 기꺼이 인정했을 것이다. 그러므로 그들의 이데올로기적 성격을 지적하는 것은 그들의 방법론을 전혀 손상시키지 못한다. 아마도 그들이 신랄하게 폭로하는 부르주아 이데올로기들과 그들의 이론의 차이는 그들의 이론이 프롤레타리아 이데올로기란 점일 것이다. 그들의 견해는 노동자 계급의 이익을 대변하며 따라서 불평등을 시정한다.

그럼에도 불구하고 만일 『독일 이데올로기』에 표현된 견해들 자체가 이데올로기란 사실을 인정한다면, 그 견해들이 모든 경제적 환경에 처해있는 모든 사람들에게 적용되기를 기대하는 것은 잘못일 것이다. 사회가 변하고, 특히 생산양식들이 변하듯이, 인간과 사회의 본성에 관한 철학도 변해야 한다.

d. 혁명을 조장함

마르크스와 엥겔스의 다른 저서들과 마찬가지로 『독일 이데올로기』도 혁명을 옹호하는데 그치지 않았다. 이 책은 단순히 세계를 이론적으로 설명하는 것이 아니라 세계를 바꾸고자 했다. 어떤 사람들은 이것은 너무 멀리 나간 것이라고 비판한다. 당신은 현 체제의 결함들을 인식할 수는 있지만 그 체제가 폭력에 의해 전복되어야 한다고 주장하지는 않는다. 혁명은 피를 흘린다. 혁명이 치러야 할 희생은 그로부터 달성될 어떤 이익보다 가혹하다. 게다가 혁명은 실패의 위험이 매우 크다. 따라서 마르크스와 엥겔스의 사상이 가지는 혁명적 측면들은 무책임한 것처럼 보일 수 있다.

이런 비판은 그들의 주장을 손상시키기보다는 오히려 혁명을 옹호하는 도덕성에 의문을 제기한다. 공산주의 이념이 순수하게 성취될 수만 있다면, 혁명의 대가에 대한 희생은 치를 만한 가치가 있을 것이다. 최근 수십 년간의 역사를 통해 볼 때, 이 이념은 그것을 추종하는 많은 사람들이 믿듯이 그렇게 쉽게 달성될 수 없다. 그런 이념을 유지하는 것은 말할 나위도 없다.

Friedrich Nietzsche(1844 ~ 1900)

니체는 1844년 작센 주의 뢰켄에서 태어났다. 1868년 브로크하우스의 집에서 바그너
와 처음으로 만나게 되며 그의 음악과 사상에 매료된다. 1869년에는 24살의 나이로
바젤대학의 비전임 교수로 임명되고, 1870년에 정교수로 취임하게 된다. 1882년에는
루 살로메를 알게 되어 그녀에게 구애했지만 거절당한다. 그는 11년 동안 심각한 정
신적 장애를 겪은 후 1900년 바이마르에서 생을 마감했다. 주요 저서로는『비극의 탄
생』,『우상의 황혼』,『차라투스트라는 이렇게 말했다』등이 있다.

스스로를 모멸하는 자라 하더라도 모멸하는 당사자로서의 자신은 존중하는 법
이다.

『선악의 저편』 중에서

22. 니체의 『선악의 저편』(Beyond Good and Evil)

프로이트에 따르면 니체는 이전에 살았던 다른 어떤 사람들보
다 더 예리한 자기통찰력을 가지고 있었던 사람이다. 이런 깊은
자기통찰은 문학과 철학으로서 오랜 검증을 거친 일련의 저서들

에 잘 나타난다. 그의 저서들은 독특하고, 단편적이며, 분노를 일으키고, 때로는 활력을 제공해 준다. 그의 책들은 단순한 분석을 통해서는 이해될 수 없다. 그리고 그의 책들의 풍부하고 다양한 내용을 간단하게 요약하는 것은 불가능하다. 이 책에는 미친 사람의 욕설을 연상시키는 표현들이 대부분이며, 따라서 그런 표현들을 읽으면 그가 마침내 정신이상에 걸린 것이 아닌지 의심하게 된다. 반유대주의자들과 파시스트들은 그의 글을 부분적으로 인용하여 그들의 견해를 정당화하려 했다. 하지만 일부 나치주의자들이 그처럼 매력적이라고 느낀 생각들은 대부분 니체 철학의 풍자적 표현들이다.

『선악의 저편』에는 기존의 틀에서 벗어난 다양한 생각들이 맥박처럼 뛰는데, 그 생각들이 모두 완결된 형태로 제시되지는 않으며, 일부는 상당한 혐오감을 주기도 한다. 이 책은 기이한 천재의 결함이 있는 걸작이다. 여기에는 많은 심오한 철학적 통찰들이 있지만, 이런 통찰들과 함께 여성비하적인 표현들도 있으며, 민족성에 따른 특징들과 종교에 대한 기묘한 일반화들도 있다. 니체는 의심의 여지없이 19세기에 가장 영향력 있는 철학자들 중 하나였다. 그의 사상은 프로이트, 사르트르와 푸코, 특히 소설가인 토마스 만과 밀란 쿤데라를 포함하는 20세기의 사상가들에게 광범위한 영향을 끼쳤다. 하지만 사후에 얻은 명성에도 불구하고 생전에는 극히 일부 사람들만이 저서가 가지는 중요성과 의미를 인지하였다.

이 책을 요약한 내용들을 읽으면 당신은 이 책이 니체가 진리, 도덕과 심리학에 대한 그의 입장을 제시한 일관성 있고 잘 논증된 일련의 논제들이라고 생각할 수도 있다. 그러나 전혀 그렇지 않다.『선악의 저편』은 단편이며, 대부분은 쉽게 설명하기 어렵다. 체계적인 논증이라기보다는 사상들의 콜라주에 가깝다. 하나의 단편은 전체가 짧고 함축성 있는 금언들로 이루어져 있다. 어떤 단편은 시(詩)이다. 가장 명백하게 철학적인 단편들은 느슨하게 연결된 소논문들로 이루어져 있다. 그러나 그렇다고 해서 이런 단편들이 반드시 이해하기 쉬운 것은 아니다. 어떤 단편들은 거의 장광설에 가까우며, 어떤 단편들은 메모지에서 발췌하여 편집하지 않고 인쇄된 것일 수 있다. 그렇지만 민감한 독자들이라면 누구나 이 책 전체에서 발견되는 니체의 비범함에 놀라움을 금치 못할 것이다.

  니체 사고의 광범위한 성격에도 불구하고 중요한 주제들은 분명하다. 그런 주제들 중 대다수는 이미 단편의 제목에서 내용을 짐작할 수 있다. 이런 주제들 중 일부는 다음 장에서 논의 될『도덕계보학』에서 표현된 견해들을 보완한다. 대체로 니체는『선악의 저편』에서 근대성의 결점들을 진단하는데서 시작하여, 어떤 유형의 사고가 인간성의 발전을 가능케 할 것인지에 관해 개괄적으로 제시한다. 그의 목표는 그가 "자유로운 정신"이라고 부르는 미래의 철학자들을 위해 길을 예비하는 것이다. 철학의 위대한 전통에서 그의 관심사는 진리와 현상의 문제이다. 그러나 니체에 의하면 지금까지 철학자들은 사태의 본질을 파악하는데 실패했다. 그들은 현상 너머에 절대적 가치의 세계가 객관적 실재로서 존재한다는 플라톤의 견해에 현혹되었다. 이와 반대로 니체는 진리는 필연적으로 하나의 관점으로부터의 진리라고 단언한다. 절대적인 선이나 악 대신 그는 당시 사람들이 본질적 가치를 가진다고 믿는 모든 것의 사악한 심리학적 기원을 폭로한다. 니체의 방법론은 당시 사회의 사악한 부분들을 진단하는 것이다. 그의 입장은 대부분 자신이 처해 있는 현실적 문화의 가치를 조사하는 인류학자의 입장이다. 그러나 과학적 인류학자가 아니라 시적이고 예언자적인 인류학자의 입장이다.

1) 제목

책의 제목에서 우리는 니체의 의도된 입장이 무엇인지 알 수 있다. 그의 입장에 따르면 진리에 관심이 있는 사람은 누구든지 선과 악에 관해 단순한 이분법적인 도덕적 범주들에 매이지 않고 도덕성 자체의 본질을 인식하고자 한다. 도덕성은 니체가 "힘에의 의지"[1]라고 부르는 근본적인 생명력의 표현이다. 당시 사람들이 소중하게 간직하고 있는 가치들은 연민이나 보편적 사랑에서 비롯된 것이 아니라 잔인성과 타자를 능가하려는 욕망에 가장 깊은 원천을 가진다. 미래의 철학자들은 이것을 인식하고 모든 가치들을 재평가할 것이다.

2) 힘에의 의지

힘에의 의지는 우리 모두를 몰아치는 근본적인 생명력이다. 니

---

[1] "힘에의 의지"는 우리가 의식하든 의식하지 못하든 우리를 존재하게 하는, 그리고 궁극적으로 모든 행위의 동인이 되는 근본적인 생명력이다.

체에 의하면 대다수의 사람들은 실존에 관한 진리를 부정한다. 많은 사람들은 그것이 삶에 대처하는 유일한 길이라고 생각하기 때문이다. 그들은 착취와 억압은 자연의 근본적인 부분이기 때문에 제거될 수 없다는 사실을 인식하지 못한다. 니체는 강한 자가 약한 자를 억압하는 것이 생명의 본질적 특징이라고 생각한다. 이런 힘에의 의지는 인간 존재의 원천이다. 선하거나 자비롭다고 평가되는 모든 것은 바로 이런 생명력에서 비롯된다. 우리는 이런 곤란한 진리를 피해 숨지만, 미래의 자유로운 정신들은 그 진리를 환영할 것이다.

3) 철학자들의 편견에 관해

니체는 『선악의 저편』 서두에서 철학자들에게 시선을 돌려 이성의 능력에 대한 그들의 잘못된 신념을 공격한다. 철학자들은 이성의 능력에 의지하여 그들이 확신하는 결론에 도달했다고 주장하기 때문이라는 것이다. 일련의 신랄한 비판에서 니체는 철학자들은 그들이 가진 편견들을 합리화하면서도 그것을 깨닫지 못한다고 주장한다. 그들은 자신들이 이미 우연히 믿게 된 것에 대해 이유를 둘러댈 뿐이라는 것이다. 편견 없는 공정한 사상의 산물로 간주되는 것이 실제로는 무의식적 고백, 즉 우발적인 자전적 진술이다. 예를 들어 칸트의 도덕철학은 단순히 그의 마음의 욕망이 추상적으로 표현된 것에 불과하다. 자신의 윤리학에 대한 스피노자의 기하학적 '증명들'은 고도로 개인적인 그의 도덕적 관심을 객관적인 논리학의 결론인 것처럼 제시한 것이다. 이전 철학자들에 대한 이런 공격은 니체 자신의 비교적 솔직한 철학적 저술방식을 간접적으로 정당화해준다. 니체의 표현에는 언급되고 있는 내용이 무엇인지 객관적이고 명료하게 거의 드러나지 않는다. 니체의 철학을 객관적인, 최고로 합리적인 지성의 산물로 보기는 어려울 것이다. 니체의 그런 공격은 또한 그 책의 서문에 있는 그의 야심을 정당화해준다. 그는 서문에서 지금까지의 철학을 초월되어야 할 어떤 것이라고 본다. 과학의 발전단계에서 점성학이 그랬듯이 철학도 역사에서 이미 지나간 하나의 단계라는 것이다.

4) 진리

  전통적인 철학자들이 가지는 하나의 편견은 진리가 현상보다 중요하다는 것이다. 니체는 진리와 현상사이의 극단적인 대립을 지양하고 극단적인 흑백논리가 아니라 비교적 어두운 그늘과 비교적 밝은 그늘의 스펙트럼이 있을 수 있다는 가설을 제시한다. 마치 미술작품에서 다양한 색조의 '가치들'이 있듯이 말이다. 니체는 때때로 '진리'는 '나에게 진리'라고 주장하는 극단적으로 주관주의적 입장을 취하는 것처럼 보인다. 그러나 대다수의 해석자들은 그의 입장을 '관점주의'라고 생각한다.[2] 관점주의에서 보면 어떤 문제에 관해 다양한 관점들이 있을 뿐 절대적으로 객관적인 관점이 있을 수 없다. 그렇지만 어떤 관점들은 다른 관점들

---

2) 관점주의(perspectivism)란 진리는 언제나 특수한 관점으로부터의 진리라는 견해이다.

보다 우월하다. 관점들이 모두 동일한 가치를 지니는 것은 아니다. 일반적으로 상대주의자들이 이런 입장을 취한다.

철학자들의 또 다른 편견은 진리를 알면 거짓에 기초한 삶보다 더 나은 결과에 이를 것이라고 주장한다는 점이다. 니체는 다시 이런 편견에 대해 물음을 제기한다. 그는 삶을 전혀 고양시키지 못하기 때문에 참을 수 없는 '위험스러운 지식'과 같은 것이 있을 수 있음을 알기 때문이다. 진리는 우리가 꺼려서 피하는 많은 다양한 측면들을 가진다. 니체에 의하면 무의식적인 과정들이 우리가 가장 소중하게 생각하는 가치들의 근원일 수 있다는 통찰도 이런 범주에 속한다. 거짓으로 보이는 것이 생존을 위한 필수적인 선결조건일 수도 있다. 종교는 궁극적으로 힘에의 의지에 의해 해명될 수 있는 세계에 직면하여 많은 사람들이 낙관적 입장을 유지하는데 중요한 역할을 한다. 니체가 주장하듯이 종교는 실체의 왜곡에 의존하기 때문이다. 니체의 이런 생각에는 종교가 민중의 아편이라는 마르크스의 유명한 주장이 반영되어 있다.

5) 무의식적 충동

무의식적 충동에 관한 니체의 발견은 프로이트에게 영향을 주었다. 니체에 의하면 인간성은 결과를 가장 중요시하는 단계인 '도덕 이전 단계'(pre-moral stage)를 넘어 칸트의 윤리학에서처럼 의지를 강조하는 '도덕적 단계'(moral stage)를 거쳐 발전해 왔다. 인간성의 중요한 다음 단계인 '초(超)도덕적 단계'(extra-moral)에까지 발전하기 위해 우리는 선과 악의 구분을 넘어서야 하며, 우리 행위의 가치는 의식적 동기보다는 오히려 무의식적 동기에 있음을 알아야 한다.

6) 종교

프로이트처럼 니체도 종교는 일종의 신경증이라고 믿었다. 『선악의 저편』에서 그는 종교적 기질에 일련의 심리학적 문제들과 위선들이 있음을 진단하면서 그런 기질을 공격한다. 고결함, 탁월성과 자연적 계급들, 군중의 도덕을 넘어설 수 있는 몇몇 고상한 천재들의 승리에 관해 니체가 생각하는 가치들은 기독교적 가치들과 완전히 대립된다. 그런데 니체에 의하면 기존의 모든 다른 가치체계들과 마찬가지로 종교도 해부하여 그 실상을 낱낱이 파헤친 후 제거되어야 한다. 미래의 철학자들은 흔히 종교에서 유래하는 인습적인 도덕적 범주들을 넘어서듯이 종교를 넘어설 것이다.

7) 『선악의 저편』에 대한 비판들

a. 반(反)평등주의(anti-egalitarianism)

니체가 생각하는 이상적인 인간은 그가 군중의 도덕이라고 폄하하는 것을 거부하는 강하고 영웅적인 개인이다. 그는 힘과 자유의 정신을 옹호한다. 그에게 있어서 자유는 약한 자의 권리가 아니라 강자의 특권이다. 그는 다수의 보편적인 복지에는 관심이 없다. 게다가 그는 평범한 사람들을 경멸하는 것처럼 보인다. 『선악의 저편』에서 그는 평범한 사람들을 위한 서적에서는 하찮은 사람들에게서 나는 역한 냄새가 난다고 논평한다. 그에 의하면 군중의 유일한 존재가치는 의도적이지는 않지만 천재가 활약할 수 있도록 역경의 조건을 마련해 주는 것일 수도 있다. 니체의 이런 사상은 파시스트들과 스스로 다른 사람들보다 우월하다고 생각하여 다수의 윤리적 규범에 매이지 않는 모든 사람들에게 특히 매력적인 일면이다. 니체를 비판하는 사람들은 니체가 반평등주의적 편견을 조장한다고 본다. 반면에 그를 추앙하는 사람들에 의하면 모든 사람이 평등한 가치를 가진다는 것은 신화인데, 니체는 과감하게도 그런 신화를 일축해 버렸다고 찬양한다.

b. 반(反)페미니스트(anti-feminist)

니체의 반평등주의 사상이 가장 두드러지게 나타나는 것은 아마도 남성과 여성은 동등하게 취급되어야 한다는 사상에 대한 그의 여성 차별적 논평과 공격에서일 것이다. 그에 의하면 여성을 남성과 평등하게 취급하려는 시도는 천박함의 신호이다. 예를 들어 『여성의 종속』에서 남녀평등을 강력하게 주장한 존 스튜어트 밀과 반대로, 니체는 오히려 몇 가지 불쾌한 편견들을 역설하며, 여성이 그들의 평등권을 요구하지 않으면 좋을 것이라고 주장한다. 이런 유의 논평들에서 우리는 흔히 간과되기 쉬운 사실을 발견한다. 즉, 니체의 작품은 한결같지 않으며, 따라서 그의 작품은 한편에서는 위대한 철학적 논평들이며, 다른 한편에서는 인간의 평등과 자유를 철저히 부정하는 사람들의 사상에 기름을 붓는 독설적 일반화이다.

c. 모호성

이 책을 비롯한 니체의 저작들을 읽는 독자들은 니체의 모호한 문체 때문에 정확한 의미를 파악하기 쉽지 않다. 예를 들어 니체가 실제로 주장하는 것이 무엇인지, 그의 표현이 풍자인지 아니면 사실인지 분명하지 않다. 니체를 연구하는 학자들은 그의 작품에 관해 장황하게 논쟁하는 과정에서 종종 니체의 견해와는 다른 새로운 철학적 입장들을 생산해 낸다. 진리에 관한 니체의 입장조차도 불분명하다. 그는 일관된 관점주의자인가? 아니면 그의 입장은 주관주의로 후퇴하는가?

니체 사상의 도도한 물줄기는 신선한 충격과 영감을 준다. 그렇지만 그가 제시하는 사상들의 다면성은 다양한 해석의 여지를 남기기 때문에 그의 주제들을 단적으로 이해하고자 하는 사람들은 좌절하기 쉽다.

니체 자신이 데이비드 흄이나 존 스튜어트 밀처럼 정확하게 또는 명확하게 글을 쓰지 않았음은 사실이다. 그러나 바로 이런 점이 비판적이라기보다 긍정적인 면으로 생각될 수 있다. 니체의 저서는 상상문학과 유사한 장점을 가지며, 그 자체로 다양한 해석을 가능하게 하기 때문에 영향력을 가진다. 그의 글은 시적인 철학이며, 많은 점에서 키에르케고르와 유사하다. 니체의 저서들

은 예술작품처럼 해석의 가능성이 열려있으며, 독자들이 그 책
들에 들어 있는 생각들을 지지하거나 반박하는 과정에서 자신의
고유한 사상을 가질 수 있도록 자극한다.

Friedrich Nietzsche(1844 ~ 1900)

니체는 1844년 작센 주의 뢰켄에서 태어났다. 1868년 브로크하우스의 집에서 바그너와 처음으로 만나게 되며 그의 음악과 사상에 매료된다. 1869년에는 24살의 나이로 바젤대학의 비전임 교수로 임명되고, 1870년에 정교수로 취임하게 된다. 1882년에는 루 살로메를 알게 되어 그녀에게 구애했지만 거절당한다. 그는 11년 동안 심각한 정신적 장애를 겪은 후 1900년 바이마르에서 생을 마감했다. 주요 저서로는『비극의 탄생』,『우상의 황혼』,『차라투스트라는 이렇게 말했다』등이 있다.

여전히 인간은 아무것도 바라지 않기보다는 기꺼이 무(無)를 바란다.

『도덕계보학』중에서

23. 니체의『도덕계보학』(On the Genealogy of Morality)

　니체의 가장 중요한 저서들 중 하나인『도덕계보학』은 문체에 있어서 적어도 첫 눈에 보기에는 전통적인 철학논문에 가장 가깝다.『차라투스트라는 이렇게 말했다』와 같은 다른 책들에서 니체는 주로 격언들, 즉 독자들이 잠시 읽기를 멈추고 생각하도록 하는 간결하지만 함축성 있는 경구들을 사용하기 때문에 특별한 독서방식을 요구한다. 이와 달리『도덕계보학』은 서로 연관된 주제들을 다루는 세 편의 논문들로 구성되어 있는데, 핵심적인 주제는 도덕성의 기원이다. 이 책의 제목을 문자적으로 번역하면『도덕성(morality)의 계보학에 관하여』이지만, 때로는『도덕적인 것들(morals)의 계보학에 관하여』라고 번역되기도 한다. 이 책에 함축된 주장에 따르면 기독교적 전통으로부터 물려받은 도덕개념들은 지금은 더 이상 통용될 수 없는 낡은 것이며 비종교적 개념들보다 열등하다. 니체는 이전에 쓴『즐거운 학문』에서 신의 죽음을 선언했었다. "신은 죽었다. 그러나 인간의 길이 주어진다 할지라도 신의 그림자가 드리워질 동굴들은 여전히 수천년 동안 지속될 것이다."(『즐거운 학문』108절)『도덕계보학』은 부분적으로 도덕성에 대해 신의 부재가 함축하는 의미들과 그 결과들에 관한 구상이다. 우리는 기독교의 거짓 믿음에 근거한 낡은 도덕개념들을 물려받았다. 니체는 이런 개념들의 기원을 냉혹하게 폭로함으로써 그 개념들이 얼마나 인간의 영혼을 속박하는 규범들인지 알 수 있게 해 줄 것이며, 그런 개념들 대신 보다 활력이 넘치는 방법을 모색하도록 해 줄 것이라고 믿는 것처럼 보인다. 그러나 그의 이런 믿음이 책에 명시적으로 표현되어 있지는 않다. 책의 대부분은 핵심적인 여러 도덕개념들의 심리학적 기원과 역사적인 기원을 분석하는데 주력하고 있다.

그러나 니체의 목표는 단지 하나의 도덕체계를 다른 도덕체계로 대체하는 것이 아니다. 그는 도덕 자체의 가치에 의문을 제기하고자 한다. 만일 도덕적 선이 질투와 분노한 감정의 산물에 불과하다면, 그리고 그런 선이 자연계의 불변적인 어떤 부분이라기보다는 오히려 특별한 집단들의 환경에 대한 반응에 불과하다면, 그것이 무슨 궁극적 가치를 가지겠는가? 니체는 이런 물음에 대해 분명하게 대답하지는 않는다. 그러나 그의 목표는 이런 물음에 대답하는 것이다. 그의 근본적인 방법론은 계보학을 통한 도덕의 기원을 밝히는 것이다. 그렇다면 그에게 있어서 계보학이란 무엇을 의미하는가?

1) 계보학

계보학은 조상들을 더듬어 올라가 혈통을 확인하는 활동을 의미한다. 니체에게 있어서 계보학은 주로 단어들이 가지는 의미들의 변천사를 조사함으로써 특수한 개념들의 기원을 추적하는 것을 의미한다. 니체는 언어와 단어들의 기원을 연구하는 문헌학 분야에 종사한 적이 있었기 때문에 탐구하는 단어들의 의미변화를 추적하는 능력을 갖추게 되었다. 그가 『도덕계보학』에서 계보학적 방법론을 적용한 것은 도덕의 기원에 관한 전통적인 견해가 오류임을 지적하기 위한 것이며, 역사적으로 볼 때 도덕적 선, 죄책감, 동정심과 자기희생은 다른 사람들이나 자기 자신에 대한 냉혹한 감정들에서 기원되었음을 보여주기 위한 것이다.

하지만 계보학의 의도는 단지 이런 개념들의 역사를 밝히는 것만이 아니라 이 개념들을 비판하는 것이기도 하다. 니체는 이 개념들의 정확한 기원을 밝힘으로써 그것들의 모호한 유래를 폭로하고자 하며, 그렇게 함으로써 당시의 도덕체계에서 이 개념들이 가지는 고상한 위상에 대해 의문을 제기하고자 한다. 도덕개념들이 역사를 가진다는 사실은 이 개념들이 절대적으로 모든 시대의 모든 사람들에게 적용된다는 견해를 바탕으로부터 흔든다. 니체의 대부분의 사상과 마찬가지로 도덕철학에 대한 이런 접근은 방법론으로서는 물론이고 그런 방법론에 의해 발견되었다고 주장되는 결과들도 대단히 논란의 여지가 있다.

2) 첫 번째 논문 : '선과 악' 그리고 '좋음과 나쁨'

『도덕계보학』을 구성하는 세 편의 논문들 중 첫 번째 논문에서 니체는 인정과 불인정에 관해 우리가 사용하는 기본적인 도덕적 용어, 즉 도덕적 상황에서 사용될 때의 '선'과 '악'이란 단어의 기원에 관한 이론을 제시한다. 영국 심리학자들은 '선'이란 단어는 원래 사심 없는 행위에 적용되었는데, 이것은 사심 없는 행위 자체가 선했기 때문이라기보다는 그 행위에 의해 혜택을 본 사람들에게 유용했기 때문이라고 주장했다. 니체는 영국 심리학자들의 이런 견해를 비판함으로써 그의 이론을 전개한다. 사람들은 점차로 그 용어의 기원을 망각하게 되었으며, 이기적이지 않은 행위는 결과 때문이 아니라 자체로 선하다는 생각을 하게 되었다.

니체는 자신과 마찬가지로 도덕개념의 계보학을 제시하는 영국 심리학자들의 설명을 반박한다. 니체는 귀족들이 자신들을 평민들과 차별화하기 위해 '선'이란 단어를 처음 사용했다고 주장한다. 그들은 자신들이 고귀하다는 의식을 가지고 있었으며, 그들이 세운 고상한 기준에 미치지 못하는 사람은 누구든 열등하며 따라서 '나쁘다'고 생각했다. 이 논문에서 니체는 '선과 악'이란 구분 대신 '좋음과 나쁨'을 구분하는데, 이것은 언제나 귀족들의 관점을 기준으로 한 구분이다. 귀족들의 행위는 좋고, 평민들의 행위는 나쁘다는 것이다.

니체는 '좋음'이란 단어가 어떻게 사심 없는 것을 의미하게 되었는지에 관해 프랑스어 "르상티망"(ressentiment)이란 개념을 중심으로 설명한다. 그는 오늘날 우리가 사용하는 '선'과 '악'이란 개념들의 심리학적 기원을 추적하기 위해 원한(resentment) 대신 '르상티망'이란 프랑스어를 사용한다. 주목해야 할 것은 니체가 좋음과 나쁨의 구도 대신 선과 악 사이의 대립적 관계를 언급할 때, 그는 귀족의 관점이 아니라 평민의 관점에서 보고 있다는 사실이다. 즉, 그는 '좋음'이란 단어를 사심 없는 행위란 의미로 사용하고 '나쁨'이란 단어를 이기적 행위란 의미로 사용하는 현대의 용법을 언급하고 있다.

3) 르상티망(ressentiment)

프랑스어 '르상티망'(ressentiment)은 억압된 사람이 느끼는 감정이다. 니체가 사용하는 '르상티망'은 '원한'(resentment)과 동의어라기보다는 오히려 특별한 종류의 원한이다. 그것은 억압에 대해 직접적인 행위를 통해 저항할 힘이 없는 사람들에 의한 상상의 복수이다. 니체에 의하면 귀족들에 의해 억압된 사람들이 느끼는 미움과 복수심으로부터 동정과 이타주의라는 가장 고상한 가치관이 유래하였다. 그의 이런 주장은 실제로 일어난 사실에 관한 역사적 기술이면서 동시에 그런 가치관을 야기한 사람들의 심리상태에 대한 통찰이기도 하다. 귀족들의 사치스런 생활양식을 꿈꿀 수 없는 평민들은 좌절하여 선/악의 가치체계를 전복시켰다. 평민들은 귀족들의 도덕적 관점 대신 기존의 관점과 정반대되는 자신들만의 관점을 수립했다. 평민들의 도덕적 관점에 의하면 권력과 전사들의 기풍에 기초한 귀족들의 삶의 방식은 나쁘며, 불쌍한 사람들과 가난한 사람들과 천한 사람들은 선하다.

니체는 "그들의 적대자들의 가치에 대한 이런 과격한 재평가"의 원인이 유대인들과 기독교 전통 때문이라고 생각하며, 그런 재평가를 도덕성에서의 최초의 "노예반란"이라 부른다. 우리는 - 의식하지는 못하지만 - 억압받는 자들의 이익을 대변한 이런 반란의 결과들을 물려받았다. 니체에게 있어서 도덕은 어느 시대에나 통용되는 확고한 어떤 것이 아니라 오히려 인위적인 산물이다. 따라서 도덕적 개념들은 특정 집단들의 이해관계와 인간의 심리에 의해 영향을 받는 역사를 가진다. 니체의 비유에서 보면 양들은 독수리와 같은 맹금류의 새들이 나쁘다고 결정했으며, 따라서 그들은 맹금류를 대적하는 양은 선함이 분명하다고 마음속으로 생각했다. 그의 이런 논평에 따르면 강한 자들이 그들의 권력을 표출하는 것은 자연스러운 일인데 그것을 막는 것은 불합리하다. 『도덕계보학』 전반에 걸쳐 니체가 선택하는 언어를 분석해볼 때 그는 양들보다는 오히려 맹금류 새들에 더 우호적임이 분명하다.

4) 두 번째 논문 : 양심

두 번째 논문의 주제는 양심, 특히 양심의 가책이 어떻게 발전되어 왔는가 하는 것이다. 양심의 가책이란 사람들을 괴롭히는 죄책감이기는 하지만, 이런 죄책감은 사회에서의 삶을 위해서는 필요한 것이다.

니체의 논지에 따르면 죄책감의 심리학적 근원은 좌절된 본능이다. 인간은 본능적으로 강한 행위에서, 특히 다른 사람에게 고통을 가하는 행위에서 쾌감을 느낀다. 그러나 사회화를 통해 다른 사람들을 잔인하게 대하려는 욕망이 저지될 때, 그 욕망은 표출되지 못하고 내면화된다. 우리는 죄책감을 가지고 내적으로 자학한다. 우리가 다른 사람들에게 고통을 가하면 사회가 우리를 처벌할 것이기 때문이다. 이것은 외적으로 방출되지 못한 모든 본능은 내면화된다는 니체의 일반원리의 - 이런 원리는 후에 프로이트에 의해 체계적으로 설명되었는데 - 특수한 사례이다.

양심의 기원에 관한 논의 과정에서 니체는 처벌은 원래 행위에 대한 어떤 책임감과도 무관했었음을 지적한다. 당신은 실책 여부와 무관하게 단순히 계약을 깨뜨린데 대해 처벌될 것이다. '죄'는 원래 독일어에서 '부채'를 의미했다.[1] 죄인은 자신이 진 빚을 갚지 못한 사람이었다. 그렇지만 '부채'가 도덕적 개념이 되었다. 니체가 폭로하는 죄책감이란 개념의 숨겨진 역사에서 볼 때 우리는 그 개념의 현대적 의미가 우연히 형성된 것임을 알 수 있다. 그 개념은 다른 의미로 사용될 수도 있었을 것이며, 필연적

---

[1] 'Schuld'(슐트)라는 독일어는 지금도 '부채'와 '죄'란 두 가지 의미를 동시에 가진다.

으로 그렇게 '주어진' 것이 아니다. 이것의 함축된 의미와 '선'의 기원에 관한 앞의 논의에 의하면 중요한 도덕적 개념들의 의미는 무시간적으로 확고부동한 것이 아니라 무한히 창조적인 의지 작용에 의해 변형될 수 있다.

5) 세 번째 논문 : 금욕주의

세 번째 논문은 앞의 두 논문들보다 초점이 명확하지 못하며, 화제들 사이의 논리적 연결고리가 치밀하지 못하다. 그럼에도 불구하고 핵심적 주제는 아주 분명하다. 니체는 절제와 자기부정을 권장하는 금욕주의가 어떻게 발생할 수 있었는지에 관해 묻는다. 금욕주의자들은 전형적으로 순결, 가난, 자학(축자적 의미의 자학이든 아니면 상징적 의미이든 간에) 등을 주장한다. 그들은 삶이 주는 쾌락과 성취를 의도적으로 도외시한다. 니체는 예술가들, 철학자들과 성직자들에게서 금욕적 충동들이 어떻게 나타나는지 확인한다. 실제로 그는 멀리 떨어진 별에서 보면 지구는 자기를 혐오하고 경멸하는 피조물들로 충만한 것처럼 보일 것인데, 이 피조물들의 유일한 낙은 가능한 한 자학하는 것이라고 주장한다. 어떻게 그런 경향이 만연하게 퍼질 수 있었는가? 어떻게 생명이 자신에 대해 그렇게 적대적이 될 수 있었는가?

니체는 다시 한 번 계보학의 관점에서 대답한다. 자기부정은 무기력한 자의 마지막 수단이다. 아무것도 원하지 않는다기보다는 오히려 세상에 영향을 행사하려는 노력이 좌절된 상태에서 그들은 자기를 부정하는 방향으로 힘을 쏟았다. 니체의 독창적인 심리학적 통찰들 중 하나는 인간은 잔인한 행위에서 즐거움을 느낀다는 사실이다. 이런 잔인함은 다른 사람들에게만 가해지는 것이 아니다. 인간은 심지어 자신을 잔인하게 대할 때 희열을 느끼기도 한다. 니체가 볼 때 자기를 파괴하는 어리석은 충동임이 분명한 금욕적 욕구는 자신의 의지를 관철시키지 못하는 사람들이 택하는 최후의 수단인 일종의 자해행위이다. 그렇지만 그런 충동이 숭고한 이념으로 추앙되게 되었다.

6) 『도덕계보학』에 대한 비판들

a. 발생론적 오류(genetic fallacy)

『도덕계보학』의 방법론에 대한 근본적인 비판은 니체가 발생론적 오류를 범하고 있다는 사실이다. 발생론적 오류란 신뢰할 수 없는 방법에 기초하여 이전 단계의 사실로부터 다음 단계의 사실을 추론하는 오류추리이다. 예를 들어 '훌륭한'(nice)이란 단어가 원래 자세한 구별이란 의미에서의 '고운'(fine)을 의미했다는 사실로부터 현재 우리가 사용하는 '훌륭한'(nice)이란 단어와 관련하여 어떤 중요한 단서를 발견할 수 있을 것이라고 생각할 수는 없다. 또 다른 예를 들면, 떡갈나무가 상수리에서 생긴다고 해서 떡갈나무가 작은 녹갈색의 열매라고 결론지을 수 없으며, 떡갈나무가 상수리 열매와 많은 공통점을 가진다고 단정할 수 없다. 니체를 비판하는 사람들 중 일부는 발생론적 방법은 언제나 이런 오류를 범하며, 따라서 특정 시대에 통용되는 도덕적 용어들의 용법을 거의 또는 전혀 밝혀주지 못한다고 주장했다.

하지만 『도덕계보학』의 여러 곳에서 니체는 핵심적인 도덕 개념들은 적개심에서 기원되었기 때문에 그 개념들의 궁극적 가치가 손상되었다고 주장하는 것처럼 보인다. (그러므로 여기서는 그의 주장이 발생론적 오류를 범했다고 비판될 수도 있다.) 그렇지만 니체의 방법론은 대부분 도덕 개념들은 절대적이지 않다는 사실과, 가치에 대한 재평가들이 과거에 있었으며, 앞으로도 계속 있을 수 있다는 사실을 드러내기 위한 것이다. 발생론적 방법론은 우리가 모든 시대에 통용된다고 생각한 개념들이 변할 수 있음을 밝힐 때 특히 효과적이다. 그 방법론을 이런 방식으로 사용하는 것은 발생론적 오류가 아니다. 예를 들어 '선'이란 단어의 도덕적 사용의 절대성에 의문을 제기하기 위해서는 이 단어가 과거에는 전혀 다른 의미로 사용되었음을 보이는 것만으로도 충분하다. '선'이란 단어가 과거에 다른 의미로 사용되었기 때문에, 과거의 의미가 현재의 용법에 어떤 방식으로든 영향을 주었음에 틀림없다고 주장할 필요는 없다.

b. 불충분한 증거

니체의 방법론에 대한 보다 심각한 비판은 세 편의 논문들 중 어디에서도 니체는 그의 가설적 주장들을 입증할 수 있는 증거를 제대로 제시하지 못한다는 사실이다. 비록 '선'이란 개념이 과거에 다른 의미로 사용되었을 수도 있음을 인정한다 할지라도, 또는 양심과 금욕주의가 좌절된 욕망에서 기원되었음을 인정한다 할지라도, 이런 계보들을 특별하게 설명하기 위해 니체가 제시하는 증거는 극히 빈약하다. 그의 논문들이 비록 심리학적으로는 설득력이 있다 할지라도 역사적 설명으로서는 사실상 지지되지 않는다. 도덕 개념들의 기원에 관한 그의 주장들을 뒷받침할 수 있는 역사적 증거가 없다면, 그의 설명이 실제로 일어난 것을 반영한다고 믿을 수 없다. 이 점에 대해 우리가 니체를 변호하기 위해 말할 수 있는 최선은 기껏해야 다음과 같은 사실이다. 즉, 만일 그가 발생했을 수 있는 것에 관해 타당한 설명을 합리적으로 제시했다면, 그는 우리가 물려받은 확고하고 불변적이라고 단언된 도덕 개념들에 관해 의문을 제기하는데 성공했다는 사실이다. 아마도 중요한 점은 도덕 개념들의 의미는 바뀔 수 있다는 사실, 즉 그 개념들은 아직 밝혀지지 않은 자연적 세계의 일부라기보다는 오히려 인위적으로 고안된 것이라는 사실을 이해하는 것일 것이다.

c. 악용될 여지가 있는 생각들

아마도 니체 철학 전반에 관해 가장 빈번하게 제기되는 비판은 그의 철학이 반유대주의자들과 파시스트들에 의해 그들의 입장을 정당화하기 위해 인용되어 왔다는 사실일 것이다. 예를 들어 일부 나치주의자들은 니체의 견해들이 자신들의 견해와 일치한다고 생각했다. 『도덕계보학』에 있는 일부 주장들은 문맥을 고려하지 않고 읽으면 반유대적이라고 생각될 수도 있을 것이다. 비록 니체가 유대인들의 '가치관 전환'(trans-valuation)을 마지못해 칭찬하기는 하지만, 그가 강조하는 것은 그런 가치관 전환은 약자가 취하는 최후의 수단이라는 사실이다. 니체는 강자의 고상한 도덕에 대한 자신의 공감을 위장하여 숨길 수 없다. 그의 철학 전반에 걸쳐 그는 반복적으로 약한 자들에게 상처를 주면서까지 강한 힘을 찬양한다.

하지만 그의 견해들이 악한 목적을 위해 이용되어 왔다는 비판과 관련하여 두 가지 중요한 점을 생각해야 한다. 첫째, 니체의 철학을 이런 식으로 악용한 많은 사람들은 목적을 위해 그의 철학을 왜곡하지 않을 수 없었다. 예를 들어 문맥을 고려하지 않고 니체의 글에 있는 일부 문장들을 읽으면 반유대적이란 생각이 들 수도 있지만, 이런 문장들은 명백하게 반유대주의를 거부하는 다른 내용들과의 연관성에서 이해되어야 한다. 두 번째 중요한 점은 그의 견해들이 권력을 찬양하는 것처럼 보인다는 사실 때문에 그런 견해들이 잘못이라고 말할 수는 없다는 사실이다. 니체의 글을 읽는 것이 그렇게 도전적일 수 있는 이유들 중 하나는 소중하게 간직된 우리의 신념들에 끊임없이 이의를 제기하고 있기 때문이다. 비록 그가 이런 신념들의 근간을 흔드는데 성공하지는 못했다 할지라도, 그의 저서들은 우리 삶 전체의 근간이 되는 토대들과 가설들을 반성하도록 촉구한다.

Bertrand Russell(1872 ~ 1970)

버트란트 러셀은 1872년에 대이났다. 1890년 케임브리지대학교에 입학하여 이곳에서 조지 무어와 화이트헤드 등의 학자들과 교류한다. 집합론의 모순을 발견하고 화이트헤드와 공저『수학 논리』등을 발표하는 등 왕성한 학문 활동을 펼친다. 1950년에 노벨 문학상을 수상했으며, 1970년에 사망했다. 주요 저서로는『행복의 정복』,『서양 철학사』,『나는 왜 기독교인이 아닌가』등이 있다.

이것은 분명 터무니없는 말이지만, 철학자가 되고 싶은 사람이라면 터무니없는 것에 겁먹지 않는 법을 배워야 한다.   『철학의 문제들』중에서

24. 버트란트 러셀의 『철학의 문제들』(The Problems of Philosophy)

러셀은 이 소책자를 "통속소설", 즉 대중적인 독자들을 위해 단기간에 쓴 저렴하고 간단한 책이라고 평했다. 그렇지만 이 책

은 거의 1세기가 지난 후에도 여전히 절판되지 않고 읽혀지고 있다. 비록 이 책이 그의 철학적 주저는 아니지만, 서양철학을 독자적인 관점에서 개관한 『서양 철학사』와 함께 가장 많이 읽혀지는 책들 중 하나이다. 실제로 『철학의 문제들』은 1911년에 써서 1912년 1월에 처음 출판되었음에도 불구하고 1980년대 초까지도 대학에서 철학을 연구하려고 생각하는 학생들을 위해 가장 많이 추천되었다.

이 책이 지속적으로 읽혀진 가장 타당한 이유는 분량이 짧기 때문이기도 하지만 러셀이 철학의 본질에 관해 제시하는 시각 때문이다. 이 책의 대부분은 데카르트, 버클리, 흄, 칸트와 그 밖의 다른 대표적인 철학자들의 사상을 간단하게 요약하고 있다. 또한 이 책에는 몇 편의 독창적인 논문들도 들어 있다. 그러나 철학적 문제들에 대한 러셀의 진지성과 열정이 드러나는 것은 그가 철학의 한계와 가치에 관해 자신의 고유한 견해를 자세히 설명할 때이다. 이 책에 대한 수요가 계속해서 높아지고 이 책이 영감을 줄 수 있는 것은 바로 이런 이유 때문이다. 반대로 이 책의 다른 부분들은 그가 이미 학부 학생들에게 여러 차례에 걸쳐 행한 모호하고 추상적인 강의와 같다. 또한 이 책에는 입문서로서는 적합하지 않은 부분들이 많다. 그런 부분들에서 러셀이 때때로 제시하는 농축된 논증을 따라갈 수 있는 사람들은 철학적 기초가 확립되어 있는 사람들뿐일 것이다.

1) 제목

이 책은 제목과는 달리 상당히 좁은 범위의 철학적 문제들을 다루고 있다. 이 책은 우리가 알 수 있는 것의 한계를 해명하는 인식론을 집중적으로 다룬다. 윤리학, 미학, 정치철학, 종교철학, 그리고 많은 다른 중요한 영역들은 간략하게 언급되어 있을 뿐이다.

책의 제목에서 '문제들'이란 단어를 선택한 것에서 볼 때 우리는 이 책의 의도가 수학에서 방정식을 풀듯이 철학적 문제들에 대답하는 것임을 알 수 있다. 그러나 러셀이 지적하듯이 철학은 직접 올바른 답이 있을 수 있는 학문들과는 다르다. 이것은 러셀이 책 전반에 걸쳐, 특히 마지막 두 장에서 철학에 관해 제시하는 견해이다.

2) 철학이란 무엇인가?

과거의 위대한 철학자들을 포함한 많은 사람들은 철학이 실재의 궁극적 본성, 옳고 그름, 아름다움 등에 관한 중요한 형이상학적 문제들을 해결해 줄 것이란 기대를 가지고 철학에 접근하였다. 그러나 러셀이 말하듯이 이것은 헛된 희망이다. 철학은 단순한 대답을 제공해 주는 학문이 아니다. 철학자들은 다양한 물음을 제기한다. 그러나 그들은 자신들이 제기한 물음들에 대답할 수 없는 경우가 허다하다. 실제로 러셀은 철학은 철학자들이 묻는 대다수의 물음들에 대해 확실하게 대답하는데 특별히 성공적이지 못했음을 인정한다. 그러나 그렇다고 해서 철학이 시간 낭비라는 의미는 아니다. 심오한 물음들을 제기함으로써 우리는 삶을 보다 흥미롭게 만들며, 우리가 안일하게 생각하는 피상적인 세계의 근저에 훨씬 더 낯선 세계가 있음을 드러내 보여준다.

그러므로 철학이 실재에 관한 지식을 제공해 줄 것이라고 기대하면서 철학에 접근하는 사람들은 누구나 실망하기 쉽다. 철학은 우리의 불확실한 신념들을 정리할 수 있는 가능성을 제공해 주며, 우리가 그런 신념들을 획득하는 방식들에 대해 어느 정도 통찰할 수 있는 가능성을 제공해 준다. 비록 철학이 우리에게 확실한 것들을 제공해 줄 수는 없다 할지라도, 우리의 근본적인 신념들을 조사하지 않은 채 둘 때보다는 그런 신념들에 관해 오류를 범할 가능성이 적게 해 줄 수는 있다.

비록 역사적으로 볼 때 많은 철학적 문제들이 후에 과학적 물음이 되기는 했지만, 철학과 과학은 분명히 다르다. 비록 우리가 과학을 전문적으로 연구하지 않았다 할지라도 과학은 우리에게 대단히 유용하다. 우리는 모두 의학, 과학에 기초한 기술 등으로부터 혜택을 누릴 수 있는 잠재적 가능성을 가진다. 과학이 발명의 기초라는 사실을 우리가 이해하든 그렇지 못하든 간에 말이다. 철학은 그렇지 않다. 철학을 연구하는 것은 철학적 쟁점들을 통해 생각하는 학생에게 깊은 영향을 줄 수 있다. 그러나 철학적 주제를 연구하지 않는 사람들은 단지 철학을 연구하는 학생이 받은 영향으로부터 혜택을 얻을 가능성이 있을 뿐이다. 철학을 스스로 공부하지 않은 사람들이 철학으로부터 누리는 직접적인 혜택은 없다.

하지만 러셀에 의하면 철학의 진정한 가치는 불확실성에 있다. 만일 당신이 당신의 신념들에 대해 결코 의문을 제기하지 않는다면, 당신은 편견들에 고착될 염려가 있다. 그런 편견들을 비판적으로 평가할 필요가 없기 때문이다, 하지만 만일 당신이 철학적 접근방식의 도움을 받아 논쟁의 여지가 없는 것처럼 보였던 신념들에 물음을 제기하기 시작한다면, 당신은 '관습의 폭정'으로부터 자유로워질 것이며, 독단의 선잠에서 깨어 세상의 낯설음과 이 세상에서 우리의 위치에 대해 놀라움을 가지게 될 것이다. 다양한 가능성들이 열리고 우리의 상상력은 풍성해진다. 철학적 사색은 우리로 하여금 이기적인 삶의 방식을 지양하고 '세계시민'이 되도록 해준다. 편견 없는 이런 정신에서 위대함을 사색함으로써 우리의 마음은 위대하게 된다. 철학의 가치는 바로 이런 요소들의 결합에 있다.

일반적으로 합리주의라고 알려진 전통적인 철학적 사조는 실재의 본성에 관한 진리들을 선험적으로(a priori), 즉 어떤 경험에도 의존하지 않고 순전히 이성에 의해서만 입증하려는 시도였다. 이런 사조 대신 러셀은 철학자를 과학의 "하급 노동자"라고 설명하는 - 비록 러셀은 어떻게 이런 관념을 가지게 되었는지에 관해 밝히지는 않지만 - 존 로크의 입장에 훨씬 더 가까운 제안을 한다. 러셀에게 있어서 철학은 우리가 과학과 일상생활에서 사용하는 원리들을 탐구하여 그 원리들을 비판적으로 검토한 후 조금이라도 논리적 모순이 있다면 그것을 가려내는 활동이다. 러셀은 이런 활동이 모든 것을 의심하는 파괴적 회의주의로 귀결되어서는 안 된다고 믿었다. 실제로『철학의 문제들』이 다루고 있는 주제들 중 하나는 지각경험들이 존재한다는 신념과 같이 의심의 여지없이 확실한 신념들이 있다는 것이다. 한편 물리적 대상들이 우리에게 나타나는 그대로 실제로 존재한다는 신념은 철학적 의심의 대상이 된다. 이 책의 대부분은 감각을 통해 획득된 지식과 이성에 의해 획득된 지식에 관한 물음들에 초점을 맞추고 있다.

3) 현상과 실재

어떤 사람도 의심할 수 없이 확실한 지식이 있는가? 이것이 러셀의 첫 번째 질문이다. 만일 우리가 하나의 탁자를 본다면, 그 탁자는 우리에게 어떤 특정한 모양, 색깔과 재질을 가지는 것처럼 보인다. 그러나 과연 우리는 그것이 그렇게 보일 뿐이라는 사실을 아는가? 우리의 경험을 보다 면밀하게 분석해 보면, 우리는 곧 지금 우리가 보는 그 탁자의 '현실의' 모양은 우리가 보는 것으로부터 추측된 것임을 발견한다. 직사각형 모양의 탁자는 그 탁자를 어느 방향에서 보든 모서리가 직각으로 보이지 않는다. 내가 저기 있는 탁자를 본다고 말할 때, 어떤 의미에서 나는 내가 보고 있는 것에 관해 '아무런 의문을 제기하지 않은 채'(begging the question) 그것이 사실이라고 단정하고 있는 것이다. 러셀은 천 조각들의 색깔이나 모양 등과 같이 우리가 보는 것에 대해 "감각자료"란 중립적인 용어를 사용한다. 감각작용은 심리적인 요소이며, 감각자료는 우리가 보는 사물들이며 전적으로 심리적인 것은 아니다. 내가 보는 것, 즉 내 앞에 나타나 있는 것처럼 보이는 것은 감각자료이다. 나는 실제의 탁자에 속한다고 생각하는 주관적 자료들을 가진다. 나는 특정한 모양과 특정한 색깔을 가지는 어떤 것을 본다. 감각자료는 우리가 실제의 탁자에 접근하는 수단이다. 그러나 감각자료들은 우리가 실제의 탁자라고 생각하는 것과 완전히 일치하지 않는 것처럼 보인다. 탁자는 감각자료들과 동일하지 않다. 우리는 그 탁자의 윗면이 직사각형이고 색깔은 적갈색이라고 생각한다. 그러나 내가 그것을 지금 직접 볼 때, 감각자료들은 황갈색의 평행사변형에 관한 자료들이다.

이런 문제를 해결하기 위해 버클리는 감각자료들과 무관하게 실재하는 탁자는 존재하지 않는다고 주장했다. 물질은 존재하지 않는다는 것이다. 존재하는 것은 지각된 것이다. 러셀은 그런 관념론을 거부한다. 그는 나의 마음과 마음의 경험들 이외에는 아무것도 존재하지 않는다는 주장에는 아무런 논리적 모순이 없음을 인정한다. 인생이 꿈이라고 생각하는 것에도 논리적 모순이 없다. 그러나 대상들은 우리와 무관하게 존재하며 그들의 현상들과 다르다는 상식적인 전제, 즉 러셀이 직관적 신념이라고 부르는 것의 한 예는 버클리의 관념론보다 더 단순한 설명이며, 따라서 우리는 그런 설명이 더 타당하다고 생각한다. 내친 김에 그는 도덕적 가치들에 관한 신념들도 직관적이라고 논평하지만, 후에 그의 생각을 바꾸었다. 러셀에 의하면 우리의 모든 지식은 결국 그런 직관적 신념들에 의존하며 그런 신념들로부터 형성된다.

4) 직접지식과 간접지식

직접경험에 의한 직접지식과 서술에 의한 지식 사이의 차이는 러셀에게 있어서 중요하다. 그에 의하면 우리는 진리에 대한 인식과 사물에 대한 인식을 가진다. 사물에 대한 우리의 인식은 직접경험이나 서술에 의해 일어난다. 직접지식은 모든 지식의 기초이다. 직접지식은 우리가 아는 사물을 직접 인식하는 것이다. 예를 들어 나는 나의 감각자료들에 관해 직접지식을 가진다. 나는 내가 보는 것을 익숙하게 잘 안다. 그러나 우리는 또한 우리 자신이 기억하고 있는 것들에 대해서도 익숙하게 잘 안다. 그리고 우리가 내면을 관찰할 때, 우리는 우리의 감각작용들에 관해 익숙하게 잘 안다.

한편 서술에 의한 지식은 직접 경험하지 않고 획득된 지식이다. 예를 들면 호주를 방문한 적이 없는 사람이 캔버라가 호주의 수도임을 알 수도 있다. 그러므로 러셀에 의하면 우리는 물리적 대상들에 관해서는 직접지식을 가지지 못하고 오직 감감자료들에 관해서만 직접지식을 가진다. 그러므로 감각자료들이 아닌 실제적인 물리적 대상들에 관한 지식도 역시 서술에 의한 지식이다. 우리가 직접 경험하지 못한 사물들을 알게 되는 것은 서술적 지식에 의해서이다.『철학의 문제들』에서 러셀은 우리가 이해하는 모든 명제는 궁극적으로 우리가 직접경험을 통해 아는 사물들에 의존해야 한다고 단언한다.

5) 선험적 인식(a priori)

칸트에 의하면 우리는 모든 인식에 적용되어야 하는 원리들을 순수사유에 의해 알 수 있다. 이 원리들은 사유의 절대적 조건들이다. 우리가 경험에 의존하지 않고 아는 '선험적 인식'은 전통적으로 분석적 진리들도 알려진 카테고리들에 한정되었다. 분석적 진리란 '모든 총각은 미혼이다'와 같이 '정의에 의해 참인 진리'[1)]이다. 한편 칸트는 선험적 종합인식, 즉 정의에 의해 참이 아니지만 선험적인 인식이 있을 수 있다고 주장했다. 그에 의하면 시간, 공간, 원인과 결과에 관한 인식이 이런 범주에 속한다. 칸트는 우리의 모든 경험들과 가능한 경험들이 이런 요소들을 포함하는 것은 객관적 세계의 특징이라기보다는 오히려 오성(understanding)의 특징이라고 생각했다. 하지만 러셀은 칸트의 결론에 반대하여 선험적 인식은 언제나 관계와 성질에 관한 인식이지 직접 세계와 관련된 사실들에 관한 인식이 결코 아니라고 주장했다.

6) 귀납추리

『철학의 문제들』6장에서 귀납추리의 문제에 관한 러셀의 설명은 철저히 흄의 이론을 따른다. 왜 우리는 모두 내일 태양이 뜰 것이라고 확신하는가? 우리는 단지 과거에 언제나 태양이 떴기 때문에 그렇게 확신한다. 미래에도 과거와 같은 일이 일어날 것이라고 확신할 만한 충분한 근거가 있는가? 이 점에서 우리는 자연의 불변적 통일성을 전제한다. 그러나 농부가 매일 모이를 주는 닭을 생각해 보라. 러셀이 지적하듯이 농부가 닭의 목을 비트는 날에는 "자연의 불변적 통일성에 대한 보다 정교한 견해가 그 닭에게는 유익했을 것이다."

---

1) * 정의에 의해 참인 진리'(truth that is true by definition)란 한 명제의 주어의 개념을 정의하면 이미 거기에 술어의 내용이 들어 있는 분석명제를 의미한다. 예를 들어 위의 예문에서 "총각"이란 개념을 분석하면 그 개념에 이미 "미혼"이란 술어개념이 포함되어 있다.

그러므로 우리는 자연의 불변적 통일성에 대한 과거의 경험이 미래에 대해 절대적으로 신뢰할 만한 지침이 아님을 인정하지 않을 수 없다. 자연의 명백한 불변적 통일성에 지금까지 예외가 없었다고 해서 앞으로도 예외가 있을 수 없을 것이라고 단정할 수는 없다. 그것은 단지 이런 예외가 발생할 가능성이 적음을 말할 뿐이다. 러셀에 의하면 이것은 양면성을 가진다. 우리는 경험을 이용하여 귀납추리의 확실성을 입증할 수 없다. 경험을 통해 귀납추리의 확실성을 입증하려면 귀납추리의 정당성을 입증하기 위해서 귀납법을 사용하는 '선결문제 해결요구의 오류'(begging the question)[2]에 빠질 것이기 때문이다. 그러나 마찬가지로 우리는 미래가 과거와 같지 않을 것이라는 사실도 입증할 수 없다.

7) 『철학의 문제들』에 대한 비판들

a. 철학에 대한 잘못된 관점?

러셀에 의하면 철학은 우리의 개인적 관심사로부터 물러서서 우리가 확실히 알 수 없는 것들을 들추어내는 하나의 길이며, 독단주의에 대한 방어수단이다. 철학의 주제에 관한 이런 견해에 대해서는 반론이 제기될 수 있다. 한때 러셀의 학생이었던 비트겐슈타인은 『철학의 문제들』을 혹평했다. 이것은 부분적으로 비

---

2) * '선결문제 해결의 오류'는 비형식적 오류의 하나로 물음을 회피하는 일종의 순환논법이다.

트겐슈타인이 철학의 본질에 관해 전혀 다른 관점을 가지고 있었기 때문이었을 수도 있다. 비트겐슈타인에게 있어서 - 적어도 그의 말년에는 - 철학은 일종의 지적인 치료를 필요로 하는 어떤 것이었다. 철학적 문제들은 종종 언어가 표현할 수 없는 것을 표현하려하기 때문에 발생한다. 철학은 신비감을 조성하는 것이 아니라 신비한 것을 제거하는 과정이어야 한다.

다른 방향에서이기는 하지만 니체는『선악의 저편』에서 철학은 일종의 의도적이지 않은 자서전이 개인적이지 않는 것처럼 보이도록 포장된 것이라고 주장했다. 그의 주장은 철학이 우리를 단순히 개인적인 수준으로부터 떠나 보다 일반적인 차원으로 인도한다는 러셀의 주장을 토대로부터 흔들 것이다. 니체가 옳다면, 모든 철학은 철학자들 자신의 편견과 진정한 욕망의 도가니이기 때문이다.

b. 지나치게 낙관적인 추천도서 목록

『철학의 문제들』마지막 부분에서 러셀은 철학에 관해 더 많은 것을 알고자 하는 학생들은 철학 안내서에 의존하는 것보다는 위대한 철학자들의 원전을 읽는 것이 "더 쉬우면서 동시에 더 유익하기도 함"을 발견할 것이라고 주장한다. 그는 플라톤, 데카르트, 라이프니츠, 버클리, 흄과 칸트의 저서들을 읽도록 권장한다. 러셀이 권하는 책들은 1911년에 손에 넣을 수 있는 입문서들이었을 수도 있다. 그가 추천하는 책들 중 일부는, 특히 스피노자의『윤리학』은 결코 초보자들이 읽기 쉬운 책이 아니다.

대다수의 학생들은 철학을 공부하기 시작할 때부터 원전을 읽는 것이 유익할 것이다. 그렇지만 가장 유용한 입문서들을 읽는 것보다 원전을 읽는 것이 더 쉽고 더 유익하다는 주장은 이전에는 그랬을지 몰라도 지금은 더 이상 사실이 아니다. 원전을 읽는 것이 더 유익하다는 이런 주장은 아직도 여전히 존재하는 광범위한 현상의 한 예이다. 전문적인 철학자들은 철학이 초보자에게 얼마나 어려운지 잘 알지 못하기 때문이다. 많은 학생들에게 있어서 스피노자의 『윤리학』을 그 책의 중심 주제들에 대한 아무런 주석이나 소개도 없이 읽으려고 시도하는 것은 머리를 벽에 부딪치라고 추천하는 것과 마찬가지일 것이다.

A. J. Ayer(1910 ~ 1989)

에이어는 1910년 런던에서 태어났다. 옥스퍼드대학에서 수학하고, 이후 빈대학교에서 빈학파의 운동을 접한 후 영국 철학계에 논리실증주의를 소개하는 데에 기여한다. 제 2차 세계대전이 발발하자 참전하였으며, 1946년에는 런던대학교 교수로, 1959년에는 옥스퍼드대학 교수로 임명된다. 1989년 런던에서 생을 마감했다. 주요 저서로는 『철학 논고』, 『프래그머티즘의 기원』, 『자유와 도덕』 등이 있다.

이제까지의 철학자들의 분쟁은 대부분 결실을 맺지 못한 만큼 쓸모없는 것들이다.

『언어, 진리와 논리』 중에서

25. 에이어의 『언어, 진리 그리고 논리』(*Language, Truth and Logic*)

대다수의 사람들은 무의미한 말을 하고 무의미한 글을 쓰면서 상당한 시간을 보내고, 어떤 사람들은 모든 시간을 그렇게 보낸다. 그러나 누가 언제 무의미한 말을 하고 글을 쓰는지 정확하게 판별하기는 어려울 수 있다. 에이어는 『언어, 진리 그리고 논리』에서 그가 '오류를 범하지 않는 무의미 탐지기'라고 믿는 것, 즉 그가 "검증원리"라고 부르는 양날의 검과 같은 시금석을 제시한다. 이 시금석을 가지고 검증한 결과 그는 수많은 철학서적들이 사실은 철학이라 할 수 없다고 선언한다. 그런 서적들은 무의미하기 때문이다. 그는 그런 철학적 사조를 더 이상 추구하지 말고 개념들의 의미를 명백하게 밝히는 실질적인 철학 사업에 착수하자고 제안한다. 검증원리를 통과하고도 남는 철학적 주제는 전통적 의미의 철학에서 다루는 주제보다 그 범위가 훨씬 더 좁다. 예를 들어 철학에서 형이상학이 설 자리는 없다.

에이어가 26세 이전에 출간된 『언어, 진리 그리고 논리』는 철학과 철학함의 본질을 바꾸고자 하는 인습 타파적인 책이다. 이 책은 전적으로 독창적인 책은 아니다. 대부분의 생각들은 흄의 저서나 '비엔나 학파'(Vienna Circle)에서 발견될 수 있다. 비엔나 학파는 1920년대 후반에 철학적 논의를 위해 정기적으로 만난 지식인들 모임으로 '논리실증주의'(logical positivism)라는 학파를 창설했다.[1] 이와 같이 『언어, 진리 그리고 논리』는 그 자체가 독창적이지는 않음에도 불구하고 이런 생각들을 종합하여 영어로 소개한 최초의 가장 유명한 책이었다.

1) 검증원리(verification principle)

---

1) 논리실증주의는 검증원리의 엄격한 사용을 주장하는 철학파이다.

모든 진술들은 참이 아니면 거짓이라고 생각하기 쉽다. 하지만 참도 아니고 거짓도 아니며 실제로는 무의미한 세 번째 부류의 진술들이 있다. 에이어의 검증원리는 세 번째 부류의 진술들을 골라내기 위한 것이다. 예를 들어 내가 컴퓨터를 사용해 이 글을 쓰고 있다는 사실은 참이며, 손으로 쓰고 있다는 것은 거짓이며, '무색의 녹색 생각들이 격렬하게 잠을 자다'라고 말하는 것은 무의미하다. 마지막 진술은 '어쩌고저쩌고'라고 말하는 것과 마찬가지로 무의미하다. 비록 그 진술이 단어들을 사용하기는 하지만 참이나 거짓으로 판단될 수 없다. 그 진술이 참인지 거짓인지 판단하기 위해 어떤 기준을 적용하는 것도 불가능하기 때문이다.

검증원리는 모든 진술에 관해 두 가지를 묻는다. 첫째, '그 진술은 정의에 의해 참인가?' 둘째, '그 진술은 원칙적으로 검증가능한가?' 이런 검증을 통과한 모든 진술은, 즉 정의에 의해 참이거나 원칙적으로 검증가능한 모든 진술은 유의미한 진술이다. 이런 시험을 통과하지 못한 모든 진술은 무의미하며, 따라서 진술로 인정되어서는 안 된다.

실제로 에이어는 '진술'(statement)이란 개념 대신 '명제'(proposition)란 개념을 주로 사용한다. 명제는 진술의 기초가 되는 논리적 구조이다. '고양이가 매트 위에 앉았다'는 표현은 동시에 다른 언어로도 잘 표현될 수 있는 명제이다. 그 진술이 프랑스어로 표현되든 아니면 아프리카의 어느 부족어로 표현되든 진술의 사실성은 영향을 받지 않는다. 그러므로 서로 다른 언어로 표현된 진술들이라 할지라도 명제는 동일할 수 있다. 또한 에이어는 주로

"추정적 명제"(putative proposition)란 개념을 사용한다. 여기서 '추정적'이란 단어를 사용한 것은 그 명제들이 전혀 명제가 아닐 수도 있을 가능성, 즉 그 명제들이 무의미한 진술들일 수도 있을 가능성을 열어 놓기 위한 것이다. '추정적'(putative)이란 단어는 바로 '가정된'(supposed)을 의미한다.

검증원리의 첫 번째 물음인 '그것이 정의에 의해 참인가?'라는 물음에 대해 생각해 보자. '모든 총각은 미혼 남자이다'란 진술은 정의에 의해 참인 명제의 한 예이다. 이 진술이 참이라는 사실을 입증하기 위해 조사할 필요가 없다. 이미 결혼한 사람이 총각이라고 주장한다면 이것은 그가 '총각'이란 단어의 의미를 잘못 이해했기 때문이다. 그 진술은 항진명제(tautology)[2], 즉 논리적으로(분석적으로) 참인 진술이다. '모든 고양이는 동물이다'란 진술도 마찬가지로 정의에 의해 참인 진술이다. 마찬가지로 이 진술도 참인지 거짓인지 판단하기 위해 실제로 조사할 필요가 없을 것이다. 그 진술이 참이라는 사실은 단순히 그 단어의 의미에 의해 드러난다. 이런 유형의 진술은 '분석적 진리'라고 불리기도 한다.

한편, '대다수의 총각들은 단정하지 못하다' 또는 '지금까지 어떤 고양이도 30년 이상 산 적이 없다'는 진술들은 경험적 진술들이다. 그 진술들의 진위를 판단하기 위해서는 모종의 관찰이 필요하다. 조사하지 않고는 그 진술들이 참인지 거짓인지 단정할 수 없기 때문이다. 이런 진술들은 사실에 관한 진술들이다. 그런 진술들은 단어들의 의미에 관한 진술이 아니라 그 단어들

---

2) 항진명제(恒眞命題) 또는 동어반복(tautology)은 '있는 것은 무엇이나 있다' 또는 '모든 총각은 미혼 남성이다'는 명제와 같이 필연적으로 참(眞)인 명제이다.

에 의해 언급된 사태에 관한 보도이다. 그 진술들은 검증원리의 두 번째 물음에 의해 검증되어야 하는 종류의 진술이다.

에이어는 앞에서 제시된 진술들과 같은 경험적 진술들에 관해 '그 진술들이 원칙적으로 검증 가능한가?'라고 묻는다. 여기서 '검증 가능한'이란 단순히 진위가 판명될 수 있음을 의미한다. 에이어는 이 단어를 일반적인 의미와는 약간 다른 의미로 사용한다. 일반적으로 검증한다는 것은 어떤 것이 참이라는 사실을 입증하는 것을 의미하기 때문이다. 하지만 에이어는 어떤 것이 거짓임을 입증하는 것도 검증의 한 방법이라고 생각한다. 그는 그 물음에 '원칙적으로'란 개념을 포함시킨다. 왜냐하면 유의미하기는 하지만 현실적으로 검증될 수 없는 진술들이 아주 많기 때문이다. 예를 들어 우주여행 이전 시대의 어떤 과학자는 달이 석회암으로 이루어져 있다고 주장했을 수도 있다. 이런 주장은 당시의 상황에서 볼 때 거의 논박하기 어려웠을 것이다. 그럼에도 불구하고 원칙적으로 볼 때 그런 주장이 논박될 수 있는 방법을 찾는 것은 쉽다. 달 암석의 표본을 채취하여 그 암석이 석회암인지 아닌지 보면 되기 때문이다. 그러므로 그 주장은 유의미한 진술이다. 비록 그런 주장이 제기되었을 당시에 그 주장을 검증하는 것이 가능하지 않았다 할지라도 말이다. 마찬가지로 '달이 크림치즈로 이루어져 있다'는 진술처럼 불합리한 진술도 유의미하다. 그 진술이 거짓으로 판명될 수 있는 방법이 분명하기 때문이다. 그 밖에도 에이어가 '유의미한'이란 단어를 득화된 의미에서 사용하고 있음에 주목해야 한다. 왜냐하면 일상적인 언어사용에서 우리는 거짓임이 분명한 진술들을 '유의미하다'고 부르지 않기 때문이다. 과거에 일어난 사건에 관한 진술들을 실제로 검증하는 것은 특히 어려울 수 있다. 이런 진술들은 단지 원칙적으로 검증할 수 있을 뿐이라는 단서 조항을 명시함으로써 그런 진술들의 위상을 평가할 때 발생할 - 단서조항을 명시하지 않으면 발생할 - 문제들을 피할 수 있다.

에이어에 의하면 이런 단서조항을 가지고 추정적인 명제를 생각할 때 정확하게 다음과 같은 세 가지 명제들이 가능하다. 유의미하고 참인 명제, 유의미하지만 거짓인 명제, 그리고 완전히 무의미한 명제. 『언어, 진리 그리고 논리』에서 에이어의 주된 공격 대상은 완전히 무의미한 마지막 명제이다.

에이어에 따르면 많은 철학자들은 사실상 그가 제시한 검증원리를 적용하면 무의미한 글을 쓰고 있음이 드러날 때도 유의미한 진술을 하고 있다는 자기기만에 빠졌다. 철학 분야에서 그런 무의미성에 대해 그가 즐겨 사용하는 개념은 '형이상학'이다. 형이상학적 명제는 유의미한 어떤 것을 말한다고 주장한다. 그러나 그런 명제는 정의에 의한 참도 아니고 경험적으로 검증할 수 있는 것도 아니기 때문에 실제로는 무의미하다.

2) '검증 가능성'의 강한 의미와 약한 의미

만일 에이어가 정의에 의해 참이 아닌 유의미한 진술들은 결정적으로 검증되어야 한다고 요구했다면, 일반적인 경험적 주장들은 결정적으로 확실하게 증명될 수 없다는 문제가 발생할 것이다. '모든 여자들은 죽는다'는 일반적인 진술을 예로 들어보자. 아무리 많은 자들의 죽음을 관찰한다 할지라도, 당신은 이 진술이 참이라는 사실을 결정적으로 입증할 수는 없고 단지 그 진술이 참일 개연성이 높다는 사실만 확인 할 수 있을 것이다. 실용적인 목적을 위해서는 이것으로 충분하다. 그러나 만일 에이어가 자신이 "강한 의미의 검증가능성"이라 부르는 것을 선택했었다면, 즉 그가 어떤 경험적 일반화도 그것이 유의미하기 위해서는 결정적인 경험적 증명이 필요하다고 요구했었다면, 그는 지나치게 높은 기준을 설정한 셈일 것이다.

대신 그는 약한 의미의 '검증 가능성'이란 개념을 선택한다. 하나의 경험적 진술이 유의미하기 위해서는 단지 그것의 진위를 결정하는데 적절한 정도의 관찰들만 있으면 충분하다는 것이다. 이런 관찰들은 그 진술이 참이라는 사실을 또는 그 진술이 거짓이라는 사실을 절대적으로 확인할 필요는 없다.

에이어의 저서를 비판하는 사람들은 강한 의미의 검증과 약한 의미의 검증을 구분하는 것은 그 자체가 무의미하다고 지적했다. 어떤 경험적 진술도 지금까지 실제로 또는 원칙적으로 강한 원리의 엄격한 요구들을 충족시킨 적이 없기 때문이다. 하지만 이 책의 재판 서문에서 에이어는 자신이 "기초적 명제들"이라고 부르는 것은 결정적으로 검증될 수 있다고 주장한다. 이런 명제들은 '나는 지금 아프다' 또는 '이 레몬은 나에게 시다'와 같은 진술들에 의해 표현된 종류의 명제이다. 이런 명제들은 내가 직접 경험한 사실에 관한 판단이기 때문에 검증할 필요가 없을 정도로 확실하다.

3) 형이상학과 시

형이상학에 대한 유일한 변호수단은 형이상학이 비록 축자적으로는 무의미하다 할지라도 시와 같은 종류의 효과를 가질 수 있으며, 따라서 그 나름의 고유한 가치를 가지는 활동일 수 있다고 주장하는 것이다. 에이어는 형이상학을 변호하려는 이런 시도를 냉혹하게 비판한다. 첫째, 이런 정당화 시도는 시에 대한 잘못된 이해에 근거하고 있다는 것이다. 시가 때때로 거짓 명제들을 표현한다고 해서 무의미하다고 말하는 사람은 거의 없을 것이다. 그리고 시가 무의미할 때조차도, 시인이 선택한 단어들은 그들의 운율이나 소리 때문에 그렇게 사용되었다. 형이상학적 명제들은 의미와 진리를 표현하고자 한다. 형이상학자들은 터무니없는 생각을 쓰려고 하지 않는다. 그런데 그들이 무의미한 생각을 쓴다는 사실이 바로 불행한 일이다. 형이상학이 시적 성격을 지닌다는 방식으로 아무리 변호하려고 노력해도 이런 불행한 사실을 숨기지 못할 것이다.

『언어, 진리 그리고 논리』 전반에 걸쳐 에이어의 주된 목표는 형이상학을 제거하는 것이다. 그는 언어에 초점을 맞춘다. 언어는 종종 우리가 무의미한 말을 할 때에도 의미 있는 말을 한다는 착각을 하게 만들기 때문이다. 언어에 대한 이런 관심은 20세기 초에 영국과 미국에서 출간된 대다수 철학서들의 두드러진 특징이며, 흔히 철학에서의 '언어적 전회'라고 일컬어졌다.

여기서 우리는 의미를 추구하는 에이어의 급진적 접근방식의 결과들을 조사할 것이다. 그러나 우선 에이어에게 있어서 '철학'이란 무엇인가?

4) 철학

  에이어에 의하면 철학의 역할은 극히 제한적이다. 철학은 경험적 주제가 아니다. 바로 여기에 철학과 과학의 차이가 있다. 과학은 세계의 본성에 관해 진술하며, 따라서 실제적 지식에 기여한다. 이와 달리 철학의 역할은 개념들, 특히 과학자들이 사용하는 개념들의 의미를 명확하게 정의하는 것이다. 철학의 주된 관심사는 언어에 의해 기술된 세계보다는 언어 그 자체이다. 철학은 본질적으로 논리학의 한 분과이다. 실제로 에이어가 『언어, 진리 그리고 논리』에서 행하는 작업, 즉 '유의미성'의 개념을 명확히 하고 그 개념의 함축된 의미들을 끝까지 밝힌 작업은 철학 활동의 모범적인 사례들이다.

5) 귀납추리의 문제

  귀납추리의 문제에 대해 에이어가 취하는 태도를 보면 전통적인 철학적 논쟁들에 대한 그의 입장을 잘 알 수 있다. 일반적으로 귀납추리의 문제점은 과거의 관찰들에 근거한 경험적 일반화가 미래에도 유효할 것이라는 확신에 대해 만족할 만한 정당성을 확보하는 것이 어렵다는 점이다. 미래가 과거와 같을 것이라고 어떻게 장담할 수 있는가? 어제 태양이 떠올랐다. 그리고 이전에도 늘 그랬다. 그러나 이런 사실이 내일도 태양이 뜰 것이라는 결정적인 증거는 아니다. 그렇지만 우리는 모두 이런 종류의 귀납적 일반화를 신뢰하고 그에 의존한다. 그리고 이런 일반화가 모든 과학의 기초이다.

흄이 18세기에 처음으로 이 문제를 제기한 이후, 철학자들은 귀납추리의 사용을 정당화하기 위해 노력해 왔다. 귀납추리에 대한 에이어의 입장은 전혀 다르다. 그는 이 문제를 단순하게 해결하고자 한다. 그는 귀납추리의 문제가 사실은 거짓문제라고 단정한다. 이 물음에 대한 유의미한 대답이 있을 수 없기 때문이라는 것이다. 진정한 물음은 원칙적으로 유의미하게 대답될 수 있다. 그런데 귀납추리의 문제는 대답될 수 없다. 따라서 우리는 이 문제를 무시해야 한다.

에이어의 추리는 다음과 같다. 귀납추리를 유의미하게 정당화할 수 있는 길은 오직 두 가지 유형뿐인데, 두 유형은 모두 출발 자체가 잘못되었기 때문에 고려할 가치가 없다. 첫 번째 유형은 정의에 의한 진리, 아마도 '귀납추리'란 개념의 정의 또는 '참'이란 개념의 정의에 의한 진리에 근거하여 귀납추리를 정당화하려 할 것이다. 하지만 이것은 고려할 가치가 없다. 그런 방식으로 정당화하고자 하는 노력은, 모든 사실적 결론들은 정의에 관한 진술들로부터 도출될 수 있다고 가정하는 근본적인 오류를 범할 것이기 때문이다. 정의에 관한 진술들은 단순히 단어들이나 그밖에 다른 상징들의 용법을 알려줄 뿐이다.

두 번째 유형의 정당화는 경험적으로 검증가능한 정당화일 것이다. 예를 들어 어떤 사람이 귀납추리는 과거에 잘 작동되었기 때문에 믿을만한 추리방법이라고 주장할 수도 있다. 그러나 흄이 지적했듯이 이것은 귀납추리를 정당화하기 위해 귀납추리를 사용하는 것이다. 두 유형의 정당화 시도는 모두 인정될 수 없다. 그런 시도는 선결문제의 해결을 요구하기 때문이다. 그런 시도는 귀납추리가 쟁점이 되는 바로 그 시점에 귀납추리가 믿을 만하다고 주장하는 것이다. 그래서 에이어는 어떤 유의미한 해결책도 가능하지 않다는 결론을 내린다. 그렇다면 귀납추리의 문제는 문제가 되지 않는 문제이다.

6) 수학

수학적 명제들은 대체로 유의미한 명제들임이 분명하다. 만일 수학적 명제들이 에이어의 분석에 근거하여 유의미한 것으로 판명되지 않았다면, 우리는 그의 이론을 무시해도 좋을 것이다. 그런데 그는 어떻게 그 명제들이 유의미함을 입증할 수 있는가? 그는 오직 두 가지 선택지들을 가질 뿐이다. 수학적 명제들은 정의에 의해 참이든가, 아니면 경험적으로 검증할 수 있어야 한다. (아니면 이 둘의 혼합에 의해 검증할 수 있어야 한다.)

극히 소수의 철학자들은 '7 + 5 = 12'라는 명제는 단순히 7개의 물건들과 5개의 물건들을 더하면 언제나 12에 도달하기 때문에 도출된 일반화라고 주장했다. 이런 주장은 도저히 받아들일 수 없는 견해이다. 그러므로 에이어는 '7 + 5 = 12'라는 명제는 정의에 의해 참이라는 결론, 즉 그 명제는 단순히 '7', '+', '5', '='그리고 12라는 상징들의 용법에 관한 문제라는 결론에 도달한다. 그러나 만일 '7 + 5 = 12'라는 명제가 '모든 총각은 미혼 남자이다'라는 명제와 동일한 방식으로 정의에 의해 참이라면, 에이어는 어떻게 우리가 수학적 '발견들'에 의해 놀랄 수 있는지 실명해야 한다. 왜냐하면 이 이론에 따르면 해답이 문제의 진술에 이미 함축되어 있어야 하기 때문이다. 결국 모든 물음은 'A = A'라는 동어반복과 마찬가지일 것이다. 그렇다면 우리는 어떻게 수학에서 발견함의 의미를 이해할 수 있는가?

에이어의 대답에 의하면 비록 수학적 진술들이 정의에 의해 참이긴 하지만 어떤 수학적 진리들은 처음부터 명백하게 참이지 않다. 예를 들어 '91 x 79 = 7,189'라는 등식을 살펴보자. 이것은 '7 + 5 = 12'보다 훨씬 덜 분명하다. 그렇지만 그것은 여전히 정의에 의해 참이다. 우리는 그것이 참이라는 사실을 확인하기 위해 계산해야 한다. 이런 계산은 결국 동어반복적인 변환에 불과하다. 그러나 그 답이 옳다는 것을 즉시 알 수 없기 때문에, 우리는 그 답이 흥미롭다고 생각한다. 결과적으로 그 답이 어떤 새로운 사실적 정보도 제공해 주지 않음에도 불구하고 말이다.

7) 윤리학

에이어의 윤리학적 입장은 『언어, 진리 그리고 논리』에서 가장 논란의 여지가 있는 견해들 중 하나이다. 그는 기본적으로 옳고 그름에 관한 판단은 대부분 단순한 감정의 표현이며, 실제로는 '부~!'(Boo~!)와 '호레이'(Hurray)라는 표현들처럼 무의미하다고 생각한다. 그는 자신의 검증원리를 적용하여 이런 극단적인 결론에 도달한다.

윤리학을 면밀하게 조사한 다음 에이어는 4가지 진술 유형들을 발견한다. 첫째, 윤리학적 용어들에 관한 정의들이 있다. 예를 들어 윤리학 책에서 우리는 '책임'에 관한 자세한 정의를 발견한다. 둘째, 도덕 현상들과 그 현상들의 원인에 관한 기술들이 있다. 예를 들어 양심의 가책에 관한 기술과 그런 가책이 어떻게 어린 시절의 도덕적 또는 종교적 훈련에서 기원되었을 수도 있는가에 관한 기술이 있다. 셋째, 에이어가 "도덕적 권고들"(exhortations to moral virtue)이라 부르는 것이 있다. 이런 진술유형의 단적인 예는 독자들로 하여금 약속을 지키라고 호소하는 것이다. 마지막으로 "실제적인 윤리적 판단들"이 있다. 이런 판단들은 '고문은 도덕적 악이다'와 같은 진술들이다.

에이어는 4가지 유형의 진술들을 각각 면밀히 조사한다. 정의에 관한 첫 번째 유형의 진술은 에이어가 윤리학으로서 인정할 수 있다고 생각하는 유일한 진술이다. 윤리적 용어들에 관한 정의들은 정의에 의해 참인 진술들로 이루어져 있으며, 따라서 에이어의 유의미성 시험을 통과하는 유일한 진술이다. 두 번째 유형의 진술, 즉 도덕 현상들에 관한 기술들은 비록 그 시험의 두 번째 가지를 통과하며 따라서 유의미하기는 하지만 철학의 영역은 아니다. 그 기술들은 경험적으로 검증할 수 있으며, 따라서 그런 기술들이 다루는 것은 과학의 한 분과에 속한다. 이 경우에는 심리학이나 사회학의 영역에 속한다. 세 번째 유형의 진술, 즉 덕을 행하라는 권고들은 참일 수도 없고 거짓일 수도 없으며, 따라서 실제로는 무의미한 진술들이다. 그런 진술들은 과학도 아니고 철학도 아니다.

에이어는 마지막 유형의 진술인 윤리적 판단들을 가장 길게 다룬다. 이런 판단들은 일반적으로 윤리학의 근간이 된다고 생각되는 진술들이며, 전통적으로 유의미하다고 여겨져 왔다. 에이어의 주장에 의하면 그런 판단들은 정의에 의한 참도 아니고 경험적으로 검증할 수도 없으며, 따라서 실제로는 무의미하다. 만일 내가 '당신이 나의 집에 침입한 것은 잘못이었다'고 말한다면, 나는 '당신이 나의 집에 침입했다'는 것을 특별한 억양으로 말하고 있는 것이다. 당신이 잘못 했다는 주장은 그 진술에 유의미한 어떤 것도 더하지 못한다. 만일 내가 '잘못된'이란 개념이 법적 의미가 아니라 윤리적 의미에서 사용되고 있다는 전제에서 '주거침입은 잘못이다'는 진술을 일반화한다면, 나는 참도 아니고 거짓도 아닌 완전히 무의미한 진술을 하는 것이다. 그 진술은 단지 주거침입에 대한 감정적 태도의 표현, 즉 그 말을 듣는 사람들에게서 유사한 감정적 태도를 유발시키려고 의도되었을 수 있는 표현이다. 만일 당신이 내게 등을 돌리고 '주거침입은 잘못이 아니다'라고 내 말에 동의하지 않는다면, 우리 사이에는 문제가 되는 어떤 사실도 없기 때문에 누가 옳은지 판단하지 못할 것이다. 당신은 주거침입에 대해 나와 다른 감정적 태도를 표현하고 있을 뿐이기 때문이다.

윤리적 판단에 대해 이렇게 설명하는 '정감주의'(emotivism)[3]에 따르면 어떤 행동이 잘못이냐에 관해 객관적으로 논쟁하는 것은 불가능하다. 논쟁처럼 보이는 것이 사실은 언제나 일련의 감정적 표현으로 판명될 것이기 때문이다. 윤리적 입장들의 진위를 판단할 수 있는 어떤 관점도 없다. 윤리적 입장들은 참일 수도 없고 거짓일 수도 없기 때문이다. 윤리적 입장들은 결코 순수한 명제들이 아니다.

---

3) 정감주의(이모티비즘)에 따르면 도덕적 판단은 참일 수도 없고 거짓일 수도 없는 무의미한 감정의 표현이다.

8) 종교

'신이 존재한다'는 진술에 대한 에이어의 입장은 적어도 윤리학의 대부분을 부정하는 것만큼이나 도전적이다. 그에 의하면 이런 진술은 정의에 의한 참도 아니고 원칙적으로도 경험적 검증이 불가능하다. 이 진술은 정의에 의한 참일 수 없다. 정의는 단지 단어용법을 가리킬 뿐이며, 따라서 어떤 것의 존재를 증명할 수 없기 때문이다. 에이어는 신의 존재에 대한 경험적 증명이 가능하다는 생각을 단적으로 거부한다. 결국 '신이 존재한다'는 진술은 사실상 무의미하며, 참일 수도 없고 거짓일 수도 없다.

이런 견해는 신의 존재에 관한 물음에 접근하는 방식이 전통적인 방식과 전혀 다르다. 전통적인 관점에 따르면 개인들은 신을 믿거나, 신의 존재를 믿지 않는 무신론자들이거나, 아니면 신의 존재 여부를 판단할 충분한 증거가 없다고 주장하는 불가지론자들이다. 하지만 에이어의 입장은 세 가지 입장들 모두와 다르다. 그 입장들은 '신이 존재한다'는 진술이 유의미하다고 생각하며, 각각 참, 거짓 또는 입증 불가능하다고 생각하기 때문이다. 그런데 '신이 존재한다'는 진술은 형이상학적 진술, 즉 에이어가 주장하듯이 완전히 무의미하며 따라서 철학에서 다루어져서는 안 되는 진술이다. 따라서 에이어는 신의 존재에 관한 문제, 즉 수천 년 동안 위대한 철학자들을 사로잡았던 문제는 대답할 수 없기 때문에 철학적으로 전혀 논의할 가치가 없다고 단정하였다.

9) 『언어, 진리와 논리』에 관한 비판들

a. 실질적인 난점들

비록 에이어의 검증원리를 유의미성과 무의미성을 구분하는 하나의 방도로 인정할 수 있다 할지라도, 해결되어야 할 상당히 중요한 현실적인 난점들이 있다. 하나의 명제가 "원칙적으로" 검증할 수 있는지 어떻게 결정할 수 있는가? 다시 말해 이런 상황에서 "원칙적으로"란 무엇을 의미하는가? 약간의 상상력을 발휘하면 에이어가 형이상학적 진술에 관해 사용하는 예문인 '실체는 하나다'란 진술은 '원칙적으로' 검증가능하다고 주장될 수도 있다. 현상의 베일이 순간적으로 벗겨지고 실체의 본성을 힐끗 보았다고 하자. 그러면 우리는 '실체는 하나다'란 진술이 참인지 거짓인지 판단하기에 적합한 관찰을 할 수 있을 것이다. 이것은 '실체는 하나다'란 진술이 원칙적으로 검증가능하다는 것을 의미하는가? 에이어는 '원칙적으로 검증가능하다'는 것이 실제로 무엇을 의미하는지에 관해 충분하게 설명하지 않기 때문에 우리는 어떤 진술이 형이상학적인지 아닌지 판단하기가 어렵다.

검증원리의 적용과 관련하여 야기되는 또 다른 현실적 난점은 어떤 명제가 항진명제이고 어떤 명제가 아닌지 분명하게 구분할 수 없다는 점이다. 수학에 관해 논의 할 때 에이어는 어떤 진술들은 정의에 의해 참일 수 있음을 - 비록 그 진술들이 그렇다는 사실을 즉각적으로 판단할 수 없기는 하지만 - 인정한다. 이런 식으로 생각하면 우리는 형이상학적인 것처럼 보이는 많은 진술들이 사실은 항진명제(토톨로지)일 수 있다는 사실을 간과하기 쉬울 것이다.

b. 명제들을 유기적 연관성에서 다루지 못함

에이어의 일반적인 접근방식에 대해 제기될 수 있는 또 다른 종류의 반론에 의하면 그의 방법론은 명제들을 마치 복합적인 의미체계에서 분리될 수 있는 것처럼 다룬다는 점이다. 그 명제들이 실제로는 그런 의미체계와 불가분적 관계에 있음에도 불구하고 말이다. 이런 점은 콰인(W. V. O. Quine; 1908~2000)에 의해 지적되었다.

예를 들어 에이어는 '우주선이 지구로 귀환할 수 있는 것은 중력 때문이다'라는 진술의 진위를 다른 진술들과 무관하게 결정할 수 있다고 주장하는 것처럼 보인다. 하지만 이 명제가 형이상학적 진술인지 아닌지 결정하기 위해서는 과학이론과 일련의 다른 가설들에 의존해야 할 것이다. 그런데 많은 과학이론과 가설들은 우리가 사용하는 언어체계 내에서 표현되어 있다.

c. 자기모순

에이어의 책에 대한 가장 신랄한 비판은 그의 검증원리가 유의미성 검증을 위해 자신이 설정한 기준을 충족시키지 못한다는 점이다. 그 원리 자체가 정의에 의해 참인가? 분명하지 않다. 그 원리는 경험적으로 검증 가능한가? 그 원리가 어떻게 경험적으로 검증 가능할 수 있는지 알기 어렵다. 그러므로 자신의 지시에 따를 때 그 원리는 자체가 불합리하다. 이런 비판이 옳다면, 에이어의 계획 전체는 와해된다. 그의 계획은 유의미한 명제들은 모두 그 기준을 충족시킬 것이라는 주장의 사실성에 의존하기 때문이다.

이런 비판에 대해 에이어는 검증원리는 정의에 의해 참이라고 대답한다. '91 x 79 = 7,189'라는 연산과 마찬가지로 검증원리는 명백하게 정의에 의해 참은 아니다. 그렇기 때문에 검증원리는 관심의 대상이 될 수 있으며 하나의 발견이다. 하지만 에이어는 어디서 이런 검증원리를 도출했는지 제시하지 못하며, 수학적 연산에 상당하는 어떤 것을 제시하여 우리로 하여금 그의 대답이 올바른지 확인할 수 있도록 하지도 못한다.

아니면 아마도 검증원리는 단순히 하나의 제안, 즉 '유의미한' 이란 개념을 그 원리가 지시하는 방식으로 사용해야 한다는 추천일 것이다. 그러나 만일 그렇다면, 검증원리는 - 그 원리 자체의 기준에 의해 판단해 볼 때 - 감정의 표현에 상당하는 형이상학적 진술일 것이다. 그 원리는 에이어가 그렇게 철저하게 철학으로부터 제거시키고자 한 바로 그런 유형의 진술일 것이다. 그러므로 어느 경우이든 그의 검증원리가 자기모순이라는 비판은 에이어를 곤혹스럽게 한다.

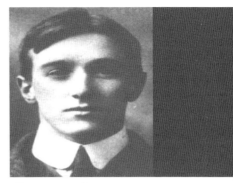

R. G. Collingwood(1889 ~ 1943)

콜링우드는 1889년 영국 랭카셔(Lancashire)에서 태어났다. 그는 옥스퍼드대학을 졸업한 후 선임연구원으로 임명되었으며, 후에 옥스퍼드대학에서 형이상학 석좌교수가 되었다. 1943년 영국 컴브리아(Cumbria)에서 생을 마감했다. 주요 저서로는 『역사의 개념』, 『자연의 개념』, 『종교와 철학』 등이 있다.

모든 종류의 언어는 몸짓의 특수화된 형태이다. 그러므로 춤은 모든 언어의 모태라고 할 수 있을 것이다. 완전히 몸짓만으로 이루어진 원어(原語) 말이다.

『예술의 원리들』 중에서

26. 콜링우드의 『예술의 원리들』(*The Principles of Art*)

　예술이란 무엇인가? 이것은 쉽게 대답하기 어려운 물음이다. 우리가 예술이라 부르는 것들은 아주 다양하다. 그러나 그들 중 일부는 예술이라 부를 만한 가치가 없다. 대다수의 사람들은 렘

브란트(Rembrandt)의 자화상과 바흐(J. S. Bach)의 푸가는 예술이라고 인정할 것이다. 그러나 논란의 여지가 있는 많은 사례들이 있다. 예를 들어 마르셀 뒤샹(Marcel Duchamp)의 유명한 '샘'(fountain)에 관해서는 평가가 엇갈린다. '샘'은 마르셀이 도자기로 만든 소변기인데, 그는 이 소변기에 'M. Mutt'라고 서명한 다음 1917년 뉴욕에서 열린 미술전시회에 전시했다. 어떤 사람들은 이 작품이 20세기 미술의 대표적인 작품이라고 평가하는데 반해, 다른 사람들은 순수한 예술작품이라기보다는 미술 전시품들에 관한 비판적 평가라고 생각하며, 심지어는 미술 작품들을 조롱하는 것이라고 생각한다.

사람들이 '예술이란 무엇인가?'라고 물을 때, '예술'이란 단어의 의미를 묻는 사람은 거의 없다. 그렇기 때문에 사전적 정의는 그 문제를 해결하지 못할 것이다. 사람들이 이렇게 물을 때 그들은 어떤 것을 예술작품으로서의 가치가 있게 만드는 것이 무엇인지 알고자 한다. 그들은 어떤 것을 예술작품이라 부르는 것은 그것이 우리에게 어떤 가치를 가지기 때문이며, 적어도 잠재적인 가치를 가지기 때문이라고 믿는다. 1차 세계대전과 2차 세계대전 사이에 가장 활동적인 철학자였던 콜링우드는 『예술의 원리들』(1938)에서 우리가 우연히 예술이라 부르는 것들과 예술이라고 불릴 만한 가치가 있는 것들을 구분한다. 우리가 예술이라 부르는 많은 작품들은 예술로서의 가치가 없다. 그런 작품들은 '순수예술'(art proper)이 아니라 '통속예술'(art so-called)이다. 순수예술은 특별한 종류의 감정을 표현하는데, 이런 감정표현에는 그 과정에서 표현되는 감정의 정확한 성격이 분명하게 드러난다. 비록 플라톤, 아리스토텔레스, 아우구스티누스, 헤겔, 흄, 니체 그리고 많은 위대한 철학자들이 예술의 본질에 관해 글을 썼지만, 1930년대 콜링우드가 이 책을 쓸 당시 이 책은 영국 철학자들에게 낯선 주제였다. 콜링우드는 베네데토 크로체(Benedetto Croce)라는 이탈리아 철학자로부터 어느 정도 영감을 받았다.

1) 콜링우드는 누구인가?

콜링우드는 광범위한 분야에 관심을 가진 특이한 철학자였다. 『예술의 원리들』이외에도 그는 역사철학에 관해 한 권의 영향력 있는 책을 썼으며, 영국에서 오랫동안 로마 시대의 고고학을 연구하였다. 그의 아버지는 성공한 수채화 화가였다. 그리고 콜링우드 자신도 그림을 그렸으며, 이론은 물론 예술작업의 실용성에 관해서도 알고 있었다. 『예술의 원리들』에서 그가 취하는 방법론적 특징은 시각 예술가들의 작업방식을 따른다는 점이다. 이 책의 많은 부분은 관람자들의 경험보다는 예술가의 창조적인 과정에 초점을 맞추고 있다. 관람자들의 경험에 관해서도 논의하기는 하지만 말이다. 콜링우드는 또한 특이하게도 어떤 종류의 '통속예술들'은 도덕적 타락을 부추길 수 있다고 믿으며, '도덕적 구원'은 순수예술에 의해 성취될 수 있다고 믿는다.

2) 기교예술론

콜링우드는 "기교예술론"(the technical theory of art)을 비판했다.

"기교예술론"이란 용어는 예술은 단순히 가공되지 않은 자료들을 특별한 방식으로 가공하여 모종의 반응을 이끌어내는 일련의 기교라는 주장에 대해 콜링우드가 붙인 명칭이다. '기교론'에 의하면 예술은 일종의 기능이다. 이런 견해에서 보면 예술가는 예술적 재료들을 미리 고안된 청사진에 상응하는 어떤 것으로 변형시키는 사람이다. 목수는 탁자를 만들 때, 먼저 탁자의 설계도를 그린 다음, 그 설계도에 따라 나무, 못, 니스 그리고 아교와 같은 재료들을 가공하여 탁자를 만든다. 마찬가지로 어떤 사람들에게 있어서 예술가는 가공하지 않은 재료들을 - 캔버스와 물감, 단어들 또는 소리들 등 - 예술적 기법을 통해 가공하여 작품을 만드는 사람들이다.

3) 그러나 예술에는 기능이 중요하지 않은가?

콜링우드는 종종 그가 실제로 주장하지 않은 견해를 주장했다는 오해를 받는다. 그는 순수예술에는 결코 기능이나 계획이 필요하지 않다고 주장한 적이 없음에도 불구하고 그렇게 주장했다는 오해를 받는다. 그런 견해는 분명 수많은 반증 사례들에 노출된 터무니없는 주장일 것이다. 예를 들어 미켈란젤로가 시스틴 성당의 천장에 그림을 그릴 때, 그는 발판에 올라가 그림을 그리기 전에 먼저 실행계획을 세웠으며, 그림물감과 회반죽을 처리하는 기법을 사용하여 미리 고안된 구도를 완성시켰음이 분명하다. 만일 그렇게 하지 않았다면, 미켈란젤로가 그린 것은 위대한 예술작품이 아니라 지저분한 낙서가 되었을 것이다. 하지만 콜링우드가 중요하게 생각하는 것은 이런 종류의 기능은 예술의 본질일 수 없다는 사실이다. 많은 예술은 그런 기법을 필요로 하지 않기 때문이다. 원칙적으로 볼 때 많은 예술작품들은 전적으로 마음에서 구상될 수 있다. 그러므로 기능은 어떤 대상이나 다른 창작품을 예술작품으로 만드는 핵심적인 요소일 수 없다. 그러나 콜링우드는 보다 전형적인 예술가는 조각가라고 생각했다. 조각가는 점토 흙을 손가락으로 주물러 춤추는 사람의 형상을 만들 때, 미리 고안된 계획에 따라 재료들을 가공하여 특별한 특징을 가지는 특수한 형상을 만드는 것이 아니라 만드는 동안 도안을 생각하면서 만들기 때문이다.

비록 예술가들이 때로는 만들기 전에 이미 무엇을 만들지 정확하게 알고 있기는 하지만, 그것은 예술가로서 그들의 작업에 중요하지 않다. 이와 달리 무엇을 만들고자 하는지 미리 아는 것은 기능인에게 본질적인 것이다. 예술가는 대체로 아직도 더 많은 작업이 행해질 수 있다고 느낄 것이다. 탁자를 만들기 시작하는 사람은 탁자의 정확한 크기, 필요한 재료들과 여러 부품들이 어떻게 조립될 것인지에 관해 알 것이다. 기교예술론에 따르면 예술가들은 기능인들과 같은 유의 일을 한다. 콜링우드는 기교예술론을 거부한다. 그에 의하면 예술가들은 천부적인 재능을 가지고 태어나지 않으며, 예술에서 중요한 것은 단순히 기교가 아니다. 비록 많은 위대한 예술가들은, 심지어 모든 위대한 예술가들은 그들의 분야에서 대단히 정교한 기술을 가지고 있었지만 말이다. 그가 강조하는 것은 위대한 예술가들을 예술가들로 만든 것은 그들의 기교가 아니었으며, 그들의 작품들을 예술품으로 만든 것은 재료들을 가공하여 미리 고안된 대상들을 만드는 과정이 아니었다는 점이다.

4) 통속예술

a. 주술예술(magic art)

콜링우드는 통속예술과 순수예술을 철저하게 구분한다. 통속예술은 다시 '주술예술'과 '오락예술'(entertainment art)의 두 범주로 구분된다. 주술예술은 감정을 각성시켜 실천적 또는 종교적 효과를 꾀하는 의식들에서 사용되기 위해 생산된 예술유형이다. 이런 범주의 예술에는 단지 의식적으로 의미 있는 다른 문화들의 예술뿐 아니라 우리 자신의 문화의 예술도 포함된다. 영국 국가(國歌)인 "룰 브리타니아"(Rule Britannia) 또는 미국 국가인 "별이 빛나는 깃발"(Star-spangled Banner)과 같은 애국가는 주술예술에 속할 것이다. 그러나 주술예술은 원래 어떤 목적을 위한 수단, 즉 행동을 유발시키기 위해 사회적으로 합당한 방식으로 감정을 분출시키는 방식이기 때문에 순수예술이 아니다. 그리고 주술예술은 이런 목적을 마음에 가지고 고안되었다. 주술예술의 가치는 주로 도구적 가치에 있다. 이것은 순수예술과 아주 다르다.

b. 오락예술

한편 오락예술의 범주는 많은 사람들에게 순수예술의 한 형태처럼 보일 수도 있다. 그러나 콜링우드는 이런 견해를 거부한다.

단지 사람들을 위로하기 위해 창작된 오락예술은 순수예술이 아니다. 콜링우드는 오락예술의 타락시키는 경향을 경계한다. 그런 예술은 웃음, 쾌락 또는 재미와 같은 특별한 종류의 감정적 반응들을 자극한다. 그러나 이런 자극은 하나의 반응을 폭발시킴으로써 일어난다. 이와 반대로 순수예술은 예술가가 작품을 창작할 때 경험한 것과 동일한 과정을 애호가들도 경험할 것을 요구한다. 콜링우드에 의하면 오락예술은 타락시킬 수 있다. 오락예술은 사람들을 일상생활로부터 멀어지게 하며, 그들로 하여금 그들 자신의 즐거움이 가장 중요한 선이라고 믿도록 만들기 때문에 도덕적으로 타락시킬 수 있다. 이와 달리 순수예술은 애호가들이 예술작품에 참여하도록 함으로써 그들의 자기인식과 깨달음의 수준을 끌어 올리고자 한다.

콜링우드에 의하면 주술예술과 순수예술은 모두 기술이다. 그들이 비록 예술처럼 보이기는 하지만 어느 것도 예술은 아니다.

5) 순수예술

a. 감정을 표현함으로써 감정을 순화시킴

콜링우드의 목표가 단순히 파괴적인 것은 아니다. 그는 예술이라 불릴만한 가치가 없는 통속예술의 다양한 유형들을 지적하면서, 동시에 순수예술에 대해서는 예술다운 예술이라고 긍정적으로 평가한다. 예술가는 미리 고안된 목표나 청사진을 가지고 시작하기보다는 오히려 "미완성의"(inchoate) 감정에서 시작하여 그 감정을 깨끗하게 정화시키고자 한다. "미완성'이란 "완전히 형성되지 않음"을 의미한다. 콜링우드에 의하면 예술작품을 창작하는 과정은 원칙적으로 거의 이해되지 않은 감정이나 정서에서 시작하여, 물감이나 점토 흙과 같은 재료를 가지고 작업하는 과정을 거쳐, 바로 그 감정에 관해 점차적으로 명료해지는 과정이다. 이것은 감정을 표현하는 과정이다. 감정을 표현한다는 것은 감정을 무심코 드러내는 것과는 다르다. 만일 내가 화가 나있다면, 나의 붉은 얼굴과 격한 목소리가 다른 사람들에게 내가 화났다는 것을 드러낼 수도 있다. 내가 그 사실을 인지하기 이전에도 말이다. 붉은 얼굴과 격한 음성은 내가 화났다는 징후들이다. 그러나 그것은 콜링우드가 의미하는 감정표현은 아니다. 다시 말해 예술적 창작은 일종의 자기이해이다. 예술작업의 특징인 "만들면서 디자인함"(designing while making)은 표현되고 있는 감정에 관한 우리의 이해를 정제하는 과정, 즉 감정이 무엇인지 보다 정확하게 배우는 하나의 길이다. 감정이 표현될 때까지 예술가는 그 감정의 실체를 알지 못할 것이다. 그때까지 감정은 모호하고 정확하지 않다. 그렇다면 예술적 창작활동은 작품이 완성될 때까지는 예술가가 단지 전의식(前意識)적으로(pre-consciously) 알고 있는 어떤 것을 의식해 가는 과정이다.

b. 경험하는 예술

관람자가 미술품을 감상할 때, 그는 예술가가 작품을 창작할 때 경험하는 것과 같은 어떤 것을 경험한다. 관람자의 예술작품 경험은 그 자체가 정서적 경험, 즉 예술가가 작품에서 표현한 바로 그 감정에 대한 일종의 감수성이다.

6) 콜링우드의 예술론에 관한 비판들

a. 편협한 본질주의

예술에 관한 정의에 있어서 콜링우드는 본질주의자란 비판을
받는다. 그에 의하면 모든 예술은 하나의 본질, 즉 그가 특별한
종류의 감정표현이라고 분류하는 공통의 특징을 가진다. 콜링우
드 이후의 일부 예술 철학자들에 의하면 예술은 비트겐슈타인이
말하는 "가족유사성 항"(family resemblance term)이다. 다시 말해 우
리가 예술로 인정하는 작품들 사이에는 일정한 패턴의 중첩되는
유사성들이 있지만, 모든 작품들을 예술작품으로 만드는 하나의
본질적 특징은 없다는 것이다. 이런 견해에서 볼 때 콜링우드의
잘못은 감정표현을 지나치게 강조했다는 점이었다. 이와 같이
감정표현을 지나치게 강조한 결과 그는 예술로 인정되어야 하는
많은 작품들을 순수예술의 범주에서 제외시키는 오류를 범했다.
예술이 표현이기는 하지만 언제나 표현일 필요는 없다. 콜링우드
의 잘못은 모든 예술이 공통의 특징을 가진다고 주장한 것이었다.

b. 지나치게 낙관적인 도덕적 교화

콜링우드에게 있어서 예술은 애호가들에게 그들 자신의 마음
의 비밀들을 드러내 보여줌으로써, 그리고 그들이 예술작품에

참여하는 동안 예술가의 표현과정을 함께 경험하도록 함으로써 문화를 발전시키는 역할이다.『예술의 원리들』의 여러 부분에서 콜링우드는 통상예술이 사람들을 미혹시키고 도덕적으로 타락시킨다고 신랄하게 비판한다. 영화와 라디오는 그의 공격대상이다. 이런 주장은 대단히 시대에 뒤떨어진 생각이다. 그리고 오늘날 영화예술과 같은 것이 없어야 한다고 요구한다면 커다란 반발에 직면할 것이다. 이 책의 결론 부분에서 콜링우드는 예술은 "최악의 마음의 질병"인 타락한 의식을 고치는 약이라고 선언한다. 그에 의하면 예술은 단지 삶의 가치 있는 한 측면일 뿐만 아니라 일종의 만병통치약이다. 이 책을 읽는 많은 독자들은 예술의 본성에 관한 그의 설명들이 타당하다고 생각할 것이다. 그러나 그들은 예술이 애호가들을 변화시키는 일종의 도덕적 치료수단, 즉 도덕적이고 심리적인 질병으로부터 문화를 구할 수 있는 치료수단이라고 생각하는 그 책의 이런 경향에는 동조하지 않을 것이다. 콜링우드는 나치의 유대인 학살이 있기 이전인 1930년대에 활동한 사람이었다. 이런 잔학한 행위를 저지른 나치당원들 중 일부는 고상한 괴테의 독자들이었으며, 모차르트와 베토벤을 연주하는 고전 음악회에 정기적으로 참석한 사람들이었다. 이런 사실에 비추어 볼 때 예술이 도덕적 안전장치의 역할을 한다는 생각은 거의 타당하지 않다.

Martin Heidegger(1889 ~ 1976)

하이데거는 1889년 메스키르히에서 출생하였으며, 어린 시절 김나지움에서 신학을 공부했으나 1911년 22세 때 철학의 길로 들어서게 된다. 1919년에는 프라이부르크대학에서 후설의 조교가 되어 그의 영향을 깊이 받았으며 1923년에 마르부르크대학의 부교수로, 1928년에는 후설의 후임 교수로 임명된다. 1933년에는 나치의 명령을 따라 동대학의 총장으로 취임하였다. 이후 나치에 협력했다는 혐의로 강의 금지 조치를 당하고 오랜 은둔 생활에 들어선다. 그는 1976년에 프라이부르크에서 사망했다. 주요 저서로는 『형이상학이란 무엇인가』 등이 있다. 여기에 소개된 『존재와 시간』 대한 설명은 번역자 자신의 견해임을 밝혀둔다.

존재는 존재자를 존재자로서 규정하는 그것이다.

『존재와 시간』 중에서

27. 하이데거의 『존재와 시간』(*Being and Time*)

1) 철학의 과제 : 존재의 의미를 근원적으로 해명함

하이데거에 의하면 철학의 역사는 "존재망각의 역사"였다. 그런데 우리가 익히 알듯이 철학은 단 한 순간도 존재에 관해 말하지 않은 적이 없었다. 그렇다면 존재망각의 역사란 무엇을 의미하는가? 존재에 관해 끊임없이 말하지만 그 의미에 관해서는 생각하지 않았다는 것이다. 물론 하이데거의 주장은 그의 주관적인 판단일 것이다. 철학자들은 언제나 존재에 관해 물었다. 그리고 존재에 관해 묻는다는 것은 존재의 의미를 찾는다는 말이다. 이런 사실에도 불구하고 하이데거는 철학의 역사를 존재망각의 역사라고 한다. 그렇다면 하이데거가 생각하는 존재의 의미는 무엇인가?

우리가 존재하는 어떤 것이 무엇이냐 물을 때 우리가 묻는 것은 그 대상의 의미이며, 그 대상의 의미를 물을 때 우리가 알고자 하는 것은 그 대상의 객관적 본질이다. 대상의 의미는 대상의 객관적 본질이다. 우리가 여기 있는 이 책상에 관해 '책상이란 무엇인가?'라고 묻는다면 우리는 그 책상의 객관적 본질로서의 의미를 묻는 것이다. 이런 의미는 '객관적 의미'(Bedeutung)이다.

그러나 하이데거에게 있어서 존재의 의미는 존재의 객관적 의미가 아니다. 하이데거에 의하면 존재는 존재자가 아니기 때문이다. 존재는 존재자가 아니기 때문에 그의 객관적 의미에 관해서 묻는다는 것은 무의미하다. 따라서 존재의 의미에 관한 물음에서 중요한 것은 우리가 존재에 관해 생각할 때 '존재'라는 개념이 어떻게 다가오느냐 하는 것이다. 따라서 하이데거에게 있어서 존재의 의미를 묻는다는 것은 주체로서의 우리가 존재를 어떻게 이해하느냐 하는 것이다. 하이데거에게 있어서 존재의 의미는 실존적 인간이 느끼는 주관적 의미(Sinn)이다. 그렇다면 존재는 우리에게 어떤 의미를 가지는가?

존재는 언제나 존재자의 존재이다. 그리고 존재는 존재자를 존재자로서 존재하게 하는 것이다. 이런 의미에서 존재는 '근거'이다. 그러나 이때 근거는 일반적으로 생각하는 '근거'(Grund)가 아니다. 그것은 실체로서의 근거가 아니다. 존재는 존재자가 아니기 때문이다. 그것은 "근거 없는 근거"(Ab-grund)이다.

존재는 존재자를 존재자로서 존재하게 하는 근거, 즉 무근거이다. 그렇다면 이 근거는 무엇인가? 먼저 존재자의 속성에 관해 살펴보자. 우리는 대상의 객관적 의미에 관해 물을 그 대상이 속하는 유와 종의 고유한 속성을 묻는다. 그렇다면 최고의 유개념으로서 존재자의 속성은 무엇인가? 존재자의 고유한 속성은 '드러나 있음'이며, '운동하고 있음'일 것이다. 존재는 무(근거)로서 존재자를 존재하게 한다. 존재하게 한다는 것은 '드러나 있게 함'이며, '운동하게 함'이다.

존재는 드러나게 하는 것이다. 존재자, 즉 드러나 있는 것은 다른 것과 다르기 때문에 드러난다. 개별적 존재자들은 '유와 종의 차이'를 통해 드러나지만 존재자 일반은 단순한 '차이'에 의해 드러난다. 이 차이는 존재자들을 이어주는 '사이'이다. 존재자는 황(黃)이며, 존재는 현(玄)이다(天地玄黃). 차이는 시간적 차이이며, 공간적 차이이다. 따라서 존재는 시간과 공간이다. 존재는 시간이며, 시간은 존재의 이름(Vorname)이다.

존재는 존재자가 아니지만 존재자를 운동하게 한다. 존재자는 '운동하는 것'이며, 존재는 '운동자체'이다. 운동하는 것은 여기서 저기로 운동하며, 과거에서 현재로, 현재에서 미래로 운동한다. '지금 여기'는 '있음'이며, '아직'과 '거기'는 '무'이다. 운동은 존재에서 무로, 무에서 존재로의 운동이다. 그리고 이런 운동자체는 헤겔의 표현대로 존재자 내에서 작용하는 "절대적 부정성"(absolute Negativität)이다. 존재는 이런 절대적 부정성이다.

시공간과 절대적 부정성으로서의 존재는 '유한성', '사이', '잠시'이다. 존재는 잠시(시간성)이며 사이(공간성)이다. 존재의 의미는 절대적 부정성과 시공간성이다. 그런데 하이데거는 전회 이후 존재의 의미를 실존적 인간과의 관련성 속에서 다시 한 번 더 발전시킨다. 시공간성으로서의 존재는 실존적 인간에게 어떤 의미를 가지는가? 실존적 인간으로서 우리가 존재를 생각할 때 존재는 어떤 의미를 가지는가? 인간에게 존재란 무엇인가? 인간은 자신의 존재를 어떻게 이해하는가? 인간은 단순히 던져져 있는 방식으로 존재하는 것이 아니라 '세계 속에 거주함'의 방식으로 존재한다.

2) 방법론으로서의『존재와 시간』: 현상학적 방법론

존재의 의미를 근원적으로 해명하는 것이 중요하다. 그런데 존재해명은 직접적으로는 불가능하다. 존재는 존재자가 아니기 때문이다. 그러나 존재해명이 전혀 불가능하지는 않다. 존재해명은 존재자를 매개로 해서만 가능하다. 존재는 언제나 존재자의 존재이며, 존재자 안에 자기를 숨기는 것이 존재의 본질에 속하기 때문이다. 존재자 중에서 존재를 이해하는 대표적인 존재자인 인간의 현사실적 실존을 분석함으로써 존재를 해명하는 것이 가장 효과적이다. 하이데거는 인간의 이런 현사실적 실존방식에 대해 "현존재"(Dasein)란 표현을 사용한다. 근원적으로 해명한다는 것은 존재의 의미를 독단적으로 선언하는 것이 아니라 근원적 출발점인 인간의 현사실성으로부터 근원을 밝히는 것이다.

『존재와 시간』은 존재를 이해하는 대표적인 존재자인 인간의 실존을 분석함으로써 존재의 의미가 시간에 있음을 해명해가는 길 위에 있다. 『존재와 시간』은 '길 위에 있음'(meta hodos)으로서 존재해명을 위한 방법론에 속한다.

a. 현존재의 존재적 존재론적 우월성

존재해명은 직접적으로는 불가능하다. 왜냐하면 존재는 어디에도 드러나 있지 않고 단지 존재자의 존재이기 때문이다. 그것은 언제나 존재자 속에 은폐되어 있다. 따라서 존재해명은 존재자를 매개로 해서만 가능하다. 하이데거는 존재해명을 위한 가장 효과적인 방법으로 인간존재를 선택한다. 왜냐하면 인간은 존재를 이해하는 존재자이기 때문이다. 존재를 이해하는 존재자로서의 인간에게서 존재를 해명하는 것이 가장 확실한 방법이기 때문이다. 인간은 존재를 이해하는 존재자이기 때문에 존재물음에 있어서 존재적 우월성을 가진다.

현존재의 존재적 우월성은 그가 존재론적이라는데, 즉 그가 존재를 이해한다는 사실에 있다. 이 존재이해는 현존재의 존재행위이면서 동시에 존재자체의 사건이다. 존재이해는 존재 자체가 현존재라는 존재자에게서 작용하는 사건이다. 그러므로 이 존재사건은 현존재를 통해서 해명되는 것이 가장 이상적이다.

b. 존재물음과 현존재분석의 이중적 동기

하이데거의 철학적 목표는 현존재의 실존론적 분석에 기초한 존재론적 분석을 통해 '존재자에게서 경험된 존재'를 해명하는 것이다. 그는 존재의 의미가 시간성에 있음을 해명하기 위한 예비적 작업으로『존재와 시간』에서 현존재의 본질적 존재방식을 분석한다. 그런데 여기서 주의해야 할 것은『존재와 시간』에서 제시된 현존재의 실존론적 분석은 존재론을 향한 한 걸음에 불과하다는 사실이다. 이때 중요한 것은 인간의 실존적 경험이 아니다.『존재와 시간』의 현존재 분석은 '예비적 성격'(Vorläufigikeit)을 가진다.

『존재와 시간』의 예비적인 목표는 우선 인간 존재의 의미가 시간성(Zeitlichkeit)에 있음을 드러내는 것이다. 현존재 분석은 단지 예비적일 뿐이다. 하이데거는 현존재 분석을 단지 존재의 의미에 대한 물음으로 들어가는 하나의 길이라고 생각한다. 하이데거에 의하면 "현존재 분석은 불완전할 뿐만 아니라 예비적이다. 그것은 우선 인간의 존재를 드러낼 뿐 아직 그 의미를 해명하지는 않는다. 그것은 오히려 가장 근원적인 존재해명을 위한 지평의 열림을 준비해야 한다. 이 지평이 열릴 때 비로소 현존재에 대한 예비적 분석이 보다 높고 고유한 존재론적 토대에서 다시 검토될 수 있다."(SZ 17) 현존재 분석은 단지 하나의 길이다. 또 다른 길이 있다는 것이 배제되어 있지 않다. "존재론적인 근거물음을 해명하기 위해 하나의 길을 찾아 그 길을 가는 것이 중요하다. 그 길이 유일한 길인지 또는 도대체 옳은 길인지는 그 길을 간 후에 비로소 판단될 수 있다."(SZ 437) 푀겔러(O. Pöggeler)에 의하면 "특히 『존재와 시간』에서 처음 시도된 모든 '내용들'과 '견해'들과 '길'들은 우연적이며 따라서 사라질 수 있다."[1]

c. 현상학적 방법론

『존재와 시간』은 존재의 의미를 해명하기 위해 하이데거가 취한 하나의 방법론이다. 그런데 하이데거에 의하면 이런 방법론은 현상학을 통해서만 가능하다. 왜 현상학을 통해서만 가능한가? 먼저 하이데거에 있어서 '방법'(Methode)이란 개념의 의미에 주목할 필요가 있다. 하이데거에 있어서 '방법'이란 어떤 일을 수행하기 위한 도구로 그 일이 끝나면 버려도 좋은 도구와 같은 것이 아니다. 방법은 강을 건넌 후에는 버려두고 가도 좋은 배와 같은 어떤 것이 아니다. '방법'(Methode)은 'μετά(함께, 안에, 위에, 뒤에)'와 'ὁδός(길)'의 합성어로 '길 안에 있음', '길 위에 있음', '길을 따라감'이란 뜻을 가진다. 따라서 '방법'이란 사태 자체를 찾아가는 길, 존재의 의미를 찾아가는 길 위에 있음을 의미한다. 현존재 분석은 바로 이 길 위에 있음이다. 우리가 현존재를 분석할 때 우리는 존재를 찾아가는 길 위에 있으며, 따라서 우리는 현존재 분석을 존재에 이르는 방법이라 이른다. 길을 가는 사람은 그 길을

---

1) O. Pöggeler, *Der Denkweg Martin Heideggers*, Tübingen 1990, S. 188. 하이데거는 현존재 분석의 이러한 예비적 성격을 『존재와 시간』의 여백 주에서 보다 분명히 밝히고 있다. 그는 여기서 현존재를 존재 자체를 드러내기 위한 하나의 예로서 제시하고 있다: "Exemplarisch ist das Dasein, weil es das Beispiel, das überhaupt in seinem Wesen als Da-sein (Wahr-heit des Seins wahrend) das Sein als solches zu- und bei-spielt - ins Spiel des Anklangs bringt."(SZ 7 c, 439) 현존재의 예증적 기능을 염두에 두고 Jan van der Meulen은 헤겔에게 있어서 『정신현상학』이 『논리학』을 위한 길잡이 역할을 하듯이 하이데거의 『존재와 시간』도 보편적 존재론에 이르는 서론이라고 주장한다(*Heidegger und Hegel oder widerstreit und widerspruch*, Meisenheim/Glan 1953).

경험하며 그 길이 어떠함을 드러내 보여줄 수 있다.

이제 존재와 시간의 이런 방법론이 왜 현상학을 통해서만 가능한지 살펴보자. 먼저 하이데거가 '현상학'(Phänomenologie)이란 개념에서 '현상'(Phänomen)과 '학'(-logie)을 어떻게 이해하고 있는지 살펴볼 필요가 있다. 하이데거에 의하면 '현상'은 이중적 의미를 가진다. '현상학적 의미의 현상'(Phänomen)과 '소박한 의미의 현상'(Erscheinung)이 그것이다. 소박한 의미의 현상은 현상학적 의미의 현상이 자기를 알리는(sich melden) 장소(Worin)이다. 하이데거에 의하면 존재자는 경험적 직관에 의해 주어지는 소박한 의미의 현상이며, 존재의 의미는 현상학적 의미의 현상이다.

현상학은 소박한 의미의 현상에 내재하는 현상학적 의미의 현상, 즉 결코 스스로 나타나지 않는 존재의 의미를 주제로 하여 드러내는 방법론이다. 'Phänomenologie'란 개념에서 '-logie'는 바로 이러한 '주제화' 작업이다. 이렇게 존재의 의미를 주제화하여 드러내는 작업을 달리 표현하면 이론화 작업(Theoretisierung)이라 할 수도 있다. 주제화하는 작업과 이론화하는 작업의 이러한 동일성에 대해 하이데거는 다음과 같이 말한다. "존재자의 내부를 관찰할 때 보여지는 존재의 모습을 그리스어로 θεά라 한다. 파악하여 보는 것을 그리스어로 본다는 의미에서 óράω라 한다. 어떤 모습을 보는 것, 즉 그리스어로 θεάν - óράν을 θεοράω, θεορείν, θεορία라 한다."(Par. 219) 여기서 볼 수 있듯이 하이데거에게 있어서 현상학은 존재를 드러내는 작업이며 그런 한에 있어서 해석학이다. "현존재의 현상학에서 λóγος는 έρμηνεύειν의 특징을 가진다. 현존재의 현상학은 단어의 근원적 의미에서 볼 때 드러내는 작업을 가리키는 해석학이다."(SZ 37)

3) 현존재의 실존론적 분석

존재의 의미를 해명하기 위한 예비적 작업으로서 『존재와 시간』의 목표는 인간의 존재의 의미가 시간성(Zeitlichkeit)에 있음을 밝히는 것이다. 이런 목표를 위해 우선 하이데거는 인간의 현사실성으로부터 출발한다. 인간의 가장 직접적인 현사실성은 "세계내존재"이다.

인간은 이웃들과 관계를 맺으며, 인간 이외의 존재자들과도 도구적 관계를 맺고 산다. 그리고 이런 관계는 무한히 연장된다. 하이데거는 인간이 맺고 있는 이런 관계의 총체적 그물망을 '세계'라고 하며, 이런 총체적 관계의 그물망 속에서 사는 인간을 "세계내존재"(In-der-Welt-Sein)라 한다. 인간은 우선 무엇보다 세계에 던져진(geworfen) 존재자이다. 그런데 일상적 상태에서 이런 관계는 '아무런 관계도 아닌 관계'라는 특징을 가진다. 우리는 아무 관계없는 세계에 살고 있다. 관계의 그물망으로서 세계는 무의식의 지평이며, 이런 지평에서 이루어지는 관계는 아무 관계도 없는 관계이다. 나는 저 남아메리카의 정글에 있는 어떤 존재자와 무의식의 지평인 세계 속에서 관계를 맺고 있지만 그 관계는 나에게 아무런 관계도 없다. 세계는 나에게 있어서 아무것도 아니다. 단지 존재자와 만남을 가능하게 하는 지평일 뿐이다. 이런 세계는 일상성과 평균성을 그 특징으로 한다. 하이데거는 인간의 이런 존재방식을 "피투성"(Geworfenheit)이라 한다.

그러나 인간은 단순히 세계에 던져져 있을 뿐만 아니라 언제나 그의 존재가능성이 중요한 존재자이기도 하다. 그리고 인간의 궁극적 존재가능성은 그가 더 이상 존재하지 않을 가능성으로서의 죽음, 즉 무(無)이다. 인간은 "죽음에 이르는 존재"(Sein zum Tode)이다. 인간은 이런 무에 대해 불안(Angst vor Nichts)을 느낀다. 불안은 인간의 "근본적인 기분"(Grundbefindlichkeit)이다. 인간은 이런 불안을 견디지 못하고 불안으로부터 도피한다. 무로부터 도피한 인간은 이제 다른 사람들과 잡담을 하고 오락과 스포츠를 즐기면서 살아간다. 이제 인간은 우선 일상적이고 평균적인 세계 속에서 '세상사람'(das man)으로 살아간다. 그는 잡담을 하고 오락과 스포츠를 즐기면서 자신의 고유한 존재를 잊고 살아간다. 하이데거는 이런 존재방식을 "비본래성"(Uneigentlichkeit)이라 한다. 그러나 여기서 비본래성은 도덕적 의미를 가지지 않는다. 그것은 하나의 인간존재의 존재방식이다.

그러나 인간이 언제나 비본래성에 빠져 살아가는 것만은 아니다. 그는 세상 사람으로서 살아가면서 지루함과 무의미성, 즉 또 다른 무를 느낀다. 이런 무에 대해 인간은 또 다른 불안, 즉 그의 존재가능성에 대한 불안(Angst zu Sein)을 느낀다. 이제 그는 이런 무상함과 무의미성으로부터 자신의 고유한 존재가능성으로서의 죽음을 미리 앞당겨 생각한다. 인간은 매 순간 자신의 존재가능성을 미리 앞당겨 생각하면서 결단한다. 하이데거는 이런 존재방식을 "선구적 결의성"(Vorlaufende Entschlossenheit)이라 한다. 이제 인간은 본래적 존재방식으로 돌아간다. 이런 존재방식을 "본래성"(Eigentlichkeit)이라 한다. 본래성과 비본래성은 인간 실존의 근본적인 존재방식이다.

인간은 세상에 던져진 존재자로서 언제나 그의 존재에 있어서 그의 존재가능성이 중요한 존재자이다. 이렇게 이미 세상 사람으로서 자신의 존재가능성을 미리 앞당겨 생각하면서 순간순간 결단하는 인간의 존재방식을 "염려" 또는 "마음씀"(Sorge)이라 한다. 그리고 이렇게 '이미' 세계에 던져진(geworfen) 존재자로서 (피투성) 자신의 존재가능성을 '미리' 앞당겨 기획하면서(entwerfen) '지금' 결단하는 "염려"로서의 존재방식은 '미리(미래), 이미(과거), 지금(현재)'이라는 현존재의 시간성에 근거한다. 현존재의 존재의 의미는 시간성(Zeitlichkeit)에 있다. 시간성은 현존재의 '존재의 의미'이다.

그리고 현존재의 시간성은 다시 과거에서 현재로 넘어가 '있음', 현재에서 미래로 넘어가 '있음', 미래에서 과거로 넘어가 '있음'으로서의 "순간"(Augenblick)이라는 "존재의 시간성"(Temporalität)에 근거한다. 존재의 시간성은 있으면서 없고 없으면서 있는 '순간'으로서 '잠시 머물음'이다. 현존재의 존재의 의미는 "시간성"(Zeitlichkeit)이며, 현존재의 시간성의 의미는 "존재의 시간성"(Temporalität), 즉 '잠시', '사이'이다. 이와 같이 『존재와 시간』은 존재의 의미가 이중적인 시간성에 있음을 해명한다. 다시 말해 이 책은 인간 존재의 의미는 시간성이며, 시간성의 의미는 존재의 시간성임을 해명한다.

그런데 1930년대 중반부터 하이데거의 관심은 존재자의 존재로부터 존재자체와 인간의 관계성으로 방향이 전환된다. 이것이 소위 "전회"(Die Kehre)이다. 이것은 『존재와 시간』을 통해 해명된 존재의 시간성(Temporalität)으로부터 다시 인간 존새의 의미를 재조명하는 것이다. 존재자체가 인간을 사유하도록 명령하고(hei-ßen) 인간은 이 부름에 사유함으로써(Denken) 응답하는 것이 존재와 인간이 고유하게 되는 사건, 즉 "존재사건"(Ereignis)이다. 이것은 존재가 인간을 통해 자신의 본질에 적합하게 되는(ereignen) 사건이다.[2] 이 존재사건(Es)이 존재를 주고 시간을 준다. (Es gibt Sein; es gibt Zeit.)

'전회' 이후 인간은 여전히 세계내존재이다. 그러나 이제 그에게 세계는 더 이상 사물들과의 관계와 인간관계의 그물망이 아니다. 세계는 "하늘", "땅", "신적인 것" 그리고 "죽을 자"의 네 요소들이 동근원적으로 작용하는 사건이다. 이 동근원적 사건이 바로 모든 존재자들을 존재하게 하는 "존재사건"(Ereignis)이다. 이제 세계는 이런 네 요소들의 상호작용인 "사방"(Geviert)으로서의 세계이다. 이런 세계에서 사물들은 "사물화"(Dingen)의 방식으로, 인간은 "거주함"(Wohnen)의 방식으로 존재한다. 이제 모든 사물들은 단순히 우리 앞에 놓여있는 물건이 아니다. 사물을 대하는 인간에게 사물들은 이런 네 요소들을 드러내 보여준다. 그리고 인간은 이런 네 요소들이 상호 작용하는 사방으로서의 세계에 '잠시 거주함'으로서 존재한다. 『건축, 거주, 사유』(Bauen Wohnen Denken)는 인간의 존재사건에 관해 다루며, 『사물』(Das Ding)은 사물들의 존재사건을 다룬다. "죽을 자, 신적인 것, 땅, 하늘"이란 네 요소들이 상호작용하는 존재사건이 지평에서 사물들은 사물로서 드러나고, 인간은 거주하는 방식으로 존재한다.

인간은 네 가지 방식으로 거주함으로써 존재한다. 1) 인간은 그가 땅을 구원하는 한 거주한다. 2) 인간은 하늘을 하늘로서

---

[2] 참조, M. Heidegger, *Beiträge zur Philosophie Bd.* 65, 254쪽 이하. "das Sezn braucht das Da-sein, west gar nicht ohne diese Ereignung."(254) 여기서 "Ereignung"의 동사형인 'ereignen'은 어원적으로 'eräugnen'에서 유래한 개념으로 'vor Augen bringen'(눈앞에 가져오다)을 의미한다. 따라서 'Ereignung'은 존재가 인간을 필요로 하여 인간을 눈앞에 가져 가져옴을 의미한다. 존재는 이렇게 인간과의 관계를 통해 그의 '본질(wesen)이 된다.'

수용하는 한 거주한다. 3) 인간은 신적인 것을 신적인 것으로서 기다리는 한 거주한다. 4) 인간은 그의 고유한 본질, 즉 죽음을 죽을 수 있는 본질에 순응하여 잘 죽을 수 있는 한 거주한다.

사물들은 위의 네 요소들이 사물들 내에 모이는 방식으로 사물이 된다. 따라서 이제 사물은 단순히 하나의 도구가 아니라 인간의 실존이 거기 모여 있는 장소이다. 이런 의미의 사물은 예술작품과 언어이다.

Jean-Paul Sartre(1905 ~ 1980)

사르트르는 1905년 파리에서 태어났다. 프랑스의 에콜 노르말 쉬페리외르에서 공부하였는데, 메를로 퐁티, 무니에, 아롱 등이 그의 동기들이었다. 1938년 소설『구토』를 발표하여 신진작가로서 명성을 얻게 되었다. 1940년에는 독일군의 포로가 되었지만 이듬해 탈출하여 파리로 돌아간다. 1945년에는 제2차 세계대전 종전 이후 메를로 퐁티와 함께 문학지를 창간한다. 이후『출구 없음』,『더럽혀진 손』 등 문학인으로서 왕성한 작품 활동을 펼친다. 1964년에는 노벨문학상 수상자로 지명되었지만 수상을 거부하였다. 이후 1980년 파리에서 생을 마감했다. 주요 저서로는『구토』,『말』,『지식인을 위한 변명』 등이 있다.

인생은 의미 없는 열정이다.

『존재와 무』 중에서

28. 사르트르의 『존재와 무』(Being and Nothingness)

　『존재와 무』는 실존주의의 경전과 같다. 그렇지만 이 책은 세계대전 이후 유럽과 북미를 휩쓸었던 운동에서 중추적 역할을 했음에도 불구하고 놀라울 정도로 내용이 모호하다. 당시 실존주의자들 가운데 이 책을 읽고 이해할 수 있는 사람이 거의 없었을 정도이다. 특히 서론은 극도로 이해하기 어렵다. 대륙철학에 대한 배경지식이 없는 사람에게는 특히 어렵다. 그렇지만 이 책을 처음부터 끝까지 읽으려고 시도하는 대다수의 독자들이 처음에 느끼는 절망감에도 불구하고, 이 책은 끝까지 읽을 만한 가치가 있다. 『존재와 무』는 인간의 상황에 관한 근본적인 물음들을 붙들고 성실하게 씨름한 금세기의 몇 안 되는 철학서들 중 하나이다. 그 책의 보다 분명한 구절들에서 그 책은 계몽적이면서 동시에 활력을 주는 것일 수 있다. 이 책의 상당 부분을 이루고 있는 특수한 상황들에 대한 특기할 만한 묘사에는 소설가와 극작가로서 사르트르의 경험이 잘 드러난다.

『존재와 무』의 중심 주제는 다음과 같은 난해한 구절에 단적으로 잘 나타난다. "의식의 본성은 그것이 아닌 무엇일 수 있으면서 동시에 그것인 무엇이 아닐 수 있다."[1] 이 구절은 처음에는 심오함을 가장한 사이비 문장처럼 들리지만, 사실은 인간으로 존재함이 무엇인가에 관한 사르트르의 설명을 요약한 것이다. 이 구절의 정확한 의미는 다음에 이어지는 설명과정에서 분명해질 것이다.

1) 현상학적 방법론

『존재와 무』에서 사르트르의 독특한 저술특성은 실제적인 또

---

1) * 이 문장에서 "그것이 아닐 수 있는 어떤 것"은 '대자적(對自的) 의식'을 가리키며, "그것인 무엇"은 '즉자적(卽自的) 의식'을 가리킨다고 볼 수 있다.

는 상상된 상황들을 상당히 자세하게 기술하고 있다는 점이다. 이것은 단순히 문체적인 기발함이 아니라 사르트르가 취하는 현상학적 방법론의 특징이다. 사르트르는 독일의 현상학자인 후설(Edmund Husserl; 1859~1938)의 영향을 받았다. 후설은 의식에 나타나는 것이 실제로 존재하느냐 아니냐 하는 소박한 물음에 대해서는 판단을 보류하고2) 의식의 내용을 기술함으로써 사물의 본질이 통찰될 수 있다고 믿는다. 후설에 의하면 철학의 중요한 부분은 기술하는 것이다. 우리는 단순히 추상적인 차원에서 반성하는 것이 아니라 우리의 경험을 기술해야 한다.

사르트르는 철학의 역할이 기술하는 것이라는 후설의 이런 사상을 수용하지만, 의식내용을 엄밀하게 조사하면 생각되고 있는 것의 본질이 드러난다는 후설의 주장은 거부한다. 현상학적 방법론에 의해 사르트르가 드러내고자 하는 것은 과학이나 경험적 심리학에 의해 기술된 인간 존재보다는 오히려 살고 느끼는 삶이다. 결과적으로 이 책에는 고도의 추상적인 논의가 이루어지는 동안 간간이 생생하고 기억할 만한 소설적 극본과 기술들이 기묘하게 혼합되어 있다.

2) 존재

『존재와 무』는 두 종류의 서로 다른 존재 형식들 사이의 근본

---

2) * 후설은 피상적 현상을 보고 성급하게 판단하는 이런 태도를 "자연적 태도의 일반정립"(General Thesis natürlicher Einstellung)이라 하며, 성급한 판단을 지양하고 괄호 속에 묶어놓는 작업을 "현상학적 판단중지(에포케)"라 한다.

적인 차이에 기초한다. 사르트르는 의식적 존재와 무의식적 존재 사이의 차이에 주목한다. 그에 의하면 의식적 존재는 "대자적 존재"이며, 무의식적 존재는 "즉자적 존재"이다. 대자적 존재는 특히 인간에 의해 경험된 존재방식이다. 그리고『존재와 무』의 대부분은 대자적 존재방식의 중요한 특징들을 설명하는데 할애되어 있다. 유감스럽게도 사르트르는 동물들도 대자적 존재에 속한다고 생각될 수 있느냐 하는 물음에 대해서는 대답하지 않는다. 이와 달리 즉자적 존재는 길 가에 있는 돌과 같이 무의식적인 사물들의 존재방식이다.

3) 무

책의 제목이 암시하듯이 무는 사르트르의 책에서 중요한 역할을 한다. 사르트르에 의하면 인간의 의식은 인간 존재의 한 가운데 갈라진 틈(틈), 즉 무이다. 의식은 언제나 어떤 것에 관한 의식이다. 의식은 결코 단순히 그 자체로 존재하지 않는다. 우리가 미래를 계획하고 과거를 반성할 수 있는 것은 의식 때문이다.

구체적인 무는 우리가 어떤 것이 없음을 인지할 때 경험된다. 당신은 친구 피에르와 4시에 카페에서 만나기로 약속한다. 당신은 약속시간보다 15분 늦게 카페에 도착하고 그는 거기에 없다. 당신은 그의 부재를 안다. 그를 보리라고 예상했기 때문에 느끼는 부재이다. 이것은 말하자면 무함마드 알리가 그 카페에 없는 것과는 아주 다르다. 그와는 그 카페에서 만나기로 약속한 적이 없었기 때문이다. 당신은 그 카페에 없는 모든 사람들의 이름을 열거하는 지적 놀이를 할 수도 있었을 것이다. 그러나 이 경우에는 오직 피에르의 부재만이 진정한 부재로서 느껴질 것이다. 당신이 기다리고 있던 사람은 피에르뿐이었기 때문이다. 이런 현상, 즉 어떤 것이 있어야 하는데 없어서 아쉬움을 느끼는 인간의 의식능력은 사르트르가 "의식의 초월성"이라고 부르는 것의 일부이다. 의식의 초월성은 그의 자유개념과 연결된다. 왜냐하면 의식의 초월성은 어떤 것을 실현되지 않은 것 또는 실현될 수 있는 것으로 볼 수 있는 인간의 능력이며, 이런 능력은 무한한 가능성의 세계를 우리에게 드러내 보여주기 때문이다. 아니 오히려 그런 능력은 어떤 경우에는 그런 세계를 드러내 보여주고, 다른 경우에는 사르트르가 "자기기만"(bad faith)이라고 부르는 특별한 종류의 자기기만이 의식을 지배하여 자유의 진정한 외연을 인지할 수 없게 만든다.

4) 자유

사르트르에 의하면 인간은 자유의지를 가진다. 의식은 빈틈(트임)이다. 의식은 우리가 선택하는 것을 결정하지 않는다. 우리는 과거에 우리가 선택한 것에 의해 속박되지 않는다. 비록 그렇게 느낄 수도 있긴 하지만 말이다. 우리는 원하는 것은 무엇이든 자유로이 선택할 수 있다. 사실 세계는 우리가 원하는 것을 언제나 성취할 수 있도록 허락하지는 않을 것이다. 그러나 그것은 우리가 언제 태어났고 우리의 부모가 누구라는 것이 사실이듯이 사르트르가 "현사실성"(facticity)라고 부르는 우리에게 주어진 삶의 다양한 측면들 중 하나이다. 그렇지만 비록 우리가 이런 사실들을 바꿀 수는 없다 할지라도, 그런 사실들에 대한 우리의 태도를 바꿀 수는 있다.

사르트르는 개인적 자유의 문제에 관해 극단적인 입장을 취한다. 그는 인간이 전적으로 유전적 형질과 교육에 의해 형성된다고 주장하는 모든 이론을 인정하지 않는다. 그에 의하면 인간 존재의 특징은 존재가능성을 선택할 수 있는 능력에 있다. 하지만 사르트르는 사실이 그렇게 단순하지 않음을 지적한다. 인간의 의식은 빈번하게 자유를 근본적으로 거부하는 자기기만에 빠진다.

5) 자기기만(bad faith)

자기기만에 관한 사르트르의 논의는 20세기 철학에서 대표적인 연구들 중 하나로 인정될 만하다. 이 연구에는 철학자, 심리학자와 소설가로서 그의 능력이 가장 성공적으로 결합되어 나타난다. 이 연구에서 그의 현상학적 방법론은 자기기만에 관한 많은 추상적인 철학적 연구들이 실현하지 못한 방식으로 결실을 맺는다.

사르트르가 관심을 가지는 자기기만은 일반적인 철학적 주제로서의 자기기만(self-deception)이 아니라, 오직 자유의지를 전제하는 이론 내에서만 이해될 수 있는 특별한 종류의 자기기만(bad faith)이다. 자기기만은 자유로부터의 도피수단으로 선택된 자기기만이다. 인간의 의식은 특히 이런 종류의 자기기만 상태에 빠지기 쉽다.

사르트르는 자기에게 성적 의도를 가지는 남자와 처음 데이트를 약속한 여자에 관해 기술한다. 그녀는 그 남자가 관심을 가지는 것이 무엇인지 알지만 스스로에게 그렇지 않다고 부정한다. 그녀는 '당신은 참 매력적입니다'와 같은 말을 성적 의도가 담겨 있지 않은 순수한 인사말이라고 해석함으로써 스스로에게 거짓말을 한다. 그녀는 대화하는 동안 줄곧 가까스로 자기기만을 유지한다. 그러나 그때 남자가 여자의 손을 잡는다. 그 남자의 손을 뿌리치지 않는 것은 그 남자와 함께 즐기는 것을 의미할 것이며, 뿌리치는 것은 '지금까지 용케 유지되어 왔던 난처하고 불안정한 조화를 깨뜨릴 것이다.' 그녀는 어떻게 행동하는가? 그녀는 손을 뿌리치지 않지만 아무런 반응도 없이 동의하지도 않고 거부하지도 않는다. 그러는 동안 그녀는 자신의 인생에 관해 고상하게 이야기함으로써 자신은 육체적이기보다는 인격적임을 드러낸다. 이럴 경우 그녀는 자기기만(bad faith) 상태에 있다. 왜냐하면 그녀는 남자가 내심 의도하는 것에 관해 자신을 속이기 때문이다. 그녀는 그 남자가 바라는 것에 호응할 수도 있는 가능성을 차단하기 위해 남자가 진정으로 그녀의 마음에 관심을 가지고 있다고 자신을 속인다. 그러나 그녀는 또한 자신이 자기의 몸이라는 사실을 인정하지 않고, 그렇게 인정하지 않음으로써 행동할 수 있는 자유와 그 행동에 대한 책임을 인정하지 않기 때문에 자기기만에 빠져 있다. 그녀는 자기의 손이 그 남자의 손 안에 있는 자신의 손이라는 사실을 인정하기보다는 오히려 그녀의 손을 즉자적(in itself) 상태의 손이라고 생각하고자 한다.

자기기만에 관한 사르트르의 가장 유명한 예는 카페 웨이터의 예이다. 이 웨이터는 그의 역할에 의해 웨이터로서 결정된 것처럼 보인다. 그는 마치 하나의 역할을 행하는 것처럼 보인다. 그의 움직이는 동작들은 과장되어 있다. 손님들에게 허리를 굽혀 인사하는 방식이나 음식접시를 나르는 방식이 그렇다는 말이다. 그것은 모두 하나의 예식이며, 정교한 춤이다. 사르트르에 의하면 그 웨이터는 그가 아무리 그의 역할이 되고자 한다 할지라도 잉크병이 잉크병이듯이 그렇게 하나의 웨이터일 수는 없다. 대자적 존재는 의도적 행위에 의해 즉자적 존재로 바뀔 수 없다. 자살을 하면 모르지만 말이다. 사르트르의 진단에 의하면 그 웨이터는 자기의 자유를 부정하려 하는 사람이다. 마치 5시에 일어나는 것을 선택하기보다는 해고당할 것이 분명함에도 불구하고 침대에 누워 있는 것을 선택할 자유가 그에게 없었던 것처럼 말이다. 그의 기계적인 행동들에는 그가 될 수 없는 즉자적 존재가 되고자 하는 욕망이 드러난다.

다른 예에서 사르트르는 친구에게나 자기 자신에게도 자신이 동성애자라는 사실을 인정하지 않으려 하는 동성애자에 관해 기술한다. 사실 지금까지 그의 행동양식을 보면 그는 동성애자임이 분명하다. 그러나 그가 지금은 동성애자가 '아니다'라고 주장할 때, 그는 '이다'라는 단어가 가지는 두 가지 의미에 근거하여 그렇게 주장한다. 그는 어떤 사람도 머리털이 빨간 사람은 머리칼이 빨갛다는 식으로 그의 과거에 의해 엄격하게 규정되지 않기 때문에 자기는 동성애자일 수 없다고 생각한다. 그는 대자적 존재자이기 때문에 간단하게 그의 특성을 즉자적이 되도록 만들 수 없다. 그렇지만 다른 의미에서 보면 그의 과거 행동이 밝혀진다면 그는 분명히 동성애자'이다.' 그는 과거에 남자와 성관계를 가진 적이 있다. '당신은 동성애자입니까?'란 물음에 대한 정직한 대답은 '어떤 의미에서는 동성애자가 아니고 어떤 의미에서는 동성애자입니다'라는 대답이다.

그의 친구는 동성애자가 진지하게 동성애자임을 밝힐 것을 요구한다. 그렇지만 그 친구는 동성애자만큼이나 자기기만에 빠져 있다. 왜냐하면 진지성에 대한 요구는 당신 자신이 즉자적인 사람이 되기를 요구하는 것이며, 미래에는 당신이 과거에 했던 것과는 다른 방식으로 행동할 자유를 부정하도록 요구하는 것이기 때문이다. 그러므로 진지성은 그 자체가 일종의 자기기만이다.

"자기기만"(bad faith)이란 용어는 자기기만 상태에 있음에는 어떤 나쁜(bad) 것이 있다는 사실, 즉 자기기만은 도덕적 결함이라는 사실을 암시한다. 그것은 또한 자기기만과 정반대인 진정성이 하나의 덕일 수 있음을 암시한다. 하지만 『존재와 무』에서 사르트르의 관심은 판단하는 것이 아니라 기술하는 것이다. 이 책은 어떻게 살아야 하는가에 관한 지침서가 아니라 산다는 것이 무엇이냐에 관한 설명이다. 사르트르는 『존재와 무』의 후속편에서 실존주의 윤리학을 제시하기로 약속했었지만 그 약속을 지키지 못했다. 그럼에도 불구하고 사르트르는 대체로 자기기만은 비난받아야 할 것이며 우리의 참된 존재방식인 자유를 부정하는 것이라고 생각했다.

자기기만은 인간이 초월적이면서 동시에 현사실적 존재자이기 때문에 가능하다. 초월성은 지금 일어나고 있는 사실들 너머의 것을 생각하고 미래의 가능성들을 마음에 그릴 수 있는 인간의 능력을 가리킨다. 현사실성은 과거에 일어났던 사실들, 지금 일어나고 있는 사실들, 우리가 임의로 바꿀 수 없는 실존적 소여

(所與)들을 가리킨다. 우리는 초월성과 현사실성을 전혀 별개의 것으로 취급함으로써, 즉 데이트에 나온 여자처럼 우리 자신이 우리의 신체와 전혀 다르다고 생각하거나 아니면 카페 웨이터처럼 우리 자신이 우리의 가능성들과 전혀 다르다고 생각함으로써 여전히 자기기만에 빠진 상태에 있다.

초월성과 현사실성에 관한 논의는 의식에 관해 앞에서 제시된 인용문의 의미를 부연하여 설명한다. "의식의 본성은 그것이 아닌 무엇일 수 있으면서 동시에 그것인 무엇일 수 없다." 우리는 어떤 의미에서는 우리의 가능성들, 즉 우리의 초월성이다. 우리는 지금의 우리가 아니라 될 수도 있는 무엇이다. 의식은 '그것이 아닌 무엇이다.' 그렇지만 의식은 동시에 '그것인 무엇이 아니다.' 다시 말해 우리는 단순히 우리의 현사실성, 즉 우리가 태어난 장소, 양육된 방식, 머리카락의 색깔, 키 크기, 지적 수준 등의 산물이 아니다.

6) 프로이트에 대한 비판

사르트르는 무의식에 관한 프로이트의 이론 덕에 개인이 어떻게 자기를 기만할 수 있는가에 관해 쉽게 설명할 수 있었을 것이다. 프로이트에 따르면 정신(psyche)은 의식적 부분과 무의식적 부분으로 나뉜다. 무의식적 동기들과 생각들은 검열되고 변형된 후 의식의 일부가 될 수 있다. 검열관은 어떤 생각들은 완전히 억압하고, 다른 생각들은 위장된 형태로, 특히 꿈이나 소위 '프로이트적 실수'(freudian slip)[3)의 형태로 의식에 나타나게 한다. 정신분석학자들은 종종 환자들이 진실에 가까워지는 어떤 해석들에 대해 저항감을 보인다고 말한다. 이런 저항은 검열관의 작용이다. 만일 사르트르가 프로이트의 이런 설명을 받아들였었다면, 그는 무의식적 확신과 그 확신의 의식적 부정으로부터 자기기만이 발생한다고 설명할 수 있었을 것이다. 이런 모델에 의하면 인간의 정신은 마치 전혀 다른 두 사람처럼 철저하게 분리되기 때문에, 어떤 사람이 스스로에게 거짓말을 하면서 어떻게 그 거짓말을 믿을 수 있는지 쉽게 이해될 수 있다. 그것은 단순히 무의식이 표면의식에게 거짓말하는 것일 것이다.

사르트르는 프로이트의 심리분석을 비판한다. 만일 정신의 무의식적인 부분과 표면의식 사이에 검열관이 있다면, 이 검열관은 분할된 두 측면을 모두 의식하고 있었어야 할 것이다. 효과적인 검열을 위해 검열관은 무의식적 정신에 있는 것을 억제하거나 바꾸기 위해 그것이 무엇인지 알아야 했을 것이다. 만일 그 검열관이 무의식의 일부라면, 무의식 내에 의식이 있다. 프로이트의 이론에 따르면 의식적인 검열관은 정신의 일부로서 무의식에 무엇이 있는지 모르는 것처럼 보이기 위해 (즉, 그에 관한 모든 지식을 억압하기 위해) 무의식에 무엇이 있는지 안다는 모순적 상황이 발생한다. 다시 말해 그 검열관은 자신이 자기기만에 빠져 있음을 발견할 것이다. 그러므로 어떻게 자기기만이 가능한가 하는 문제는 프로이트에게도 여전히 남을 것이다. 무의식에 관한 견해

---

3) * 프로이트의 실수'는 무의식적으로 억압되어 있던 욕망이나 내면화된 일련의 생각이 간섭함으로써 발생하는 말, 기억 또는 신체적 행위에서의 실수이다.

는 아무것도 해결하지 못한다. 문제가 단지 검열관에게로 옮겨진 것일 뿐이기 때문이다.

7) 수치심

수치심은 사르트르가 특히 관심을 가지는 감정이다. 그가 이런 감정에 관심을 가지는 이유는 수치심이 다른 사람들, 또는 그가 즐겨 표현하듯이 "타자"와 우리의 관계에 관해 드러내 보여주는 것 때문이다. 나는 어떤 사람이 공원에 있는 벤치 옆을 지나가는 것을 본다. 내가 그를 대자적 타자로서 의식하자 나는 그 공원에 관한 나의 경험을 재편성한다. 나는 갑자기 내가 직접 알 수 없는 그 사람 자신의 관점에서 그가 풀과 벤치를 본다는 사실을 인지하게 된다. 그것은 마치 '타자'가 나에게서 세계를 훔치는 것 같은 경험이다. 나의 세계의 중심에 내가 서 있다는 확신이 와해된다.

다른 사람들에 의해 우리의 의식이 받는 충격은 우리가 감시당하고 있음을 알 때 가장 분명하다. 타자에 의해 감시당할 때 나는 나 자신이 어떤 다른 사람에 의한 관찰된다는 것을 알게 된다. 이런 사실은 『존재와 무』에 제시된 다음과 같은 예에 잘 나타난다. 경계심이 발동된 나는 열쇠구멍을 통해 문 안쪽에서 무슨 일이 일어나고 있는지 살핀다. 나는 보고 있는 것에 완전히 몰입되어 있다. 사르트르가 "비자발적"(non-thetic)[4] 또는 "전반성

---

[4] 비자발적(non-thetic) 의식은 내가 인식하고 있음을 인식하지 못하고 어떤 것을 인식하

적"(pre-reflective)이라 부르는 이런 양태의 의식에서 나는 나의 자아를 자아로 의식하지 못하고 단지 내가 보고 있는 것이나 생각하고 있는 대상을 알 뿐이다. 나의 정신은 말하자면 전적으로 문 저편의 방 안에 있다.

이때 갑자기 뒤에서 발자국 소리가 들린다. 나를 보고 있는 어떤 사람이 있음을 의식한다. 나는 수치심을 느끼게 되고, 이 사람에 의해 심판된다. 나 자신이 다른 의식에 의해 관찰된 대상임을 알고 정신이 번쩍 든다. 이 사람의 관찰에 의해 대상화되자 나 자신의 자유가 나에게서 달아난다.

8) 사랑

우리의 자유가 우리에게서 달아날 위험은 사랑에도 있다. 사르트르에 의하면 사랑은 일종의 갈등, 즉 자신은 노예가 되지 않으면서 타자를 노예로 만들려는 투쟁이다. 그렇지만 사랑하는 사람은 단순히 소유하고자 하지 않는다. 그는 욕구되기를 바라며, 따라서 그의 애인이 자유롭기를 바란다. 의지들의 이런 복잡한 놀이는 당신이 애인의 대상이 되기를 바라는 마조히즘(자기학대)의 원인이 될 수 있다. 그렇지만 마조히즘 상태에서도 당신 자신을 즉자적 존재로 바꿀 수 없음은 분명하다. 한편 다른 사람

는 것이다; * 이런 의식은 자아에 대한 자아의 직접적인 비인지적 관계이다. 그 의식은 일종의 자아의식이지만, 자아의식보다 더 이전의 자아의식이다. 그것은 반성적 자아의식보다 더 이전의 전반성적인 자아의식이다. 그것은 후설의 "전반성적 코기토"(pre-reflexive cogito)이다.

을 단순히 육체적 욕망의 대상으로 생각하는 사디즘(가학성 변태
성욕)도 마찬가지로 다른 사람을 육체적 대상으로 생각하려는 목
적에 도달하지 못한다. 다른 사람의 눈을 들여다보는 순간 그가
자유로운 개인으로 존재한다는 사실과, 그런 자유의 완전한 노
예화는 불가능함이 드러나기 때문이다.

9) 나의 죽음

멜로디의 마지막 가락이 지나간 것에 의미를 주듯이 죽음을
삶의 일부로 생각하는 것은 매력적일 수 있다. 사르트르는 이런
견해를 거부한다. 그는 죽음은 부조리하다고 생각한다. 죽음은
어쨌든 무의미하다. 당신이 언제 죽을지 확실하게 안다는 것은
거의 어떤 경우에도 불가능하다. 갑작스런 죽음은 언제나 가능
하다. 그러나 그것은 내가 선택할 수 있는 가능성이 아니다. 그
것은 나를 인간으로 만드는 것, 즉 미래를 향해 나 자신을 계획
할 수 있는 능력을 앗아간다는 의미에서 나의 모든 가능성들을
제거한다. 죽음은 나의 모든 의미를 빼앗아 간다. 나의 삶이 가
질 수 있는 유일한 의미는 내가 나의 삶에 주기로 선택한 의미뿐
이기 때문이다. 죽을 때 우리는 "살아있는 사람들의 희생물이 된
다." 말하자면 비록 우리가 살아있는 동안은 우리 행위의 의미
를 선택하지만, 죽을 때 우리의 행위는 다른 사람들에 의해 해석
되고 의미가 부여된다. 우리는 더 이상 그 행위에 대해 어떤 책임
도 지지 못한다. 다른 사람들이 그 행위에 관해 그들이 생각하고
싶은 대로 생각하기 때문이다.

10) 실존적 정신분석

이미 보았듯이 사르트르는 무의식적 정신과 의식적 정신 사이에 틈이 있다는 생각을 즉각적으로 거부한다. 그는 프로이트의 정신분석을 자유에 근거한 자신의 정신분석 방법론으로 대체한다. 그는 이런 방법론을 "실존적 정신분석"이라 부른다. 이 방법론의 핵심은 '근본적인 존재선택' 또는 '원초적 계획'이란 개념이다. 우리들 각자는 근본적인 존재선택을 중심으로 하여 우리의 인격을 구성한다. 이런 선택은 우리의 근본적 존재에 관한 선택이기 때문이다. 이런 원초적 계획, 즉 이후에 일어나는 개인의 모든 선택을 결정하는 근본적인 선택을 해명하는 것이 실존적 정신분석의 목표이다. 실존적 정신분석은 개인이 그의 존재선택에 대해 전적으로 책임이 있다고 생각한다는 점에서 다른 심리분석 이론들과 다르다. 사르트르에 따르면 우리는 단순히 사회의 산물이나 유전자의 산물이 아니라, 우리 자신의 선택의 산물이다. 그런 실존적 선택이 우리를 인간으로 만든다.

11)『존재와 무』에 대한 비판들

a. 자유에 대한 과대평가

사르트르의 실존주의에 대한 주된 비판은 그의 실존주의가 인간이 실제로 가지고 있지 못한 과도한 자유를 전제한다는 점이다. 그는 종종 마치 우리가 우리의 존재방식을 임의로 선택할 수 있는 것처럼 말하며, 우리가 사회적 상황과 교육에 의해 부과된 한계 이상을 생각할 수 있는 것처럼 말한다. 우리는 현재 그렇게 존재하기 때문에 우리가 선택하는 것들을 선택하며, 우리가 그렇게 존재하는 것은 지금까지 우리에게 일어난 일들에 의해 우리의 존재가 그렇게 규정되었기 때문이다. 사르트르는 거의 언제나 사람들이 집단을 이루고 사는 사회적 환경보다는 개인과 그의 선택에 초점을 맞춘다. 많은 사람들은 사회적, 정치적 그리고 경제적 압박을 사르트르가 생각하는 것보다 훨씬 더 크게 느낀다.

이런 유의 결정적 비판에도 불구하고 사르트르는 그의 주장을 철회하지 않았을 것이다. 그는 단순히 그것이 사실임을 부정했을 것이며, 아마도 당신이 당신의 경험을 돌이켜 보고 그것이 당신의 삶에 관해 참이었는지 아닌지, 즉 그렇다는 확신을 가지게 된 것이 극단적 자유에 직면한 일종의 자기기만인지 생각해 볼 것을 제안했을 것이다. 이런 제안에 대해 우리는 자유를 느끼는 것이 필연적으로 자유로움과 동일하지 않다고 대답할 수도 있다. 우리는 단순히 순수한 자유보다는 자유의지에 관한 환상을 가질 수도 있다. 아마도 우리의 모든 행위는 우리에게 지금까지 일어난 것에 의해 전적으로 결정되지만 그런 행위들이 자유로운 선택이라고 착각할 것이다.

b. 지나치게 비관적인가?

자유에 관한 사르트르의 논리는 지나치게 낙관적이고, 인간관계에 관한 설명은 지나치게 비관적이다. 사르트르에 의하면 우리는 끊임없이 다른 사람들을 하나의 대상, 즉 즉자적 존재로 만들거나 아니면 우리 자신을 다른 사람의 대상으로 만들 위험에 직면한다. 심지어 사르트르는 인간성을 "무익한 열정"이라고 묘사하기도 한다. 이것은 인간의 본질에 관한 지나치게 암울한 묘사일 것이다. 사르트르는 이런 비판에 전혀 동의하지 않는다. 그를 변호하는 입장에서 본다면 자유와 자기기만에 관한 그의 설명은 많은 독자들을 해방시키며 그들의 삶에 직접적으로 영향을 준다고 말해야 한다. 그들은 그들이 삶에서 원하는 것을 성취하지 못한 것에 대해 변명하려 하기 보다는 오히려 자신의 존재에 대해 책임을 진다.

Jean-Paul Sartre(1905 ~ 1980)

사르트르는 1905년 파리에서 태어났다. 프랑스의 에콜 노르말 쉬페리외르에서 공부하였는데, 메를로 퐁티, 무니에, 아롱 등이 그의 동기들이었다. 1938년 소설『구토』를 발표하여 신진작가로서 명성을 얻게 되었다. 1940년에는 독일군의 포로가 되었지만 이듬해 탈출하여 파리로 돌아간다. 1945년에는 제2차 세계대전 종전 이후 메를로 퐁티와 함께 문학지를 창간한다. 이후『출구 없음』,『더럽혀진 손』등 문학인으로서 왕성한 작품 활동을 펼친다. 1964년에는 노벨문학상 수상자로 지명되었지만 수상을 거부하였다. 이후 1980년 파리에서 생을 마감했다. 주요 저서로는『구토』,『말』,『지식인을 위한 변명』등이 있다.

인간은 가장 먼저 존재하며, 자신과 마주치고, 세상에 던져진 다음에야 자신을 정의하기 시작한다.   『실존주의는 휴머니즘이다』중에서

29. 사르트르의『실존주의와 휴머니즘』*(Existential-ism and Humanism)*

　버려짐, 번민, 절망. 이런 단어들은 "실존주의는 휴머니즘이다" 란 제목으로 열린 사르트르의 공개강의에 나오는 주요 개념들

이다. 1945년 10월 파리에서 처음 행한 강의는 후에『실존주의 와 휴머니즘』이란 제목으로 번역되어 출간되었다. 아마도 이 책은 가장 많이 읽혀진 철학책일 것이다. 후에 그는 이 책의 출판을 후회했다. 그렇지만 결점들이 있음에도 불구하고 이 책은 상상력을 자극하며, 인간의 선택과 책임감이 가지는 다양한 측면들에 대해 독창적인 통찰을 제공한다. 이 책은 또한 보다 복잡한 저서인『존재와 무』로 넘어가는 가교 역할을 한다.

사르트르의 강의는 나치가 파리를 점령한 직후에 있었다. 이 시기는 나치의 점령사건이 없었다면 비교적 평온한 삶을 살 수 있었던 사람들이 점령, 저항과 참여 그리고 비시 정부와 관련하여 통합, 배신과 참여에 관한 쟁점들을 피할 수 없었던 상황에서 막 벗어난 때였다. 사르트르 자신은 전쟁포로였는데, 파리가 점령된 후 파리로 돌아와 전쟁기간의 대부분을 그곳에서 보냈다. 그렇지만 사르트르의 사상들은 아직도 무엇을 하고 어떻게 살 것인가 고민하는 사람들에게 직접적으로 도움이 된다.

1) 실존주의란 무엇인가?

실존주의는 철학과 심리학은 물론 많은 예술분야에도 영향을 끼친 철학운동이었다. 가브리엘 마르셀(Gabriel Marcel)이 사르트르에 관해 말할 때 "실존주의자"란 단어를 처음 만들어 사용했다. 사르트르가 그 개념을 수용한 것은 그 후 여러 해 뒤였다.

실존주의자들은 그들의 신념에 있어서 다양하다.『실존주의와 휴머니즘』에서 사르트르는 모든 실존주의자들의 공통된 확신은 인간에게 있어서 "실존이 본질에 앞선다"는 사실이라고 주장한다. 실존이 본질에 앞선다는 것은 인간을 위해 미리 작성된 어떤 선재하는 청사진도 없다는 뜻이며, 우리가 따라야 할 어떤 인간성도 미리 정해져 있지 않다는 뜻이다. 우리는 자신의 존재를 스스로 선택한다. 사르트르의 실존주의에서는 우리의 존재를 미리 규정하는 어떤 신도 존재하지 않는다. 우리는 먼저 실존한다. 그리고 우리의 행위를 통해 우리가 원하는 것을 우리 스스로 만든다. 어떤 선택을 하느냐에 따라 우리의 존재가 결정된다. 우리는 무엇이 되고자 하든 완전히 자유롭게 선택할 수 있다. 그러나 앞으로 보겠지만 사르트르에게 있어서 이런 자유에는 동시에 피할 수 없는 짐이 동반된다.

주머니칼과 같은 가공품은 그 기능에 의해 결정된다. 만일 주머니칼이 자르는 기능을 하지 못하고 접을 수 있는 칼날을 가지고 있지 못하다면, 그것은 주머니칼이 아니다. 주머니칼의 본질은, 즉 주머니칼을 다른 어떤 것이 아니고 바로 주머니칼이게 하는 것은 그 칼이 만들어지기 전에 이미 제작자의 마음속에 있었다. 인간은 미리 규정된 어떤 기능도 가지고 있지 않으며, 그의 본질이 어떤 신적인 제작자에 의해 미리 규정되어 있지 않다는 점에서 인위적 가공품과 다르다. 예를 들어 사르트르는 아리스토텔레스와 달리 도덕성의 기초가 될 수 있는 하나의 공통된 인간성이 있다고 믿지 않았다.

현존과 존재가능성을 선택할 수 있는 인간의 자유를 강조하는 것은 모든 실존주의 사상가들의 특징이다. 사르트르는 무신론자였지만, 마르셀과 같은 다른 실존주의자들은 기독교인이었다.

2) 휴머니즘이란 무엇인가?

사르트르의 강의의 주된 목표는 자신의 실존주의가 휴머니즘의 한 형태임을 입증하는 것이었다. '휴머니즘'은 관련된 많은 의미들을 가지는 용어이다. 그러므로 사르트르가 이 개념을 어떤 의미로 사용하는지 명확히 해명하는 것은 중요하다. 어떤 의미에서 휴머니즘은 인간이 존재의 중심이라고 생각하는 모든 이론에 적용된다. 예를 들어 르네상스 휴머니즘의 특징은 신의 본성에 관한 사유로부터 인간의 활동, 특히 예술 활동과 문학 활동에 대한 관심으로의 이동이다. 휴머니즘은 인도적이라는 긍정적 의미를 가진다. 이 개념은 또한 신이 도덕의 원천이라는 생각을 거부하는 세속적 운동들에 대해서도 사용된다.

사르트르가 실존주의를 휴머니즘이라고 선언할 때, 그의 역할은 인간의 존엄성, 즉 인간의 선택이 모든 가치창조의 중심이라는 점을 강조하는 것이다. 그것은 인간이 그의 존재를 창조하며 더 나아가 도덕을 창조한다는 사실을 다른 방식으로 말하는 것이다. 중요한 것은 우리가 우리의 행위와 존재와 가치판단에 대해 책임이 있다는 사실이다. 그러나 사르트르가 실존주의를 휴머니즘과 동일시하고자 한 것은 그의 연구를 인간의 정신과 인간의 잠재력에 관한 어둡고 위험한 비관주의라고 비판하는 사람들에게 대답하기 위한 것이기도 하다.

3) 비판하는 사람들에게 대답함

사르트르를 비판하는 일부 사람들은 실존주의는 "절망의 정적 주의"(quietism of despair)로 귀결될 수 있을 뿐이라고 생각했다. 다시 말해 그들은 실존주의를 무위(無爲)의 철학, 즉 사람들을 낙담시켜 아무것도 행하지 못하게 만드는 관조적인 철학에 불과하다고 생각했다. 어떤 사람들은 실존주의자들이 지나치게 비관적이며 인간의 상황에서 불명예스러운 모든 것에 초점을 맞춘다고 비판했다. 사르트르는 유아가 어떻게 웃는지 잊고 있다고 자기를 비난하는 카톨릭의 비평가 메르시어(Mlle Mercier)의 말을 인용한다.

한편 실존주의는 개인의 선택을 지나치게 강조하기 때문에 인류의 연대성을 무시한다는 관점에서 비판하는 사람들도 있었다. 실존주의는 개인을 폭넓은 사회의 통합된 일부라기보다는 오히려 고립된 섬으로 취급한다. 마르크스주의자들과 기독교인들도 이런 점을 지적했다. 실존주의는 실존적 선택이란 명목으로 가장 가증스런 범죄를 방조한다고 비판하는 사람들도 있었다. 실존주의자들은 천부적인 도덕법 개념을 거부했기 때문에, 모든 사람은 원하는 것을 무엇이든 할 수 있는 것처럼 보였다.

이런 비판에 대해 사르트르는 버려짐, 번민과 절망이란 개념들에 관한 분석에 초점을 맞추어 대답했다. 사르트르에 의하면 이런 개념들은 특별한 의미를 가진다. 그 개념들은 전문적인 용어들이며, 그들의 내포적 의미는 일상적 의미와는 상당히 다르다. 그 개념들이 여전히 그런 의미로 사용되고 있기는 하지만 말이다. 일상적인 용법에서 이 용어들은 모두 다양한 종류의 절망과 고통을 의미한다. 그렇지만 사르트르에게 있어서 그 개념들은 이 책을 피상적으로 읽으면 놓치기 쉬운 긍정적인 면을 가진다.

4) 버려짐(방기; 放棄)

사르트르에게 있어서 '버려짐'은 특히 신에 의해 버림받음을 의미한다. 이것은 형이상학적 실체로서의 신이 어느 순간 존재했다가 떠났음을 의미하는 것이 아니다. 이 개념에는 니체의 『자라투스트라는 이렇게 말했다』에 나오는 "신은 죽었다"는 유명한 선언이 반영되어 있다. 이 선언에서 니체의 요지는 19세기 말에 신에 대한 믿음은 더 이상 유지될 수 없다는 사실이었다. 사르트르는 "버려짐"이란 개념을 은유적 의미로 사용함으로써, 우리의 도덕적 선택을 보증해 줄 수 있는 신이 없다는 생각에서 오는 상실감을 강조한다. 우리의 구원을 보장해 줄 원리들을 우리에게 제공해 줄 수 있는 신이 없다는 것이다. 그 개념은 어떻게 행동해야 하는가에 관한 지침을 찾으면서 우주에 홀로 존재하는 단독자의 모습을 상기시킨다.

버려짐의 두드러진 결과는 도덕의 어떤 객관적 근원도 존재하지 않음이다. 도덕적 선택은 주관적 입장에서 이루어져야 한다. 그렇지만 이것은 임의로 어떤 선택을 해도 좋다는 것을 의미하는 것은 아니다.

사르트르는 신이 존재하지 않는다고 주장하는 부류의 무신론적 윤리학자를 강하게 비판했지만, 신에게 재보험을 들지 않고 기독교 도덕을 비종교적으로 해석하는 그의 입장을 고수했다. 이런 유형의 휴머니즘은 버려짐에 함축된 논리적 의미들을 철저히 추구하는 것이 아니라 모종의 희망적인 생각에서 도피처를 찾았다. 이와 달리 사르트르의 실존주의는 창조자의 부재에 따르는 충격을 충분히 인식한다. 자신의 삶에 관해 선택하는 사람은 번민한다.

5) 번민

사르트르는 의지의 자유를 전적으로 신뢰한다. 그는 인간의 선택에 관해 결정론적 입장을 강하게 반대한다. 당신이 이러저러한 방식으로 강요당한다고 믿는 것은 거의 언제나 당신 자신이 당신의 진정한 자유를 부정하는 일종의 자기기만(bad faith)이다. 비록 사르트르는 인간이 어떤 본질을 가진다는 생각을 거부하기는 하지만, 인간은 근본적으로 자유로운 존재라고 선언한다. 자유는 인간의 존재의 핵심이다. 그렇지만 사르트르의 역설에 가까운 표현에 따르면 우리는 단지 자유로운 것이 아니라 "자유로운 존재로 운명지워져 있다(condemned)." 우리는 우리의 행위와 세상에 대한 우리의 태도를 선택할 수 있는 자유를 인식하고 경험하기 때문에 해방감 대신 무거운 책임감을 느낀다.

따라서 번민은 부분적으로는 누구에게도 책임을 미룰 수 없는 단독자라는 인식이다. 우리가 처한 곤경에 대해 어느 누구도 탓할 수 없다. 우리는 부모와 태어난 장소와 죽음 등을 선택할 수 없다. 그러나 사르트르에 의하면 우리가 처한 모든 상황에 대해 어떻게 느끼느냐 하는 것은 전적으로 우리의 책임이다. 우리는 감정을 조절할 수 있다. 이런 사실을 부정하는 것은 자기기만이다.

사르트르는 여기에 그치지 않는다. 나는 단지 나의 존재와 관련된 모든 것에 대해서만 책임이 있는 것이 아니다. 어떤 특정한 행위를 선택할 때, 나는 불가피하게 "인류 전체를 대신해 결정하는 입법자로서" 행동한다. 사르트르가 제시하는 예에 따르면, 만일 내가 결혼하여 자녀를 가지기로 결정한다면, 나는 이런 형태의 일부일처제적 재생산에 나 자신만 참여하는 것이 아니라 인류 전체를 그렇게 하도록 위임하는 것이다. 사르트르의 이런 예에는 도덕적 판단의 보편적 능력을 주장하는 칸트의 견해, 즉 만일 어떤 사람이 어떤 것을 행하는 것이 도덕적으로 옳다면 그것은 비교적 비슷한 상황에 있는 모든 사람들에게도 옳음이 분명하다는 견해가 반영되어 있다. 사르트르에 의하면 "번민"이란 단어의 완전한 의미는 우리가 선택하는 모든 것들의 함축된 의미를 깨달을 때 분명해진다. 우리가 무엇을 선택한다는 것은 인간으로 존재한다는 것이 무엇인가에 관해 그림을 그리는 것이다. 이런 사실을 깨달을 때 우리는 어떤 사람이 그의 행위가 다른 사람들에게 광범위한 영향을 끼칠 때 가지는 무거운 책임감을 느낄 것이다. 외아들을 제물로 바치라는 명령을 받은 아브라함처럼 우리도 번민에 빠진다. 아브라함처럼 우리도 뒤늦게 결과가 나타날 때까지 미래를 알 수 없는 상황에서 우리의 행위들을 선택하도록 "운명지워져" 있기 때문이다. 그렇지만 이런 번민에도 불구하고 마치 인류 전체는 우리가 이런 삶을 어떻게 영위하는지 보려고 우리를 관찰하는 것처럼 보인다.

6) 절망

버려짐과 번민과 마찬가지로 절망도 감정적인 용어이다. 사르트르에게 있어서 절망은 단순히 저항할 수 없는 세계의 벽에 부딪힐 때에 느끼는 반응이다. 나는 어떤 것이든 원할 수 있다. 그러나 나는 내가 원하는 것을 언제나 성취할 수는 없다. 예를 들어 나는 바이올린 연주자가 되고 싶을 수도 있지만, 사고로 인해 왼쪽 손가락 몇 개가 부러질 수도 있으며, 그 결과 전문 음악가에게 필요한 화음과 빠르기를 따라갈 수 없을 수도 있다. 다른 사람들, 사건들, 환경들도 나의 목표실현을 방해할 수 있다. 그러나 사르트르는 세상사가 우리의 바라던 대로 되지 않을 수도 있지만 그렇다고 해서 그것만으로 우리가 모든 것을 포기하고 무위에 빠져야 한다고 믿지 않는다. 오히려 그는 적극적인 행위와 참여를 권장한다. 우리는 환경이 달랐다면 우리가 행했을 수도 있는 그 무엇이 아니라, 우리가 실제로 행하는 것들의 총체성이기 때문이다. 우리는 지금도 우리가 바라는 것들을 성취하는데 방해가 되는 장해물들을 어떻게 처리할 것인지 선택한다.

7) 사르트르의 제자

사르트르가 『실존주의와 휴머니즘』에서 사용하는 핵심적인 예는 실제로 일어난 사건이다. 프랑스 점령기간 동안 사르트르의 제자들 중 한 사람은 심각한 도덕적 딜레마에 빠지게 되었다. 그 순간 그에게는 두 가지 생각이 있었다. 자신을 맹목적으로 사랑하는 어머니를 돌보기 위해 프랑스에 남아야 한다는 생각과, 프랑스의 해방을 위해 싸우려고 영국에 있는 '자유 프랑스' 단체에 가담하기 위해 떠나야 한다는 생각이 그것이었다. 그는 자기가 떠나면 어머니는 매우 불행하게 될 것을 알고 있었다. 그렇지만 동시에 '자유 프랑스'에 가입하려는 시도는 완전히 실패할 수도 있고 무엇인가 가치 있는 일을 하려는 노력은 "땅 위에 엎질러진 물처럼 허사가 될" 수도 있었다. 아들로서의 도리와 조국의 해방을 위한 싸움 중에서 하나밖에 선택할 수 없었다.

사르트르는 기독교 윤리학이나 칸트의 윤리학은 어느 것도 그 제자의 선택에 지침을 제공해 줄 수 없었을 것이라고 설명한다. 기독교적 가르침은 그 청년이 자비심을 가지고 행동하고, 이웃을 사랑하고, 다른 사람들을 위해 자신을 희생하라고 말할 것이다. 하지만 이것은 문제를 해결하지 못한다. 그는 여전히 그의 어머니를 사랑하는 것과 나라를 사랑하는 것 중에서 하나를 선택해야 할 것이기 때문이다. 칸트의 윤리는 결코 다른 사람들을 수단으로 대하지 말라고 가르친다. 그러나 이것은 어느 것에도 크게 도움이 되지 못한다. 어머니와 함께 머무는 것은 어머니를 목적으로 취급하는 것이지만, 동시에 그를 대신하여 싸우는 사람들을 목적을 위한 수단으로 취급하는 것이기 때문이다. 그러나 만일 그가 참전하여 다른 사람들과 함께 싸운다면, 그는 함께 싸우는 사람들을 목적으로 취급하고, 어머니를 목적을 위한 수단으로 취급하는 위험에 처할 것이다.

여기서 그 제자는 버려짐의 의미를 경험한다. 그는 미리 규정된 어떤 가치기준도 없는 세계에서 중요한 선택을 하지 않을 수 없다. 간단한 해결책은 어디에도 없다. 결국 그는 스스로 선택하지 않을 수 없다. 비록 그가 어떤 사람에게 조언을 구한다 해도 그런 조언을 거절하는 것을 선택할 수 있다. 그리고 조언자의 선택에 관해서도 그는 어느 정도는 그가 기대하는 조언을 해줄 조언자를 선택할 것이다. 사르트르가 제자에게 해준 조언은 간단하였지만 그에게 특별히 도움은 되지 않았을 것이다. 그는 "너는 자유롭다. 그러므로 선택하라"고 말하면서 그 학생이 운명적인 고민의 무게를 온 몸으로 감당하도록 했다.

8)『실존주의와 휴머니즘』에 대한 비판들

a. 인간의 자유에 대한 과대평가

『존재와 무』에서와 마찬가지로『실존주의와 휴머니즘』에서도 사르트르는 인간은 자유이며 우리의 자유로운 선택이 우리의 존재를 결정한다고 단언한다. 그렇지만 많은 철학자들은 자유의지를 지나치게 과대평가한다고 비판한다. 우리는 철저한 결정론자가 아니라 할지라도 인간은 감정과 관련하여 사르트르가 주장하는 것보다 자유롭지 못하다고 믿을 수 있다.

b. 지나친 개인주의

사르트르의 실존주의는 인간의 본성에 의해서나 인간의 행위를 규정하는 사회적 관습에 의해 제약되지 않고 모든 것에 홀로 책임을 지는 개인을 강조한다. 그렇지만 이런 방법론은 원자론적이다. 사르트르는 우리가 특정한 사회의 구성원으로서 그에 따르는 의무와 책임을 가지는 존재가 아닌 것처럼 말한다. 사회는 우리의 존재방식을 규정한다. 그리고 많은 사람들이 믿듯이 사회는 우리가 생각하고 행할 수 있는 조건을 마련해 준다. 사르트르의 방법론은 지나치게 주관적이다. 그는 개인으로부터 시작한다. 후기 저서인『변증법적 이성비판』에서 사르트르는 초기 저서에서는 중요하게 생각하지 않았던 인간 상황의 사회적, 정치적 그리고 역사적 측면들을 인정함으로써 마르크스주의와 개인주의적 실존주의의 조화를 시도했다. 유감스럽게도 이 책의 대부분은 거의 이해할 수 없을 정도로 모호하다. 아마도 그가 이 책의 대부분을 암페타민이란 각성제를 복용한 상태에서 썼기 때문일 것이다.

c. 왜 나의 선택이 모든 인간을 위해 타당해야 하는가?

사르트르는 자기를 비판하는 사람들 앞에서 흔들리지 않기 위해 자신의 실존주의는 극단적 주관주의를 지지하지 않음을 입증할 필요가 있다. 극단적 주관주의에 의하면 도덕적 선택은 개인적 취향의 문제이며, 따라서 어떤 행위를 선택하든 도덕적으로 선하다. 만일 그의 실존주의가 극단적 주관주의에 빠진다면, 결과적으로 그의 실존주의는 이런 이론에 따라 고문, 살인과 사디즘과 같은 끔찍한 일들도 사람들이 진정으로 원한다면 도덕적으로 용인할 수 있게 된다고 지적하는 것은 정당한 비판일 것이다.

하지만 그의 전체 논증구조는 보편적 능력에 관한 그의 견해에 기초하는데, 이런 견해에 대한 논증이 상당히 취약하다. 사르트르에 의하면 우리는 어떤 것을 선택할 때 언제나 더 나은 행동방침이라고 믿는 것을 선택하다. 그러나 그는 더 나아가 어떤 것도 모두를 위해 더 나은 것이 아니라면 우리를 위해 더 나을 수 없다고 주장한다. 그러므로 사르트르에 의하면 나는 나의 관점에서 나를 위해 최선의 것을 선택하기 때문에. 이것은 어쨌든 그것이 모두를 위해 - 아마도 유사한 상황에 있는 모든 사람을 의미할 것이지만 - 최선임이 틀림없다는 의미를 함축한다. 인간은 그가 선택할 때 창조한다는 인간관은 어느 시대의 누구에게나 타당해야 한다. 따라서 우리의 책임의 범위는 개인의 차원을 훨씬 넘어선다는 것이다. 그렇지만 이런 논증이 개인적 선택으로부터 특정 시대의 인류 전체에 대한 책임으로 비약하는 것은 정당하지 못하거나 실제로 정당화될 수 없는 것처럼 보인다.

d. 성실하지만 악한 사람의 경우

비록 사르트르의 입장이 든든한 지원을 받았었다 할지라도, 그가 예상하지 못한 극히 혐오스러운 어떤 결과들을 야기할 수도 있다. 예를 들어 히틀러와 같이 진지하지만 악한 사람의 경우를 생각해 보자. 실존주의적 관점에서 보면 히틀러의 선택들, 즉 반유대주의, 유대인 학살, 우생학 프로그램 등은 모두 선한 믿음(good faith)에서 실시되었다.[1] 히틀러의 자기 이미지 형성은 실제로 한 시대에 인간이 어떤 존재일 수 있는가에 관한 이미지를 형성하였다. 히틀러가 실존주의자였다면 그는 자신이 선택한 것들이 선재하는 어떤 가치들도 없는 세계에서 이루어졌으며, 그 가치들은 그에게만 구속력이 있을 뿐 아니라 인류 전체에 대해서

---

[1] * 여기서 '선한 믿음'은 사르트르가 말하는 '자기기만'(bad faith)와 대비되는 개념이다. 다시 말해 히틀러의 선택은 선을 가장해 악을 저지르는 자기기만에 의한 것이 아니라 진정으로 선하다고 생각하는 자유로운 선택에 의해 이루어진 것이란 의미이다.

도 구속력이 있다고 주장할 수 있었을 것이다.

『실존주의와 휴머니즘』은 이런 비판에 대해 대답할 수 있는 자료들 제시해 준다. 이 책에서 그는 진심으로 자유로움을 선택하는 사람은 다른 사람들을 위한 자유도 원하지 않을 수 없다고 단언한다. 히틀러는 그에게 동조하지 않는 사람들의 자유를 존중하지 않았음이 분명하다. 그는 수백만 명의 유대인들, 동성애자들, 반체제 인사들, 집시들, 다양한 정신적 문제를 가지고 있는 사람들을 학살했다. 만일 사르트르의 원리가 인정된다면, 이것은 그의 철학적 입장에서는 히틀러를 부도덕한 사람이라고 판단하지 못할 것이라는 비판에 대해 반박할 수 있는 근거를 마련해 준다. 그렇지만 자유를 선택하는 모든 사람은 다른 사람의 자유도 원해야 한다는 원리는 단지 당신이 당신 자신을 위해서 원하는 것이 무엇이든 다른 사람들을 위해서도 동일하게 원해야 한다는 것을 가정할 때에만 의미가 있다. 하지만 이미 언급되었듯이 사르트르는 개인으로부터 인류 전체로의 논리적 비약을 적절하게 해명하지 못한다.

Karl Popper(1902 ~ 1994)

포퍼는 1902년 비엔나에서 태어났다. 제도교육에 환멸을 느껴 고등학교를 중퇴하고 빈대학에 청강생으로 등록한다. 그곳에서 그는 아인슈타인의 상대성이론 강의를 듣게 된다. 1922년 빈대학에 정규학생으로 등록하여 1928년 박사학위를 취득한다. 1936년에는 나치의 박해를 피해 뉴질랜드로 망명을 떠난다. 1965년에는 영국에서 기사작위를 받았다. 그는 1994년 영국의 크로이던(Croydon)에서 죽었다. 주요 저서로는『추측과 논박』,『현대과학철학 논쟁』,『끝없는 탐구』 등이 있다.

우리가 필요로 하고 원하는 것은 정치를 도덕화하는 것이지 도덕을 정치화하는 것이 아니다.　　　　　　　　　　　　　　　　『열린사회와 그의 적들』 중에서

30. 칼 포퍼의『열린사회와 그의 적들』(*The Open Society and Its Enemies*)

　포퍼는 제2차 세계대전의 격동기와 오스트리아가 독일에 합병되기 직전 정치적으로 불안정한 시기에 살았다. 그는 히틀러가

오스트리아에 진주해 들어오기 전에 가까스로 조국을 떠났다. 포퍼는 히틀러의 침공에 대한 소식을 듣고 『열린사회와 그의 적들』을 쓰기로 결심했다. 유태계였지만 유대교를 믿지는 않았던 그는 이 사건이 무엇을 의미하는지 알았다. 이 무렵 그는 뉴질랜드에 살고 있었다. 그곳에 머무는 동안 그는 전체주의의 지성적 뿌리들과 전체주의의 발생을 억제할 수 있는 사회형태를 분석한 논증적 저서를 쓰면서 정치 사상사를 다시 생각하는데 정열을 기울였다. 『열린사회와 그의 적들』은 표면적으로는 플라톤과 헤겔, 마르크스를 집중적으로 다루지만, 실제로는 훨씬 더 광범위한 내용을 다루고 있다. 포퍼의 저술에는 불확실한 유럽의 운명과 여전히 저지되지 않는 파시즘의 등장과 함께 당시의 전시 상황 때문에 긴박함과 통렬함이 느껴진다. 이 책이 처음 출간된 것은 1945년이었는데, 이 시기는 유럽인들이 한편에서는 여전히 정치적 권위주의의의 파괴적 폭력을 감수하고 있었으며, 다른 한편으로는 그런 사건들이 다시 일어나지 않는 방식으로 사회를 재건해야 할 필요를 느끼고 있을 때였다. 이 책이 출간된 직후 포퍼는 '런던 정경대학교'(London School of Economics)에서 교수가 되었다.

포퍼는 과학철학과 정치철학에 크게 기여했다. '포퍼적'(Popperian)이라는 형용사는 과학은 '검증원리'(verification)에 기초하여 가설들을 확증하는 것이라기보다는 오히려 '반증원리'(falsification)에 기초한 일련의 추측과 반박이라는 그의 주장을 가리키는 용어이다. 포퍼는 과학은 확실한 증거를 발견하는 과정이라는 생각을 거부했다. 오히려 그는 과감하지만 반증 가능한 가설들을 제시하고 그 가설들을 논박하는 것이 과학자들의 역할이라고 생각했다. 논리적으로 볼 때 아무리 많은 검증사례들도 경험적 전제를 절대적으로 확증할 수 없지만, 관찰들을 통해 귀납적으로 일반화된 이론을 논박할 수는 있다. 과학자들은 가설들을 생성하고 그것들을 다시 논박하는 상상력이 풍부한 사상가들로서 옛 가설들에 대한 비판에 비추어 새로운 가설들을 제시한다. 따라서 과학은 부분적인 개정을 통해 발전한다.

『열린사회와 그의 적들』은 제목이 암시하듯이 닫힌 사회의 원인이 되는 일련의 위협들에 대항하여 열린사회의 비전을 강력하게 옹호하고자 한다. 과학에서와 마찬가지로 정치학에서도 그는 '현실 상황'(status quo)과의 비판적 연대에 기초한 대표적인 방법론이 필요하다고 생각했다. 그의 정치철학은 분명 과학의 비판적이고 합리적인 방법론들을 사회의 조직에 적용하려는 시도이다. 포퍼에 의하면 민주주의는 그런 합리적인 비판적 논쟁과 개혁을 고려한 유일한 정치적 장치이다. 그는 플라톤과 헤겔, 마르크스는 현대 전체주의에 기초를 제공한 책임이 있는 핵심적인 지적(知的) 피의자라고 주장했다. 이 책은 대부분 그들의 사상과 영향을 지속적으로 공격한다. 세 철학자들은 모두 대규모의 유토피아적 사회개혁을 주창한 사람들이었다. 포퍼는 유토피아적 사회개혁을 근본적인 오류라고 생각했으며, 이런 유형의 사유방식 대신 "점진적 사회공학"(piecemeal social engineering)[1]에 초점을

---

1) * 포퍼는 과학의 비판적이고 합리적인 방법을 열린사회의 문제들에 적용할 것을 주장했다. 이 점에서 그는 민주주의적 사회공학(그가 "점진적 사회공학"이라 부르는)과 유토피아적 사회공학을 철저히 구분했다. 포퍼에 의하면 "점진적 사회공학은 가장 궁극적인 선을 찾아 실현하는 것보다는 오히려 가장 크고 가장 긴급한 사회악이 무엇인지 찾아 퇴치하는 방법을 채택한다." 포퍼에 따르면 "점진적 사회공학"과 "유토피아적 사회공학" 사이의 차이는 "많은 사람들을 교화하는 합리적 방법과 실제로 시도되면 자칫하면 인간의 고통을 참을 수없이 증폭시킬 수도 있는 방법 사이의 차이이다. 그 차이는 어느 순간에도 적용될 수 있

맞추고자 했다.

1) 열린사회란?

포퍼에게 있어서 열린사회는 단순히 전통적 권위에 의지하거나 조직의 일원이 됨으로써 힘을 획득한 사람들의 독단적 권위에 대해 의문을 제기하고 거부할 수 있도록 허용하는 사회이다. 열린사회의 구성원들은 인간미, 자유, 평등과 합리적 평가에 근거한 새로운 전통을 수립하고자 노력한다. 그들은 제시된 정책들을 비판에 회부하고, 만일 그 정책들이 바람직한 결과를 가져올 가능성이 없어 보이면 필요에 따라 그 정책들을 포기한다. 반대로 닫힌사회는 사상과 언어와 행동을 통제하는 권위에 복종한다.

2) 플라톤의 전체주의적 경향

『열린사회와 그의 적들』은 인습타파를 의도하고 있다. 포퍼에 의하면 우리는 단순히 "위대한 사람들"의 직위 때문에 그들에게 지나치게 경의를 표시해서는 안 된다. 만일 우리가 지적 유산의 중요한 부분인 사상가들을 비판하지 않는다면 우리는 그 전통

는 방법과 자칫하면 조건이 더 좋아질 때까지 실천을 계속적으로 연기하는 수단이 될 수도 있는 방법 사이의 차이이다. 그 차이는 또한 지금까지 언제 어디서든 실제적으로 성공적이었던 유일한 문제 개선방법과 그것이 시도되는 곳에서는 어디서든 이성 대신 폭력사용의 원인이 된 방법 사이의 차이이다."

을 아주 말살시키는 모험을 하는 것이다.

포퍼는 역사상 가장 존경받는 철학자들을 그들의 근저로부터 허물어뜨리고자 시도하는데, 그가 그렇게 처음으로 시도한 철학적 아이콘은 의심의 여지없이 플라톤이다. 포퍼에 의하면 유럽 사상에서 전체주의의 씨를 뿌린 책임이 있는 사람은 플라톤이었다. 포퍼 이전의 주석가들은 플라톤이 이상적 사회의 모습에 대한 비전을 제시한 『국가론』을 해석할 때 무비판적인 경향을 보였다. 포퍼에 의하면 플라톤은 현실을 왜곡하거나 부적절한 정서적 연대를 조장한다고 생각되는 모든 종류의 예술이나 표현수단에 대한 검열을 정당화함으로써 자유로운 사상을 억압하려 했다. 비록 진리를 보전하려는 취지이긴 했지만, 플라톤은 고상한 거짓말을 통해 하층 계급의 구성원들이 그들의 신분을 이탈하지 못하도록 해야 한다고 주장했다. 고상한 거짓말에 따르면 통치자 계급으로 태어난 철학자들은 그들의 혈통에서 금 성분을 가지고 있으며, 수호자 계급의 사람들은 은 성분을 가지며, 노동자들은 철과 구리 성분을 가진다. 엄밀하게 말해 플라톤의 고상한 거짓말은 단지 하나의 국가가 번영할 수 있는 방안을 제시하기 위한 것은 아니었다. 그는 변하지 않고 실현가능한 이상적인 국가의 이데아 또는 본질을 드러내고자 했다.

3) 헤겔의 역사주의

플라톤의 이상적 사회관을 공격한 후 포퍼는 18세기의 헤겔에게로 공격의 화살을 돌린다. 그에 의하면 헤겔은 현대 역사주의

의 원천이다. 포퍼에 의하면 역사주의는 어떤 결과들은 불가피한
것이라고 선언하는 비과학적 경향이다. 다시 말해 역사주의는 역
사는 일정한 법칙에 따라 예측 가능하고 불가피한 과정을 따라
전개되어 나간다는 잘못된 견해이다.『열린사회와 그의 적들』의
대부분은 이런 유형의 예언을 조롱하는데 지향되어 있다. 역사
주의는 증거에 의한 비판적 참여나 논박의 여지를 전혀 허용하
지 않는다. 역사주의는 사실들은 단지 하나의 방향으로 일어날
것이라고 선언하며, 인간이 경험에 근거하여 자신의 미래를 형성
할 수 있는 가능성을 차단한다. 역사주의는 헤겔 철학의 핵심이
다. 역사주의는 하나의 중립적인 지성적 입장처럼 보일 수도 있
다. 그러나 포퍼에 의하면 그것은 20세기 중엽의 유럽이 전체주
의에 빠지도록 조장한 일종의 결정론적 사상이다. 포퍼는 헤겔
의 철학을 신랄하게 비판한다. 그는 헤겔주의를 지적 협잡이라
고 비판하였다. 그에 의하면 헤겔은 민족주의를 조장했고, 국가
를 찬양하도록 하였으며, 국민들이 숙명적 의식을 갖도록 조장
했다. 쇼펜하우어는 헤겔의 철학은 "거대한 신비화"이며 헤겔 본
인은 협잡꾼이라고 비판하였는데, 포퍼는 쇼펜하우어의 이런 비
판에 동조했다.

4) 마르크스

포퍼는 마르크스에 대해서는 헤겔에게처럼 그렇게 공격적이지
않았다. 마르크스는 헤겔의 역사주의를 수용하였으며, 자본주의
는 필연적으로 몰락하고 계급투쟁은 끝날 것이라고 믿었다. 마

르크스에게 있어서 정치의 역할은 이런 사건이 평온하게 일어나
도록 하여 출산의 고통을 줄이는 것이었다. 포퍼는 마르크스의
역사주의를 경멸하며, 마르크스가 지성적 신뢰를 받을 만한 가
치가 없는 역사주의에 지성적 신뢰성을 부여하려 한다고 공격한
다. 그러나 그는 사회적 문제들에 대해 합리적 해결책을 찾으려
는 마르크스의 노력을 존중한다. 포퍼는 마르크스가 잘못된 대
책들, 즉 인간성을 해치는 대책들을 제시했다고 생각한다. 포퍼
가 볼 때 마르크스도 플라톤이나 헤겔과 마찬가지로 열린사회의
적이었다.

5) 『열린사회와 그의 적들』에 대한 비판

이 책은 플라톤, 헤겔과 마르크스를 희화화 한다. 포퍼의 책을
비판하는 사람들은 포퍼가 플라톤, 헤겔과 마르크스를 자기의
목적에 맞게 자의적으로 왜곡함으로써 이들의 본래 의도를 제대
로 파악하지 못했다고 주장한다. 특히 포퍼는 헤겔의 사상을 매
도한다. 그렇지만 비인에서 이주해 2차 세계대전 동안 글을 쓴
그가 전체주의와 위험한 민족주의의 형성에 책임이 있다고 생각
되는 철학자에 대해 분노를 표출한 것은 놀라운 일이 아니다.

Ludwig Wittgenstein(1889 ~ 1951)

비트겐슈타인은 1889년 비인에서 태어났다. 청년시절 줄곧 자살 충동에 시달렸으나 러셀에게 인정받고 나서 안정을 되찾았다. 1908년 공학박사 학위를 취득했으며, 1911년 프레게를 방문하고 러셀에게서 지도를 받게 되었다. 제1차 세계대전 이후 오스트리아에서 교직 생활을 하면서 지냈다. 1939년 무어가 교수직을 사임하자 케임브리지대학의 철학 교수로 임명된다. 그는 암으로 인해 1951년에 케임브리지에서 사망했다. 주요 저서로는 『논리철학 논고』, 『철학에 대한 견해』, 『확실성에 관하여』 등이 있다.

우리가 누군가에 대해 얘기하고 있을 때 신이 우리의 정신을 들여다본다면, 그는 우리가 도대체 누구에 대해 얘기하고 있는 건지 알 수 없을 것이다.

『철학적 탐구』 중에서

31. 비트겐슈타인의 『철학적 탐구』(*Philosophical Investigations*)

비트겐슈타인은 다른 사람들에게서 스스로 생각하는 수고를 빼앗고 싶어 하지 않았다. 『철학적 탐구』는 편리한 소비를 위해 독자들에게 미리 포장된 생각을 제시해 주기보다는 스스로 자신의 사상을 가지도록 자극하기 위해 의도된 책이었다. 이런 사실은 단편적이고 모호하며, 여러 주제들을 마음대로 넘나드는 그의 집필 스타일에서 알 수 있다. 비트겐슈타인은 철학적 물음들에 대해 직설적으로 대답하지 않고 오히려 특수한 예와 이야기를 통해 암시적으로 대답한다, 단서들이 제시되기는 하지만, 그들의 의미가 명시적으로 설명되지는 않는다. 은유들이 많지만, 그 해석은 독자들의 몫이다.

비트겐슈타인은 장 단위로 구분하는 대신 짧은 단원에 번호를 붙인다. 비트겐슈타인이 직접 이 책을 모두 편집하지는 않았다. 이 책은 그가 여러 해 동안 작업한 원고들에 기초하여 그가 죽고 2년이 지난 1953년에 출간되었다.

1) 『논리철학 논고』(Tractatus Logico-Philosophicus)와의 관계

비트겐슈타인의 생전에 출간된 유일한 책은 1921년에 출판한 『논리철학 논고』이다. 번호가 매겨진 일련의 간결한 진술들은 엄격한 논리적 문제와 인식의 한계를 시적인 표현방식을 통해 드러내고자 했다. 이 책은 "말할 수 없는 것에 관해서는 침묵해야 한다"는 결론적 선언으로 가장 유명하다. 이 선언은 실천적 격언이 아니라 인식의 한계에 관한 그의 견해를 요약한 것이었다. 인간의 삶에서 중요한 것은 대부분 의미 있게 언급될 수 있는 것의 영역 밖에 있다. 그것은 표현할 수 없지만, 그렇기 때문에 그만큼 중요하기도 하다. 『철학적 탐구』는 여러 방면에서 『논리철학 논고』에서 개진된 견해들의 비판이다. 심지어 비트겐슈타인은 『논리철학 논고』는 『철학적 탐구』의 서문으로 출판되어 그의 최근 사상과의 차이를 보여 주었어야 한다고 주장하기까지 하였다.

2) 철학의 본성

『철학적 탐구』에서 비트겐슈타인은 그의 역할이 병 속에 갇힌 파리를 해방시켜 주는 것이라고 생각한다. 이것은 철학자들이 말로 표현할 수 없는 것을 말하려 함으로써 함정에 빠져 병 속의 파리처럼 주위를 바쁘게 돌아다닌다는 의미이다. 그들은 언어의 마법에 걸려 있다. 비트겐슈타인에 의하면 "철학적 문제들은 언어가 제 기능을 하지 못할 때 발생한다."(section 38) 다시 말해, 철학적 문제들은 단어들을 부적합한 맥락에서 사용하기 때문에 발생한다.

비트겐슈타인은 실제적인 언어사용에 주의하여 병 속에 갇힌 파리를 해방시킴으로써 그런 철학적 문제들을 해결하고자 한다. 따라서 그의 철학적 방법론은 종종 '치유의 방법론'으로 특징지어진다. 철학은 치료되어야 하는 질병이다. 철학은 "언어의 한계에 부딪혀 이해하지 못한 난제들"(section 119)을 조사한다. 치료는 우리가 상정하는 언어의 기능을 검토하는 것이 아니라 언어가 실제로 어떤 기능을 하는지 검토하는 것이다. 그러나 언어의 실제적 사용에 관한 비트겐슈타인의 분석은 사회적 인간학의 측면에서 이루어진 것이 아니다. 비트겐슈타인은 언어가 사용되는 몇 가지 방식들을 상세히 분석함으로써 사상과 의미충족성의 한계에 주목한다, 이런 작업의 대부분은 언어의 본성에 관한 잘못된 이론들을 제거하는 것이었다. 특정한 언어사용의 예들에 초점을 맞추는 또 다른 이유는 대규모의 이론화 작업은 그것이 조사하고 있는 사물의 본질을 발견할 수 있다는 잘못된 전제에 기초하고 있다는 점에서 오도된 것이라는 그의 확신 때문이었다.

3) 사용으로서의 의미

『철학적 탐구』의 상당 부분은 언어의 본성에 관한 소박한 설명을 비판하는데 지향되어 있다. 비트겐슈타인에 의하면 이런 소박한 견해의 대표적인 예는 대상을 지시하고 지시된 대상에 이름을 붙임으로써 언어가 습득된다는 아우구스티누스의 언어학습 이론이다. 아우구스티누스의 이런 언어관을 지지하는 사람들은 단어는 대상의 이름이며, 단어들의 조합은 실체를 기술하는 기능을 가진다고 믿는다.

예를 들어 이런 견해에 의하면 '사과'라는 단어의 의미를 가르치기 위해서 우리는 어린이에게 사과를 제시하고 '이것은 사과다'라고 말한다. 이것은 명명된 대상을 지시하는 '지시적 정의'(ostensive definition)에 의한 교육이다. 비트겐슈타인은 그런 지시적 정의가 유효하다는 것을 부정하지는 않는다. 그러나 그는 지시적 정의가 모든 언어학습의 기초라는 견해에 따르는 많은 문제점들을 지적한다. 예를 들어 그런 지시적 정의는 일정한 양의 무대장치를 요구한다. 어린이는 대상을 지시하는 관습을 이해하지 못할 수도 있으며, 당신이 사과의 색깔이나 모양을 지시하고 있다고 생각할 수도 있다. 지시적 정의의 모든 경우마다 지정되고 있는 것이 무엇인지 설명할 필요가 있다. 더 나아가 비록 어린이가 지시적 정의의 특정한 경우를 이해한다 할지라도 그는 이 경우를 그와 같은 다른 경우들에 적용할 수 없을 수도 있다.

언어는 단순히 세계를 표현하기 위해 사용하는 수단이 아니다. 오히려 언어는 다양한 목적들을 위해 사용되는 각종 도구들이 들어있는 연장통과 같다. 비트겐슈타인의 또 다른 비유에 의하면 언어는 기관차의 조종실에 설치되어 있는 레버들과 같다. 단어들은 서로 공통점들을 가진다. 그래서 우리는 단어들이 모두 동일한 종류의 일을 한다고 생각하는 경향이 있다. 하지만 기관차에 있는 레버들과 마찬가지로 단어들 사이의 유사성은 피상적이다. 하나의 레버는 밸브를 작동시키고, 다른 레버는 브레이크를 작동시킨다. 밸브를 작동시키는 레버는 단지 '열림'과 '닫힘'의 두 가지 기능만을 하며, 브레이크를 작동시키는 밸브는 연속적으로 움직여질 수 있다.

만일 우리가 실제로 사용하는 언어의 속성을 조사한다면, 우리는 곧 아우구스티누스의 언어이론이 정확하지 않음을 발견할 수 있다. 단어의 의미는 그 단어가 지시하는 것에 의해서라기보다는 오히려 단어의 사용에 의해 주어진다. 언어는 하나의 근원적 본질, 공통분모와 같은 일반적 표준, 그 단어만이 가지는 유일무이한 기능을 가지지 않는다. 언어를 자세히 살펴보면 우리는 언어가 서로 다른 상황에서 중복되는 기능을 하는 경향을 발견한다. 비트겐슈타인은 "언어놀이"(language game)란 개념을 사용한다. 이 개념의 의미는 언어사용에서 중요한 것은 언어유희가 아니라, 규칙적인 다양한 활동들이 있고 언어는 그 활동들 내에서 작동한다는 것이다. 언어는 우리의 삶의 형식들, 즉 언어의 다양한 사용들을 중심으로 형성된 사회적 합의들에서 구현된다. 단어들의 의미는 우리의 단어사용 방식에 의해 결정된다. 단어를 사용하는 삶의 정황, 즉 삶의 형식과 단절된 상태에서 단어는 아무런 의미도 갖지 못한다.

4) 가족 유사성 항(項)들(family resemblance terms)

언어에 의해 흔히 현혹되는 점은 만일 우리가 하나의 단어를 올바로 사용하여 일련의 사실들을 지시한다면, 모든 사실이 다른 사실들과 어떤 것을 공유해야 한다고 생각하는 것이다. 예를 들어 우리는 때로 게임들에는 하나의 본질이 있다고 생각하며, 따라서 우리가 '게임'이란 단어를 사용할 때는 언제나 그 게임에는 다른 게임들과 공유하는 공통의 특징이 함축되어 있다고 생각한다. 비트겐슈타인에 의하면 이것은 오류이다. 모든 게임이 공유하는 하나의 본질이 있다고 생각하는 것은 모든 언어사용에 공통되는 어떤 것이 있어야 한다고 생각하는 것과 마찬가지로 잘못이다.

비트겐슈타인은 가족 유사성 유비에 근거하여 그의 견해를 옹호한다. 가족들은 종종 서로 닮는다. 그러나 이것은 모든 가족 구성원들이 하나의 특징을 공유하거나 또는 그 이상의 공통된 특징들을 공유한다는 의미는 아니다. 일반적으로 가족 구성원들 모두에게는 단 하나의 공통된 특징보다는 오히려 중복되는 유사성들을 가지는 경향이 있다. 당신은 머리 색깔이 당신의 누이와 닮았을 수 있으며, 눈 색깔은 당신의 어머니를 닮았을 수도 있다. 당신의 누이와 어머니는 코가 서로 닮았을 수 있다. 이런 간단한 예에서 보듯이 이들 세 명의 가족들이 모두 공유하는 단일한 특징은 없다. 그러나 그렇다고 해서 이들 사이에 어떤 가시적인 가족 유사성이 없다고 말할 수는 없다. 마찬가지로 보드 게임, 축구, 카드놀이, 스쿼시 등과 같은 게임들이 모두 공유하는 하나의 공통된 본질은 없다. 그럼에도 불구하고 우리는 '게임'이라는 단어의 의미를 안다. 비트겐슈타인은 중복되고 교차하는 이런 유형의 유사성을 표현하기 위해 "가족 유사성"이란 개념을 사용한다.

5) 사적언어 논쟁

지금까지 『철학적 탐구』의 가장 영향력 있는 부분은 '사적언어 논쟁'(private language argument)으로 알려진 견해들과 예들이다. 비록 그런 견해들과 예들을 통해 비트겐슈타인이 의도한 것이 정확하게 무엇이었는지에 관해서는 여전히 논란의 여지가 있긴 하지만 말이다. 비트겐슈타인은 "사적언어 논쟁"이란 표현을 사용하지 않았다. 단지 그의 논평자들만이 그의 일련의 설명들은 점층적 논쟁(cumulative argument)으로 해석되어야 한다고 주장했을 뿐이다. 그럼에도 불구하고 그의 사상을 이런 방식으로 종합하여 그 과정에서 하나의 논쟁을 추론하는 것은 타당해 보인다. 이 논쟁을 이해하기 위해 우리는 비트겐슈타인이 비판하는 것이 무엇인지 분명히 밝힐 필요가 있다.

　데카르트 이후 대다수의 철학자들은 마음의 본성을 제대로 연구하기 위해서는 일인칭, 즉 자기 자신의 경험을 먼저 고려해야 한다고 생각했다. 예를 들어 나는 당신이 아픈 것보다는 내가 아픈 것을 더 잘 알 수 있다. 나 자신이 무엇을 생각하고 있는지는 나만이 알 수 있다. 그러나 당신이 무슨 생각을 하고 있는지는 알 수 없다. 그것은 마치 나의 생각과 감정이 상영되는 비밀 영화를 볼 수 있는 특권이 나에게 있는 것과 마찬가지이다. 다른 어느 누구도 나의 사적 영화에서 무슨 일이 일어나는지 알 수 없다. 나의 경험은 나의 사적 경험이며, 당신의 경험은 당신의 사적 경험이다. 어느 누구도 나의 고통이나 나의 생각을 정확하게 알 수 없다. 나는 나의 내적 경험을 나 자신에게 기술할 수 있다. 다른 어느 누구도 나의 기술이 정확한지 아닌지 판단할 수 없다.

　비트겐슈타인의 사적언어 논쟁은 다른 어느 누구도 나의 생각과 감정에 절대로 접근할 수 없다는 견해를 근본적으로 논파한다. 그런 생각은 사적언어의 가능성에 근거한다. 비트겐슈타인은 그런 언어가 불가능함을 입증한다. 그에게 있어서 '사적 언어'는 개인적인 암호를 의미하지 않으며, 로빈슨 크루소가 무인도에서 그의 생활에 관해 스스로에게 말하기 위해 고안했을 수도 있는 언어처럼 오직 한 사람에 의해서만 말해지는 언어를 의미하지도 않는다. 오히려 '사적 언어'는 개인의 사적인 경험을 언급하기 위해 사용되기 때문에 원칙적으로 공유될 수 없는 언어이다.

　그런 사적 언어의 가능성을 믿는 사람들은 내가 나의 기분을 일기로 기록하는 것이 가능할 것이라고 주장할 수도 있다. 나는 내가 가지고 있는 특정한 기분을 'S'라고 부르기로 한다. 나는 일기장에 'S'라고 기록한다. 다음에 나는 동일한 종류의 기분을 가질 때 그 일기장에 또 다른 'S'를 기록하기를 계속한다. 비트겐슈타인에 따르면 이런 설명은 논리적 일관성이 없다. 내가 경험한 'S'라는 기분들이 이전의 기분들과 동일한 기분인지 재확인하기 위한 '옳음의 기준'이 없으며, 내가 'S'의 감정을 재확인했다고 생각하는 어떤 순간에도 내가 옳은지 그른지 입증할 길이 없다. 그것은 마치 기차 시간표에 관한 당신의 기억을 되살려 기차가 떠나는 시간을 점검하는 것과 마찬가지이다. 그러나 하나의 중요한 차이가 있다. 정확함을 확인해 줄 기준이 될 수 있는 실제적인 시간표가 저기 바깥 세상에 없다는 점이다. 내가 하나의 개념을 적용할 때 내가 옳은지 확인할 길이 없는 곳에서 그 개념은 어떤 의미도 가지지 못한다. 따라서 비트겐슈타인은 당신의 사적인 경험을 당신만이 아는 개념을 사용하여 표현하는 것은 부조리한 생각이라고 결론짓는다. 언어는 공적이다. 그리고 단어들을 적용하고 재적용하기 위한 기준은 공적이다. 위에서 설명된 어떤 종류의 사적 언어도 가능하지 않다.

물론 사람들이 감정과 경험을 가지고 있다는 사실을 부정하는 것은 아니다. 하지만 언어의 의미라는 관점에서 볼 때, 만일 이런 경험들이 필연적으로 사적이라면 그런 경험들은 객관적 의미를 가지지 못할 것이다. 모든 사람이 우리가 '딱정벌레'라고 부르는 것이 들어있는 자신만의 상자를 가지고 있는 상황을 상정해 보자. 어느 누구도 다른 사람의 상자 안을 들여다 볼 수 없다. 그리고 모든 사람은 자신의 상자 안을 보고 딱정벌레가 무엇인지 안다고 주장한다. 비트겐슈타인에 의하면 이런 경우 모든 사람이 그들의 상자에 동일한 종류의 물건을 가지고 있느냐 아니면 아무엇도 없느냐 하는 문제는 중요하지 않을 것이다. 상자 안에 있는 물건이 무엇이냐 하는 것은 '딱정벌레'의 의미에 영향을 주지 않는다.

결과적으로 비트겐슈타인의 논쟁에 따르면 마음에 관한 데카르트의 설명은 지지될 수 없다. 우리는 저마다 자신만의 사적인 영화 안에 거주하는 것이 아니다. 오히려 언어는 우리의 생각의 한계를 설정한다. 그리고 언어는 본질적으로 공적인 현상이다. 이런 논쟁은 또한 마음의 구조와 관련하여 로크와 흄의 견해를 포함하여 경험론적 전통에서 제시된 견해를 와해시킨다. 데카르트와 마찬가지로 경험론을 따르는 철학자들도 은연중에 개인의 기분을 사적 언어로 기술할 수 있다고 생각한다. 특히 로크는 사적인 감정들의 재확인 가능성에 근거하여 그의 언어관을 전개한다.

비트겐슈타인의 사적언어 논쟁은 전적으로 부정적이다. 우리의 경험과 그 경험을 기술하기 위해 우리가 사용하는 언어 사이의 관계에 관해 그는 전통적인 설명 대신 다른 대안적 가설들을 제시한다. 아마도 '고통'과 같은 단어들은 사적인 감정을 표현하는 명사들이 아니라, 그 단어들의 올바른 적용을 위해 공적인 기준을 가지는 우리의 학습된 고통반응의 일부일 것이다. 어떤 어린이가 몸에 상처가 나 운다. 어른들은 그 아이에게 어디가 아픈지 똑똑하게 말하라고 가르친다. 이렇게 하여 그 아이는 우는 대신 고통에 관해 말하는 것을 배운다. 하지만 고통에 관해 말하는 것은 단순히 감정을 기술하는 문제가 아니다. 비트겐슈타인에 따르면 고통에 관해 말하는 것은 고통을 '표현하는' 또 다른 방식이다.

6) 서로 다른 시각들

『철학적 탐구』후반부에서 비트겐슈타인이 논의하는 하나의 주제는 우리에게 익숙한 '오리-토끼' 그림의 예이다. 이 그림은 오리가 아니면 토끼를 그린 것이라고 설명될 수 있지만, 오리와 토끼를 동시에 그린 그림이라 할 수는 없다. 나는 그 그림을 보고 한 마리의 오리라고 생각한다. 그런 다음 그 그림의 다른 면을 보면 토끼처럼 보인다. 이런 시각차는 망막 뒤에 맺힌 상의 변화에 의해 발생한 것이 아니다. 정확하게 말해 동일한 시각적 자극이 내가 실제로는 토끼의 그림을 보고 있을 때에도 오리의 그림을 보고 있다는 느낌을 갖게 만든다. 이것은 모순처럼 보인다. 그림의 형태는 바뀌지 않았는데 시각은 변한다. 여기서 우리는 보는 작용에는 보이는 것에 관한 판단이 포함되어 있음을 알수 있다. 그리고 이런 시각의 변화는 우리가 보고자 기대하는 것의 영향일 수 있다.

7) 『철학적 탐구』에 대한 비판들

a. 철학적 문제들이 모두 해결되지는 않음

많은 철학자들은 모든 철학적 문제들은 언어가 "휴가를 떠날 때" 발생한다는 주장에 동의하지 않는다. 예를 들어 의식의 본성을 탐구하는 현대의 심리 철학자들 중에 어떻게 물질이 생각과 자각을 일으킬 수 있느냐 하는 철학적 문제를 완전히 해결하기 위해 몇 가지 언어사용 방법들을 지적하기만 하면 된다고 느끼는 사람들은 거의 없다. 파리를 담은 병에서 파리를 날려 보내는 것에 관한 비트겐슈타인의 주장들은 매력적이다. 그러나 비록 비트겐슈타인이 전통적인 철학적 논쟁들은 잘못된 언어사용 때문에 생긴 문제들이라고 일축함에도 불구하고, 철학자들은 여전히 그런 논쟁들 때문에 난감해 하면서도 그런 논쟁들이 그들의 과제라고 생각한다. 아마도 비트겐슈타인이라면 문제의 철학자들은 여전히 언어의 노예가 되어 언어가 할 수 없는 일들을 시키려 한다고 지적함으로써 그들이 당면한 문제에 대답할 것이다.

b. 신탁처럼 수수께끼 같은 선언들

『철학적 탐구』에서 비트겐슈타인의 문체에 대한 상당히 중대한 비판은 그런 문체로 인해 이 책이 결과적으로 많은 상반되는 해석들을 야기한다는 점이다. 이 책의 여러 곳에서 제시되는 사례들과 비유들이 정확하게 무엇을 의미하는지 전혀 분명치 않으며, 그가 비판하고 있는 견해들이 과연 과거에 그렇게 주장된 견해들인지도 분명하지 않다. 때로는 물에 잠긴 빙산 꼭대기에 앉아있는 느낌을 가지게 된다. 빙산 아래 무엇이 있는지 찾아내듯이 그가 말한 것의 의미가 무엇인지 찾아내는 것은 우리의 몫으로 남아있다. 비록 최근에는 비트겐슈타인의 노트들과 제자들의 강의노트들이 입수되긴 했지만, 그의 중요한 일부 이론들은 여전히 치열한 논쟁의 대상이다.

비트겐슈타인은 그의 책에서 발견되는 애매하고 모호한 점들

에 대해 책임이 있다. 그런 애매하고 모호한 점들이 모두 급진적
이고 독창적인 견해들을 표현하는데 따르는 어려움 때문만은 아
니다. 어려운 점들은 부분적으로 그의 단편적인 접근방법 때문
이다. 그가 제시하는 예들의 고상함과 독창성에 대해서는 의심
의 여지가 없다. 그러나 논증의 논리적 일관성과 표현의 명료성
이 떨어지기 때문에 독자들은 그의 책을 이해하는데 많은 노력
이 필요하다.

　비트겐슈타인을 변호하는 입장에서 보면, 그는 접시에 담아
음식을 내어 주듯이 분명한 근거를 가지고 그의 견해를 제시해
주기보다는 오히려 독자들이 스스로 생각하도록 하려는 의도가
강했다. 그런 의미에서 본다면 해석과 관련된 지금의 논쟁들은
그의 의도에 부합하는 것이다. 왜냐하면 그 논쟁들은 철학자들
이 이 책을 이해하기 위해 비트겐슈타인이 의미했을 수 있는 것
을 통해 생각하고 있음을 보여주기 때문이다.

　그럼에도 불구하고 비트겐슈타인의 완곡하고 시적인 문체에
매력을 느끼는 제자들이 있었다. 종교적 광신도들처럼『철학적
탐구』의 구절들을 번호대로 인용하는 열광적인 추종자들이 적지
않았다. 이들은 대부분 그들의 사상을 스승으로부터 중고품으
로 물려받는 것을 행복하게 생각했다. 비트겐슈타인이 일어나지
않기를 바란다고 말한 것이 바로 그것임을 알지 못하고 말이다.
『철학적 탐구』의 난해한 문체는 비판적 시각보다는 오히려 존경
하는 시각을 가지게 하며, 따라서 독자들이 스스로 생각하게 하
려는 목표를 손상시킬 수도 있다.

　비트겐슈타인 자신은 결코『철학적 탐구』의 초고가 그의 생전
에 책으로 출판되는 것을 원치 않았다. 따라서 이 책은 그가 세

상에 알려지기를 바랐을 완성된 형태의 사상의 작품이라기보다
는 비완성 작품이라고 생각되어야 할 것이다.

Thomas Kuhn(1922 ~ 1996)

토마스 쿤은 1922년 미국에서 태어났다. 1943년에 하버드대학을 졸업하였다. 2차 세계대전의 종전 후에는 1949년에 물리학박사 학위를 취득했다. 쿤은 1996년 암으로 사망했다. 주요 저서로는 『코페르니쿠스 혁명』, 『주요한 긴장』 등이 있다.

진리는 혼란 속에서보다는 실수에서 더 자주 발견된다.

『과학혁명의 구조』 중에서

32. 토마스 쿤의 『과학혁명의 구조』(*The Structure of Scientific Revolutions*)

과학은 세계에 관한 경험적 연구이다. 과학은 이론과 관찰을 특유의 방식으로 결합함으로써 의학, 계산, 운송과 기타 우리 삶의 많은 측면들에서 진보를 이루게 했다. 과학은 우주선을 우주 공간에 보낼 수 있게 해주었다. 17세기에 과학의 진보는 인류 역사에서 가장 중요한 발전들 중 하나였다. 그러나 과학은 지식을 계속 축적함으로써, 즉 각 세대의 과학자들이 세계에 관한 그들의 이해를 더욱 심화시켜 실재의 본질을 보다 정확하게 묘사함으로써 발달하는가? 1960년대 초까지만 해도 이것이 과학 철학자들 사이에 지배적인 견해였다. 하지만 쿤은 그런 견해가 과학의 실제적 기능에 관해 오해를 야기했다고 생각했다. 발전은 생각했던 것처럼 그렇게 점진적으로 이루어지지 않으며, 진리에 더 가까워지지 않을 수도 있다. 쿤에 의하면 통상적인 과학의 시기들 뒤에는 위기의 시기들이 뒤따르고, 그런 다음에는 - 필연적이지는 않지만 - 과학혁명이 뒤따른다. 통상적인 과학에서 과학자들은 과학적 탐구를 위한 규칙과 방법과 표준에 관해 일치하며, 어떤 특정한 영역에서의 탐구방법에 관해 대체로 의견이 일치한다. 혁명의 시기에는 이런 규칙들과 기대들이 변형된다. 방법과 설명에 있어서 독점이 해체되며, 대안적 주장들과 방법론들이 전면에 등장한다. 이것이 바로 쿤의 유력한 과학사 연구서인 『과학혁명의 구조』(1962)의 핵심 내용이다. 이 책은 과학철학에 깊은 영향을 끼쳤으며 백만 부 이상 팔렸다. 그의 연구방법은 역사적 탐구에 근거하고 있었지만, 본질적으로는 철학적이다. 그는 과학자들이 어떤 영향을 끼치며, 그들이 어떻게 "새로운 패러다임"의 빛에서 근본적으로 그들의 예측을 바꾸는지 이론적으로 설명한다. 그는 또한 "패러다임의 전환"에 따라 이해가 어떻게 바뀌는지 광범위하게 설명한다. 쿤은 원래 물리학자였지만 후에 과학사와 그로부터 나타나는 철학적 쟁점들에 관심을 가지게 되었다. 따라서 그의 저서들에는 과학적 사례들이 많이 발견된다. 그렇지만 이 책은 과학적 탐구의 본성에 관한 대단히 일반적인 주장들을 다루기 때문에 실제로는 철학적 설명이다.

1) 쿤이 논박하는 것은 무엇이었는가?

쿤이 그의 책을 출판하기 이전에 과학서를 쓴 많은 철학자들과 역사가들은 과학은 새로운 정보가 축적되고 그에 따라 새로운 발견들이 이루어짐으로써 직선적으로 발전한다고 믿었다. 모든 훌륭한 과학자들은 자신들이 과학계에 얼마쯤 기여했으며, 그 결과 과학계의 지식이 진보했다고 생각했다. 이런 설명에 따르면 과학은 세대가 계속되면서 조금씩 인간의 이해를 풍성하게 하는 조각이다. 포퍼(Karl Popper)에 의하면 과학적 가설들이 귀납적 일반화로서 표현된다면 그 가설들의 진위를 입증하고자 하는 것은 논리적으로 불가능하며, 따라서 과학자들은 반증(falsification; counter-evidence)을 통해 그 가설들을 논박하고자 한다. 포퍼에 의하면 과학에서의 발전은 일련의 과감한 추측과 반박 과정인데, 이런 과정을 통해 과학자들은 더 나은 세계관에 도달하게 된다. 과학은 보다 정확한 경험적 가설들의 연속적인 반박에 의해 발전했다. 그러나 쿤은 과학의 발전을 그의 표현대로 "축적에 의한 발전"이라고 설명하는 포퍼의 이론을 거부하고, 대신 통상과학이 연속적인 파동을 겪은 후 지적인 위기가 뒤따르고 결과적으로 혁명이 일어난다는 자신의 모델을 제시했다. 쿤에게 있어 과학은 완전히 논리적인 과정을 거쳐 발전해 오지 않았다. 오히려 과학은 과학자들의 학술단체들, 그들의 신념 유형들 그리고 그들의 행동방식에 초점을 맞추는 사회학적 관계에서 가장 잘 기술되었다.

2) 통상과학과 혁명

쿤에 따르면 과학자들은 많은 시간을 통상과학을 연구하면서 보낸다. 통상과학이란 과학단체에 의해 인정된 기존체제 내에서의 과학이다. 훌륭한 과학적 실천의 한계는 합의(consensus)에 의해 설정된다. 통상과학의 단계에서는 특정 영역에서 활동하는 과학자들 사이에는 그들의 탐구를 어떻게 수행해야 하는지에 관해, 적합한 방법과 기술에 관해, 그리고 그들의 탐구를 기술할 언어에 관해 일반적인 합의가 있다. 그런 시기에는 훌륭한 과학의 조건이 무엇인지에 관해 거의 논란의 여지가 없다. 탐구자들도 결과를 해석하는 방법에 관해 일치한다. 통상과학은 급진적인 독창성을 추구하거나 성취하려 하지 않는다. 오히려 통상과학은 지배적인 과학적 견해에 의해 설정된 일련의 매개변수들[1] 내에서 문제풀기(puzzle-solving)의 한 형태이다. 통상과학의 단계에서 활동하는 과학자들은 다소간 차이는 있지만 대체로 그들이 발견할 것이라고 예상하는 것을 발견한다. 그런 발견은 패러다임 자체에 도전하려는 시도라기보다는 오히려 패러다임에 비추

---

1) * 매개변수(parameter)는 수학에서 두 개 이상의 변수들 사이에서 함수관계를 정하기 위해 쓰이는 또 다른 하나의 변수로 '조변수'(助變數)라고도 한다. 일반적으로는 프로그램을 실행할 때 명령의 세부적인 동작을 구체적으로 지정하는 문자나 숫자를 가리킨다.

어 "마무리하는"(mopping up) 작업이다.

그러므로 지구가 우주의 중심이라고 생각한 천동설(Ptolemaic system)의 패러다임 내에서 활동한 과학자들은 그런 가설에 의해 설정된 틀에서 그들의 탐구를 수행했다. 따라서 그들은 모든 새로운 천문학적 정보들을 천동설의 필터를 통해 해석하였다. 그런 패러다임에 어긋나는 견해는 대부분 잘못된 측정으로 간주되었다. 그런 견해들은 과학적 위상에 대한 도전으로 간주되기보다는 오히려 거부되었다. 천동설은 행성들 간의 위치를 대단히 정확하게 제시해 주기 때문에 관찰들을 예측하는데 아주 효과적이었다. 그러나 이상한 관찰들, 특히 춘분과 추분의 관계에 관해서 천동설에 근거해서는 설명할 수 없는 관찰들이 점점 더 많이 나타났다.

저명한 천문학자들은 점차적으로 기존 체계의 결함들을 깨닫기 시작했다. 기존 체제의 결함들은 지적 위기를 야기하였으며, 관찰로부터 추론된 방법들과 결론들에 대한 신뢰를 잃게 만들었다. 이것은 불가피한 현상이 아니었다. 왜냐하면 통상과학의 패러다임 내에서는 설명을 필요로 하는 이례적인 결과들이 흔히 나타나기 때문이다. 그러나 역사의 특정 시점에서는 이례적인 것들이 기존의 과학을 위기에 빠뜨릴 정도로 축적된다. 이 시점에서는 결과를 예측할 수 없었을 것이다. 과학자들은 이례적인 결과들이 실제로는 이례적이지 않은 것이라고 해명하는 길을 발견했을 수도 있다. 즉, 그들은 그 결과들을 기존의 패러다임 내에서 해명할 수도 있었다. 아니면 때때로 그렇듯이 그들은 이례적인 결과들을 단순히 인지하기는 했지만 다른 쟁점들에 집중하다가 나중에 이례적인 발견들에 다시 관심을 가졌을 수도 있다. 그러나 사실은 그런 이례적인 관찰들이 더 나은 해명을 찾으려는 시도를 촉발시켰다. 특히 코페르니쿠스는 단순히 오류 때문에 나온 결과라고 설명될 수 없는 관찰들이 있음을 알았으며, 대안적인 설명과 패러다임을 찾기 위해 다각도로 노력함으로써 이런 지적인 혼란에서 벗어날 방도를 찾으려 했다. 그는 완전히 다른 가설, 즉 지구가 아니라 태양이 우주의 중심이라는 가설에 근거하여 입수한 정보들을 더 잘 설명할 수 있음을 알게 되었다. 이런 설명을 저지하려는 카톨릭 교회의 필사적인 노력에도 불구하고, 코페르니쿠스의 가설은 드디어 새로운 패러다임이 되었으며, 통상과학은 이런 패러다임 내에서 다시 한 번 부흥할 수 있었다. 소위 코페르니쿠스의 혁명은 천체에 관한 인간의 이해와 천체에 대한 우리의 관계를 바꾸어 놓았다. 그리고 지구가 우주의 중심이라는 믿음은 설 자리를 잃게 되었다. 천문학은 재조정되어야 했으며, 통상과학의 새로운 시기가 시작되는 계기가 되었다. 이와 유사하며 동일한 파급효과를 가진 패러다임 전환이 다윈의 '자연선택에 의한 진화'의 이론과 함께 일어났다. 이와 함께 식물과 동물을 탐구하는 기존의 방법들이 전복되었다. 그리고 생물학의 세계에 대한 새로운 이해가 가능하게 되었으며, 동시에 다윈의 이론을 따르는 통상과학자들은 새로운 이해에 상응하는 과제를 가지게 되었다.

3) 패러다임이 전환되면 관찰될 수 있는 대상이 바뀐다

패러다임의 변화는 단순히 자기만족감에 취해있는 통상과학자들을 안이함에서 깨울 뿐만 아니라 새로운 탐구방법을 제시해 줄 수 있다.[2] 다시 천문학의 역사에서 예를 들면, 허셜(William Hershel)은 18세기에 천왕성을 발견했다. 그러나 그가 천왕성을 발견하기 이전에 천문학자들은 적어도 17번이나 천왕성이 자리하고 있는 위치에 하나의 별을 관측했었다. 하지만 그들은 기존의 패러다임에 따라 그 별을 관측했기 때문에 그 별이 행성임을 알 수 없었다. 그들이 예상한 것들은 그들이 본 것에 크게 영향을 끼쳤으며, 따라서 그들은 그것이 무엇이었으며 그것이 얼마나 멀리 떨어져 있는지 잘못 판단했다. 허셜은 보다 면밀하게 관찰했다. 그러나 그도 처음에는 그 별이 전에 보지 못한 행성이라기보다는 오히려 혜성이라고 생각하고 있었다. 일단 이것이 하나의 행성임을 알게 되자 천문학자들의 시각이 바뀌게 되었다. 그리고 이런 시각의 전환으로 인해 그들은 그 후 몇 해 동안 일련의 작은 행성들을 관측할 수 있었다. 천문학자들에게 더 많은 행성들이 있을 수 있음을 인식할 수 있게 해 준 패러다임 전환이 있기 이전에는 모든 새로운 관찰들이 다른 방식으로 설명되었지만, 그 후에는 태양계를 다르게 볼 수 있게 되었으며, 더 나아가 행성들의 정체를 알 수 있게 되었다. 그들은 이보다 훨씬 전에 증거를 보았지만, 행성들은 보지 못했고 대신 혜성들과 멀리 떨어진 별들을 보았다. 허셜과 그의 후계자들은 전환된 시각을 가지고 관찰했기 때문에 새로운 행성들을 처음으로 볼 수 있었다. 비록 그 행성들의 존재가 이전에도 여러 해 동안 관찰되었음

---

[2] 패러다임 전환"이란 일단의 방법들, 가설들과 용어들이 과학자들의 공동체에 의해 인정될 때, 한 동안의 과학적 위기를 거친 후에 발생하는 극적인 혁명을 가리키 용어이다.

에도 불구하고 다른 학자들은 그것들이 행성임을 알지 못했다. 쿤에 의하면 새로운 행성의 발견은 시각의 변화에 의해 가능했다. 시각의 변화는 흔히 지각에서 '형태 전환'(Gestalt shift),[3] 즉 지각 대상을 형성하는 통일적 구조의 변화라고 불리는 것이다. 예를 들어 어떤 사람에게 빨간색 대신 검은색으로 칠해진 다섯 장의 카드로 구성된 카드 패를 제시했을 때, 그 사람은 그 카드가 제시될 수 있는 배열형태에 대한 기대 때문에 이 패에서 단지 다섯 장의 하트 이외에는 아무것도 볼 수 없을 수도 있다. 일단 그가 그 카드가 다섯 장의 하트라는 것을 알게 되면, 그의 망막에 도달하는 것은 정확하게 동일하지만 그가 보는 것은 완전히 달라진다. 비트겐슈타인은 이 점을 지적하기 위해 유명한 '오리-토끼' 형상을 사용했다.

4) 경쟁하는 패러다임들의 배타성(incommensurability)

과학혁명의 역사에 대한 쿤의 방법론이 가지는 가장 중요하고 대단히 논란의 여지가 있는 견해는 서로 다른 과학적 세계관들은 서로 양립할 수 없다는 주장이었다. 그들을 비교할 아무런 근거, 즉 그들을 평가할 공통의 기준이 없다는 것이다. 따라서 이런 견해에 의하면 어떤 하나의 이론이 다른 이론보다 더 진보된

---

3) "형태 전환"이란 가시적 자료들을 구성하는 방식의 차이로 인해 자극에서는 아무런 변화가 없음에도 불구하고 보인 것에서 일어나는 변화를 의미한다. 마치 오리-토끼 그림을 보는 어떤 사람이 그 그림을 오리의 그림으로 보는 위치로부터 토끼로 보는 위치로 자리를 옮길 때처럼 말이다.

것이라고 주장할 수 없을 것이다. 이것은 패러다임 전환이 발전을 의미한다는 생각을 위협하는 것처럼 보인다. 그런 주장에 따르면 서로 다른 이론들은 단지 서로 다를 뿐임을 의미하는 것처럼 보인다. 그리고 그 이론들은 과학이 논의되는 경계범주(terms)를 자기에게 전형적인 방식으로 다시 정의했기 때문에, 서로 다른 이론들에 대한 어떤 의미 있는 비교도 허용하지 않을 것이다.

5) 『과학혁명의 구조』에 대한 비판

a. 일종의 상대주의

쿤의 이론은 때때로 일종의 상대주의로 간주되었다. 쿤에게 있어서 과학이론의 가치는 그 이론이 세계를 얼마나 정확하게 기술하느냐 하는 물음이나 또는 적어도 기존의 이론들을 얼마나 개선했느냐 하는 물음에 의해서가 아니라 과학자 단체들이 그 이론을 어떻게 평가하느냐에 의해 결정된다. 서로 다른 패러다임들의 배타성은 어떤 패러다임이 다른 패러다임보다 더 낫다고 할 수 있는 객관적인 기준이 없음을 의미한다. 이런 배타성 때문에 다양한 패러다임들이 이미 다른 것으로 대체되었을 때조차도 그것들이 여전히 통용되는 불행한 결과가 발생한다. 과학적 결과들을 점검할 수 있는 어떤 독립적 세계도 없다. 세계에 관한 설명의 의미는 패러다임 자체에 의해 주어지기 때문이다. 새로운 패러다임들은 대체된 패러다임들과는 확실히 다르며, 이전의 패러다임들에서는 문제였던 이례적인 증거를 다룬다. 그러나 그 패러다임들이 반드시 진리에 더 가깝다고 할 수는 없다. 실제로 쿤은 객관적 진리가 가능한지에 관해 의문을 제기했다.

쿤은 이런 유의 비판들을 전적으로 수용하지 않았으며, 훌륭한 과학이론의 기준으로 정확성, 일관성, 포괄성, 단순성과 효율성을 제시했다. 그러나 몇몇 주석가들이 여전히 주장하는 바에 따르면, 쿤이 말하는 것의 많은 부분은 불가피하게 진부한 상대주의에 이를 수밖에 없으며, 그 결과 경쟁하는 패러다임들 사이의 결정은 집단 심리학의 문제보다 조금 더 나은 정도로 격하된다. 심지어 어떤 사람들은 쿤의 이론은 과학을 비합리적 활동으로 변질시키며, 그 결과 과학의 명성을 세계를 이해하는 다른 방식의 노력들과 다를 바 없게 만들었다고 주장하기까지 했다.

INDEX

V

철학고전 32선
Philosophy : the Classics

초판 출간 2017년 9월 11일 | 초판 2쇄 출간 2020년 7월 17일 | 초판 3쇄 출간 2021년 4월 1일 | 저자 나이절 워버튼 | 옮긴이 오희천 | 펴낸이 임용호 | 펴낸곳 도서출판 종문화사 | 편집·기획 곽인철 | 영업이사 이동호 | 디자인·편집 디자인오감 | 인쇄 천일문화사 | 제본 영글문화사 | 출판등록 1997년 4월 1일 제22-392 | 주소 서울시 은평구 연서로34길2 3층 | 전화 (02)735-6891 팩스 (02)735-6892 | E-mail jongmhs@hanmail.net | 값 19,000원 | ⓒ 2017, Jong Munhwasa printed in Korea | ISBN 979-11-87141-30-3 03100 | 잘못된 책은 바꾸어 드립니다.